LES
MARIAGES DE PROVINCE

OUVRAGES DU MÊME AUTEUR

FORMAT IN-8

Le roman d'un brave homme ; 1 vol. illustré de 52 compositions par *Adrien Marie* ; 2ᵉ édit. broché, 10 fr. ; — relié.	14	»

FORMAT IN-16

Alsace (1871-1872) ; 5ᵉ édition. 1 vol	3	50
Causeries ; 2ᵉ édition. 2 vol.	7	»
Chaque volume se vend séparément	3	50
La Grèce contemporaine ; 8ᵉ édition. 1 vol.	3	50
Le même ouvrage, édition illustrée.	4	»
Le Progrès ; 4ᵉ édition. 1 vol.	3	50
Le Turco. — Le bal des artistes. — Le poivre. — L'ouverture au château. — Tout Paris. — La chambre d'ami. — Chasse allemande. — L'inspection générale. — Les cinq perles ; 4ᵉ édition. 1 vol.	3	50
Salon de 1864. 1 vol.	3	50
Salon de 1866. 1 vol.	3	50
Théatre impossible : Guillery, — L'assassin, — L'éducation d'un prince, — Le chapeau de sainte Catherine ; 2ᵉ édition. 1 vol.	3	50
L'A B C du travailleur ; 4ᵉ édition. 1 vol.	3	50
Les Mariages de province ; 6ᵉ édition. 1 vol.	3	50
La Vieille Roche. Trois parties qui se vendent séparément.		
1ʳᵉ partie : *Le Mari imprévu* ; 5ᵉ édition. 1 vol.	3	50
2ᵉ partie : *Les Vacances de la Comtesse* ; 4ᵉ édit. 1 vol.	3	50
3ᵉ partie : *Le marquis de Lanrose* ; 3ᵉ édition. 1 vol.	3	50
Le Fellah ; 4ᵉ édition. 1 vol.	3	50
L'Infame ; 3ᵉ édition. 1 vol.	3	50
Madelon ; 8ᵉ édition. 1 vol.	3	50
Le Roman d'un brave homme ; 30ᵉ mille. 1 vol.	3	50
Germaine ; 13ᵉ édition. 1 vol.	2	»
Le Roi des montagnes ; 15ᵉ édition. 1 vol.	2	»
Les Mariages de Paris ; 75ᵉ mille. 1 vol.	2	»
L'Homme a l'oreille cassée ; 10ᵉ édition. 1 vol.	2	»
Tolla ; 12ᵉ édition. 1 vol.	2	»
Maître Pierre ; 8ᵉ édition. 1 vol.	2	»
Trente et quarante. — Sans dot. — Les parents de Bernard, 40ᵉ mille. 1 vol.	2	»
Le Capital pour tous. Brochure in-18.	»	10

Coulommiers. — Imp. P. BRODARD et Cⁱᵉ.

EDMOND ABOUT

LES MARIAGES DE PROVINCE

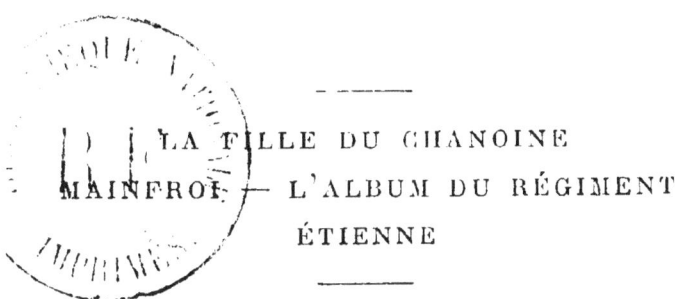

LA FILLE DU CHANOINE
MAINFROI — L'ALBUM DU RÉGIMENT
ÉTIENNE

SIXIÈME ÉDITION

PARIS
LIBRAIRIE HACHETTE ET Cie
79, BOULEVARD SAINT-GERMAIN, 79

1883

Droits de propriété et de traduction réservés

A

MADEMOISELLE GENEVIÈVE BRÉTON

Mademoiselle,

Les *Mariages de Paris* ont paru il y a douze ans sous les auspices de votre bonne et vénérée grand'mère, Mme Hachette; je confie le destin des *Mariages de Province* à votre jeunesse dans sa fleur, comme les ouvriers attachent un bouquet sur la maison qu'ils ont bâtie. Il m'est doux d'attester ainsi une amitié que le temps et l'user ont affermie, et qui se transmet, comme un héritage croissant, d'une génération à l'autre. Quant au livre en lui-même, vous l'avez lu, je n'en dis rien : vaut-il mieux, vaut-il moins que les *Mariages de Paris*? C'est une question qui sera décidée dans vingt ans par mesdemoiselles vos filles.

Edmond ABOUT.

Saverne, 25 octobre 1868.

I

LA FILLE DU CHANOINE

I

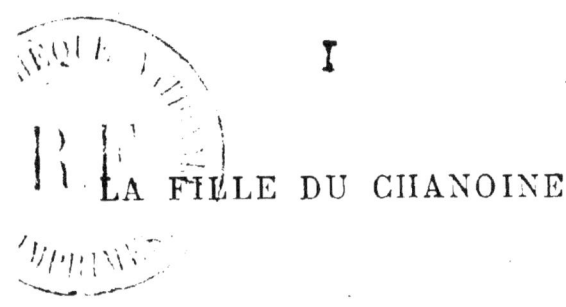

LA FILLE DU CHANOINE

Voici dans quelle occasion cette histoire me fut contée par le plus honnête homme de Strasbourg. C'était l'hiver dernier; nous allions faire en pays badois une de ces battues dont on rapporte un cent de lièvres au moins, sous peine de passer pour bredouille. Celui qui nous donnait cette fête et qui m'y conduisait dans sa voiture était le notaire Philippe-Auguste Riess; il est mort cette semaine après une agonie de six mois, et la vieille ville démocratique le pleure. Tous ceux qui pensent librement, et il y en a beaucoup dans ce noble coin de la France, recherchaient ses conseils et suivaient ses exemples; il exerçait amicalement sur ses égaux l'autorité que donne un bon sens infaillible doublé d'une irréprochable vertu. Aucune œuvre de bienfaisance intelligente ne fut entreprise sans son concours : il était l'âme de la digne et patriarcale cité. On ferait une république autrement belle qu'Athènes et Sparte, si l'on pouvait réunir un million d'hommes tels que lui. Ce citoyen de l'âge d'or n'affectait pas de dédaigner le présent; sa tolérance s'étendait jusqu'aux œuvres de l'art et de la littérature contemporaine. Il allait au théâtre, il lisait tous nos livres, exaltait volontiers, ce qui lui semblait bon, et notait sans aigreur les défaillances publiques et privées.

Comme le rendez-vous de chasse était à deux heures de la ville, nous eûmes le loisir d'échanger bien des idées et de passer bien des gens en revue. Dans sa critique toujours juste et modérée, un seul point me parut contestable.

« Votre principal défaut, disait-il, et je m'adresse à tous les romanciers, dramaturges et auteurs comiques d'aujourd'hui, est de n'étudier que des exceptions : le théâtre et le roman ne vivent pas d'autre chose. L'adultère? exception. Le crime? exception. Le suicide? exception. *Le demi-Monde*, ce chef-d'œuvre de Dumas fils, *les Effrontés*, *Giboyer*, *Maître Guérin*, *le Fils naturel*, *les Faux Bonshommes*, exceptions; tout Balzac est un musée d'exceptions, de difformités, de monstruosités morales! Est-il donc impossible d'intéresser le lecteur ou le spectateur à meilleur compte? La vie est assez féconde en combinaisons variées pour que des événements naturels, des sentiments modérés, des actions quotidiennes et des acteurs pris dans la foule produisent, l'art aidant, l'effet de rire ou de larmes que vous achetez à trop grands frais? »

Je lui fis observer qu'en choisissant dans la foule les personnages qui se distinguent par quelque énormité nous suivons l'exemple des maîtres. Depuis Homère, l'art romanesque et dramatique n'a vécu que d'exceptions. Ulysse, Agamemnon, Achille, n'ont pas été pris au hasard parmi les Lefebbre et les Durand de la guerre de Troie. Les héros de la tragédie antique, Œdipe, Jocaste, Oreste, Clytemnestre, Étéocle, Polynice, sont des exceptions; les personnages de Shakspeare, Othello, Macbeth, Shylock, exceptions ! Le Roland de l'Arioste, exception ! Le Cid, Polyeucte, Cinna, Rodogune, Néron, Athalie, Mithridate, exceptions ! Don Quichotte, exception ! Don Juan, exception ! L'art est soumis à une loi d'optique qui le condamne à choisir les caractères les plus saillants et même à les exagérer un peu. Le portrait d'un personnage quelconque, pris au hasard, ni beau ni laid, ne peut intéresser que lui-même. L'homme ordinaire, avec ses demi-vices et ses demi-vertus, ses petits contentements et ses petits chagrins, ne vaut pas une plumée d'encre. De quelque art qu'il vous plaise d'assaisonner sa médiocre personne, vous ne l'imposerez pas à l'attention des contemporains, et quant à la postérité, que voulez-vous qu'elle en fasse?

— Je suis homme, répondit le vieillard, et rien d'humain ne m'est étranger. Laissez-moi vous le dire avec Térence, qui n'a pas mis une seule exception sur la scène. On me rendrait un vrai service, si l'on voulait ressusciter pour moi le plus simple, le plus modeste, le moins exceptionnel des hommes qui vivaient à Strasbourg il y a cinq cents ans. J'aimerais tant à comparer ses idées et ses sentiments aux nôtres! à voir ce que l'homme moyen a gagné dans cette période et ce qu'il a perdu!

— Il a gagné beaucoup d'idées et perdu considérablement de vigueur; mais la question n'est pas là Il s'agit de littérature et non d'archéologie morale. Vous pensez que nous tous, les écoliers comme les maîtres, nous avons tort de rechercher, de cultiver et d'exposer aux yeux du peuple cette plante rare qui se nomme l'exception; je maintiens que notre art deviendrait méprisable, s'il mettait en bouquet ces créations moyennes, uniformes, indifférentes, qui végètent dans l'humanité comme les légumes dans un jardin. Nous écrivons pour qu'on nous lise, et le lecteur n'ouvrirait pas nos livres, s'il n'espérait y rencontrer des types meilleurs ou pires que lui.

— Vous croyez?

— J'en suis sûr.

— Eh bien! permettez-moi de soumettre la chose à votre propre expérience. Laissez-moi vous conter une histoire extraordinairement simple dont tous les héros, je me trompe, dont tous les personnages sont gens moyens, de condition modeste, d'esprit ordinaire et de moralité bourgeoise. Je vous préviens qu'ils sont tous intéressants au même degré, parce qu'ils sont tous bons, sincères et délicats, mais c'est tout; il n'y a ni passion échevelée, ni dévouement sublime dans leur affaire : pas plus d'exception que sur la main. Se peut-il qu'un tableau sans ombres et sans lumières attire et retienne un moment l'attention d'un amateur expérimenté? C'est ce que nous allons voir; je commence.

Le professeur Henri Marchal était, à l'âge de trente-cinq ans, un des meilleurs médecins de notre ville. Je peux vous le nommer par son nom, et les autres aussi, car l'affaire s'est passée quand vous n'étiez pas de ce monde. Tous ceux dont il s'agit sont morts ou disparus depuis assez longtemps.

Ce n'était pas un Adonis, le professeur Marchal, ni un Quasimodo non plus. Il aurait pu se promener douze heures de suite sous les arbres du Broglie sans faire remarquer sa figure soit en bien soit en mal. Son passe-port disait : nez ordinaire et idem pour tout le reste. Il n'était ni grand ni petit, ni brun ni blond; je crois pourtant me rappeler que la barbe était presque rousse, et les yeux bleus, riants et doux; le corps solide et légèrement épais, mais sans trace ni menace de ventre.

L'éducation l'avait naturalisé Strasbourgeois; il parlait allemand sans être Alsacien de naissance. Le père, un capitaine, était mort au service, laissant deux fils sans patrimoine, un grand et un petit, tous deux boursiers à notre lycée. L'aîné, qui avait le goût des affaires, s'en fut droit à Paris, entra chez un agent de change et fit fortune : au moins devint-il assez riche pour payer les inscriptions, le diplôme et pendant cinq ou six ans toutes les dépenses d'Henri. L'autre attaqua la médecine en homme qui veut gagner sa vie lui-même, et plus tôt que plus tard. Il n'était pas sensiblement mieux doué que le commun des martyrs, mais il avait l'esprit bien fait et la volonté bien trempée : après le doctorat, il poursuivit l'agrégation, et le voilà professeur à trente-cinq ans dans une faculté qui n'est pas, Dieu merci, la dernière d'Europe. La clientèle avait grandi avec la réputation, comme toujours. Le professeur Marchal soignait les meilleures familles de la ville et des environs; il était médecin en titre de l'usine de

M. Axtmann à Hagelstadt ; on ne faisait pas en Alsace une belle consultation sans lui. Comme il avait de l'ordre et de l'économie, il acheta bientôt une maison sur le quai des Bateliers, et je vous laisse à penser s'il fut content la première fois qu'il se paya son terme à lui-même. Il commanda un mobilier neuf, et dès lors tout le monde comprit que ce jeune homme songeait au mariage.

Le sentiment général fut qu'il avait le droit de choisir, et que pas une mère ne serait assez malavisée pour lui refuser sa fille. Outre la position, qui était enviable, il jouissait d'une bonne renommée. Sa conduite avait toujours été, sinon exemplaire, au moins décente et mesurée. Il s'était diverti comme tous les jeunes gens, mais il ne s'était jamais débauché. Quelques fredaines sans scandale n'entament pas la réputation d'un jeune homme et ne le font pas mettre au ban des familles. Toutes les curieuses de la ville, et nous n'en manquons pas à Strasbourg, se mirent en campagne pour savoir à quelle héritière le professeur allait offrir sa main et son nom.

Elle ne fut pas longue à trouver : c'était la fille unique de M. Kolb, professeur au séminaire protestant et chanoine de Saint-Thomas. Adda Kolb avait alors dix-sept ans et quelques mois. Figurez-vous une blonde agréable, bien faite, bien portante, assez instruite, et d'un caractère très-enjoué. Ceux qui trouvent la grâce plus belle que la beauté l'auraient jugée parfaite ; mais le détail de sa personne laissait à dire, et son intelligence ne dépassait pas la moyenne : du bon sens, de la droiture, et rien de plus.

A tort ou à raison, le monde s'imagina que Mar-

chal était plus amoureux du cadre que du tableau.
Le fait est que la famille Kolb attirait les braves gens
par une affinité irrésistible. Le chanoine et sa femme,
mariés à vingt ans, semblaient presque aussi jeunes
que leur fille. Une sœur de Mme Kolb, qui avait épousée le substitut Miller, habitait la maison canoniale
avec son mari et ses quatre enfants. Le vieux papa
Kolb et sa femme, fervente piétiste, occupaient le
deuxième étage; leur fils aîné, Kolb Jacob, tanneur
très-considéré, avait son établissement dans le voisinage : il était marié, lui aussi, et père d'une belle
et nombreuse postérité. On se voyait pour ainsi dire
à toute heure, et la tribu vivait dans une étroite intimité comme les enfants de Noé dans l'arche. Un
étranger introduit par hasard chez M. le chanoine
aurait été frappé de la physionomie collective que
présentait cette famille. La maison entière respirait
la propreté, la régularité, la dignité, la cordialité. Les
sentiments, les idées, les habitudes de ces personnages composaient une harmonie particulièrement
honnête et sympathique. L'expression la plus habi-
tuelle des visages était un sourire grave, loyal, un
peu fier et néanmoins hospitalier. Ce rayonnement
intraduisible en peu de mots voulait dire : « Nous
sommes vieux bourgeois de Strasbourg; nous n'a-
vons pas dans les veines une goutte de sang qui ne
soit respectable ; nous n'avons pas un sou dans nos
poches qui ne soit gagné par le travail. Nous hono-
rons Dieu, nous pratiquons l'Évangile, nous nous aimons les uns les autres, nous sommes pleinement
heureux, et nous n'avons besoin de personne; toutefois le logis et les cœurs sont ouverts au prochain,

s'il a besoin de nous. Arrivez, gens de bien, et prenez place : nous nous suffisions à nous-mêmes, mais vous n'êtes pas de trop. »

Je vous réponds que le prochain ne se faisait pas prier pour leur rendre visite. Les hommes les mieux placés tenaient à grand honneur d'être reçus familièrement dans la maison. Les mamans s'y rendaient le soir avec leurs filles; les jeunes gens n'hésitaient pas entre la brasserie des *Trois-rois* et le salon du chanoine. Je me vois encore ajustant le pli de ma cravate dans l'antichambre, le premier soir où j'y fus présenté. Il y avait deux tables de whist dans une chambre latérale; le grand salon, tendu de papier blanc à ramages en grisaille, était modestement éclairé par deux lampes. Mme Holtz, la veuve du juge d'instruction, s'escrimait sur un immense piano style empire; Mme Kolb *junior* préparait le café au lait dans la salle à manger ; vingt jeunes filles en robe montante, mais belles de candeur et de simplicité, dansaient la valse à trois temps. La première qui frappa mes yeux fut Adda Kolb, tendrement enveloppée par le bras du professeur Marchal. Leurs yeux m'apprirent qu'ils s'aimaient, ou du moins que la sympathie les portait l'un vers l'autre. J'en conclus avec tout le monde que nous verrions leur mariage avant peu.

Cette idée s'accrédita si bien que les amis, les malades, les confrères de M. Marchal se mirent à le persécuter de leurs allusions. Les plus fins se contentaient d'effleurer une chose si délicate, les patauds (il s'en trouve partout) sautaient à pieds joints dans le plat. Le professeur avait commencé par faire la sourde oreille, mais lorsqu'il fut directement interpellé, il se fâcha tout rouge, affirma qu'il n'était question de rien, et pria les indiscrets de le laisser tranquille. Les hommes se le tinrent pour dit; quant aux femmes, ce fut une autre affaire : il n'eut pas si bon marché d'un sexe à qui tout est permis. L'une lui dit : — Qu'attendez-vous? Les Kolb ne peuvent pas vous apporter leur fille. Ils seront trop heureux de vous avoir pour gendre, mais encore faut-il que vous vous présentiez. Une autre lui reprochait de traîner les choses en longueur et de faire souffrir une pauvre fille qui l'aimait. Une malicieuse le tirait à part et lui murmurait à l'oreille : — On prétend que vous n'osez pas demander Adda Kolb parce qu'elle est trop riche. Rassurez-vous ; je tiens de mon notaire que la dot et le trousseau ne font pas même vingt mille écus. La position que vous occupez vous permettrait de trouver le double.

Un soir que l'inquisition des bavardes l'avait plus agacé que de coutume, il s'arrêta au bord de l'Ill avant d'ouvrir sa porte et descendit résolûment en lui-même. Il s'adressa, parlant à sa personne, les questions dont le monde le persécutait depuis un mois.

« Eh bien ! oui, répondit-il, je veux me marier ; oui, j'ai compris qu'il était temps d'en finir avec la vie creuse du célibataire. Quelques années encore, et je serais un vieux garçon, un de ces égoïstes qui sèment fatalement l'égoïsme autour d'eux. Oui, je me sens encore assez de jeunesse et de santé pour fonder une vraie famille. Oui, Mlle Kolb est entre toutes celles que j'ai rencontrées celle qui me convient et me plaît. Est-ce que je l'aime d'un amour passionné, comme dans les romans? Je n'en sais rien, mais tous mes sentiments et toutes mes pensées depuis un an gravitent autour d'elle. J'ai la plus haute estime et le goût le plus prononcé pour son père, pour ses parents, pour cette honorée maison Kolb : ma gloire et mon bonheur seraient d'en être ; mais Adda m'aime-t-elle? Modestie à part, il me semble qu'elle me voit avec plaisir. Je n'entre pas dans le salon sans que sa figure s'illumine ; elle se porte au-devant de moi comme je cours à elle, par une sorte d'entraînement ou d'instinct. Jamais mon regard ne cherche le sien sans le rencontrer au moment même. Dans les danses où la femme choisit l'homme, elle me prend toujours pour cavalier. Lorsqu'on parle de mariage, elle ne se prive pas de dire devant moi, qu'elle voudrait un mari raisonnable et savant. Le jour où je suis venu annoncer ma nomination à la chaire de pathologie interne, elle avait les larmes aux yeux, je l'ai vu. L'été dernier, à l'usine de Ha-relstadt, quand nous avons dansé au bord de l'eau, qu'est-ce qui s'est passé? Le fils Axtmann accrochait des lanternes de papier aux basses branches du tilleul ; le lieutenant Thirion adaptait avec soin l'embouchure de son cornet à piston, et l'avocat Pfister accordait son violon : je vis Adda qui rabattait sur sa figure un petit voile de dentelle noire. Je lui demandai si elle avait froid. « Non, dit-elle en riant, c'est une précaution que je prends pour qu'on ne me voie pas rougir, si vous me disiez quelque chose. — A Dieu ne plaise, répondis-je, que jamais une de mes paroles expose Mlle Kolb à rougir ! — Je le sais bien, monsieur Henri, et c'était une mauvaise plaisanterie, me la pardonnez-vous? — Mademoiselle, on pardonne tout à ceux que l'on... respecte. » Respecte? Oui, je suis sûr de n'avoir pas employé un autre mot. Jamais il ne m'est échappé une parole, un geste, un regard qui pût troubler le paix de son âme. S'il est vrai qu'elle m'aime, ma conscience ne me reproche pas d'avoir rien fait pour cela.

« Et si j'avais cherché à lui plaire? Si je m'y mettais résolûment dès demain? Si je saisissais la première occasion de me déclarer à elle et de lui dire : Je vous aime, m'accepteriez-vous pour mari? En agissant ainsi, ferais-je une action blâmable? Peut-être. Ce n'est pas violer la loi morale, car mes intentions sont les plus pures du monde; mais je pècherais contre les mœurs françaises, et l'on aurait le droit de me moins estimer. La morale est universelle, les mœurs varient d'un pays à l'autre. En Angleterre, aimant Adda, je commencerais par obtenir son cœur d'elle-même, et j'irais ensuite avec elle demander l'approbation de ses parents. En France, il serait mal de parler mariage à une jeune fille, si ses parents ne vous y avaient d'abord autorisé. »

Il tourna et retourna cette idée en tous sens; tous ses raisonnements aboutirent à la même conclusion. L'usage adopté chez les Français lui semblait brutal et despotique, il y voyait comme un abus de l'autorité paternelle; c'est le cœur qui devrait avoir la parole avant les intérêts et les convenances de la famille; mais que faire ? L'usage est formel, et, qu'on le blâme ou qu'on l'approuve, il faut s'y soumettre.

« Eh bien ! soit, s'écria-t-il, je suivrai la filière.

J'irai solliciter chez M. Kolb la permission d'être aimé. Qu'ai-je à craindre? Pourquoi ces braves gens, qui m'ont toujours recherché comme ami, me repousseraient-ils comme gendre? Je veux en avoir le cœur net et dès demain, car au point où j'en suis le plus tôt sera le mieux. Allons dormir! »

Il se mit au lit, mais il ne reposa guère, et le peu de sommeil qu'il goûta fut traversé de mille rêves. M. Kolb lui donna sa fille et la lui refusa tour à tour, selon qu'il s'endormait sur la droite ou sur la gauche. Les premiers rayons du matin le trouvèrent rompu de fatigue et d'autant plus résolu d'en finir. Les élèves à l'hôpital se poussaient le coude et disaient : « Il y a quelque chose. Le patron est plus fiévreux à lui seul que tous les malades de son service. » Après la visite, il se mit à courir la ville, et fit le tour de sa clientèle pour gagner l'heure de midi. Rentré chez lui, il dîna lentement, contre son habitude, s'habilla le moins vite qu'il put, et prit encore le temps de corriger des épreuves qui ne pressaient pas, le tout pour retarder l'instant fatal, sans manquer à la parole qu'il s'était donnée. Enfin, vers trois heures, il prit son courage à deux mains, et marcha d'un pas décidé jusqu'à la maison du chanoine; mais, au moment de saisir le marteau, il se dit que M. Kolb ne serait pas seul, qu'Adda pouvait être au logis, ce qui rendrait la démarche inutile, que d'ailleurs il y avait une certaine brutalité à dire au père lui-même, de but en blanc, sans préparation : « Donnez-moi votre fille ! » N'était-il pas plus convenable de prendre un biais et d'aborder la question par le côté, en tâtant le substitut Miller, ou

M. Kolb aîné, le gros tanneur, ou un autre parent de la jeune personne? Ce parti lui parut le meilleur, parce qu'il reculait la difficulté de quelques pas. Tandis que M. Marchal s'apprêtait à rebrousser chemin dans la direction de la tannerie, le tanneur, qui avait dîné chez son frère, sortit la pipe à la bouche et s'écria joyeusement :

« Eh! professeur Marchal! vous étudiez donc l'architecture à présent? A votre aise! Cette maison-ci est la plus vieille, mais aussi la plus solide et la plus belle du chapitre de Saint-Thomas.

— Monsieur Kolb, balbutia le docteur, je ne voyais pas la maison, je ne regardais qu'en moi-même. Oui, j'étais et je suis encore dans une grande perplexité. Vous arrivez, tant mieux, quoique je ne sache pas trop par où commencer ce que je vais vous dire; mais je pensais justement à vous faire une visite. Il n'y a plus à reculer, je sens que le moment est venu. Avez-vous un quart d'heure à perdre, et voulez-vous que nous fassions un tour ensemble? »

Le sage et respectable tanneur ne dit pas non. Toutefois son front se rembrunit : « Je suis à votre service, répondit-il, et plaise à Dieu que je trouve une occasion de vous servir! »

Il prit le bras de M. Marchal et se promena quelque temps avec lui en fumant sa pipe.

« Cher monsieur Kolb, la chose dont je voulais vous parler me concerne moi-même et une autre personne que vous connaissez bien : Mlle Adda.

— Oui, oui, » fit le gros homme d'un ton qui voulait dire : Voilà ce que je craignais.

Le docteur poursuivit :

« J'espère que la famille n'a pas pris en mauvaise part mes assiduités?

— Non; la maison est ouverte à tous les honnêtes gens, et ceux qui vous ressemblent font honneur à mon frère et à nous.

— C'est que... j'en suis désespéré... mais les mauvaises langues de la ville se sont donné le mot pour...

— Laissez-les dire, monsieur le docteur, et allez droit votre chemin.

— Mais Mlle Adda est bien jolie!

— Non; il y en a trois ou quatre cents mieux qu'elle dans la bourgeoisie de Strasbourg.

— Je n'en sais rien; mais elle a tant de grâce et d'esprit!

— Vous croyez ça! et moi, qui suis son oncle, je vous réponds qu'elle est tout à fait ordinaire.

— Enfin si je l'aimais, monsieur Kolb, et si je la demandais en mariage à ses parents, croyez-vous qu'ils seraient offusqués d'une telle démarche?

— Non, monsieur Marchal, ils en seraient flattés, et moi-même je suis très-sensible aux honnêtes choses que vous me dites, quoique ma nièce Adda (écoutez-moi) ne soit point une femme pour vous. Ne vous agitez pas, et causons comme deux personnes raisonnables. Vous pensez bien que nous ne sommes pas des aveugles dans la famille Kolb et que nous avons deviné votre penchant depuis plus de six mois. Nous savons même, s'il faut tout dire, que ma nièce, si elle s'en croyait, vous préférerait à beaucoup d'autres; mais pourquoi ma belle-sœur et ma sœur et ma femme ont-elles toujours fait la sourde oreille lorsque vous vous plaigniez d'être célibataire, et que vous leur disiez d'un ton demi-sérieux : « Cherchez-moi donc une femme? » C'est qu'elles ne pouvaient pas vous donner la réponse que vous espériez d'elles; la famille a décidé, tout en vous estimant et vous aimant beaucoup, que ma nièce ne serait jamais Mme Marchal. Nous connaissons votre position, votre caractère et votre conduite; nous sommes convaincus que vous rendrez une femme heureuse; mais il y a deux raisons très-fortes et sans réplique qui m'interdisent l'honneur et le plaisir d'être jamais votre oncle. La première est relative à la religion : vous êtes catholique et nous sommes luthériens, et quoique mon frère ait béni bien des mariages mixtes, il ne doit pas, dans sa situation, donner l'exemple d'un tel compromis. Le voulût-il, ma vieille mère, que Dieu garde! et qui est pour ses enfants comme une loi vivante, le lui défendrait formellement. Vous me direz que vous n'êtes guère plus catholique que protestant; je le sais : vous pratiquez la religion universelle qui a pour temple le monde et pour culte le bien. Je suis à peu près sûr qu'il vous serait indifférent d'élever vos enfants dans telle ou telle confession; mais votre tolérance n'écarte pas l'obstacle, et d'ailleurs il y en a un autre. Ma nièce est âgée de dix-sept ans et vous de trente-cinq; vous avez donc le double de son âge. A peu de chose près, vous pourriez être son père, car le chanoine n'a que trois ans de plus que vous. Je sais qu'aux yeux de bien des gens cette considération serait futile, que dans un monde un peu moins patriarcal que le nôtre votre mariage avec Adda paraîtrait irréprochablement assorti. Eh!

mon Dieu! la prudence à la mode ne veut pas qu'on accorde une fille à l'homme qui n'a pas sa position faite, et, par le temps qui court, un garçon n'arrive guère avant trente-cinq ans; mais nous sommes des gens d'autrefois : notre père s'est marié à vingt-deux ans, le chanoine à vingt, et moi qui vous parle à dix-neuf. C'est une tradition, ce n'est pas une théorie; vous pouvez la controverser comme médecin, nous devons la respecter, nous qui sommes les vieux Kolb de Strasbourg! De toute antiquité, dans notre très-modeste maison, les époux ont mené parallèlement leur vie tranquille et bien réglée; nous marions la jeunesse à la jeunesse, l'ignorance à l'ignorance, la pauvreté à la pauvreté. Les ménages sont gênés d'abord, la vie étroite; la layette du premier enfant est un gros problème à résoudre, heureusement les vieux grands-parents sont là qui veillent et qui arrivent à point, les mains pleines. L'aisance vient petit à petit avec les années; on la trouve d'autant plus douce qu'elle a coûté plus de travail. On vieillit côte à côte, la femme un peu plus vite que l'homme; mais on ne s'en aperçoit pas, car tout changement graduel est invisible pour ceux qui ne se quittent jamais. Et l'on a le bonheur d'élever ses enfants soi-même, de voir grandir ceux qu'on a mis au monde, de dire à un grand gaillard barbu comme un ours : Eh! gamin! C'est une belle et sainte chose allez! que la vie de famille ainsi comprise. Elle a mille avantages, un entre autres que les chrétiens d'aujourd'hui n'apprécient pas assez : je veux dire la certitude d'un passé aussi pur chez l'homme que chez la femme. Que pensez-vous des pauvres jeunes filles de Paris qui achètent à des prix fous un vieux garçon usé, flétri et perverti, le rebut des alcôves banales et des boudoirs malsains? Je ne dis pas cela pour vous, monsieur Marchal : encore une fois, nous savons quel homme vous êtes, et si nous vous avons attiré chez nous, c'est que jeunes et vieux, hommes et femmes, vous estiment sans restriction; mais vous avez trente-cinq ans, il n'y a pas de science au monde qui puisse vous retrancher dix années. Il est donc impossible que le chanoine vous accorde la main de sa fille, quand même vous abjureriez la foi de votre père, ce que je ne vous conseille pas. »

Le pauvre médecin demeura étourdi sous cette tirade comme un bœuf sous le maillet du boucher.

« Allons, ferme! reprit le tanneur, il s'agit de prouver que vous êtes un homme! On dirait, à vous voir si morne, que le monde est tombé en ruine autour de vous! Envisagez froidement votre affaire, et voyez si le désespoir est de saison. Vous avez l'excellente pensée de contracter mariage; vous êtes dans les meilleures conditions de fortune, de rang, de figure et de nom pour que cent familles, les principales du pays, se réjouissent de vous donner leurs filles. Le ciel veut pour vos petits péchés que la première honorée de votre choix soit la seule qui ne puisse vous agréer pour gendre. Voilà donc un bien terrible accident? Eh mon Dieu! cherchez ailleurs, et je parie dix peaux de buffle contre une peau de lapin qu'on ne vous laissera pas chercher longtemps! Moi, j'ai passablement couru pour trouver une femme. Pensez donc! je n'étais pas un monsieur de votre genre; je n'avais que mes bras, mes certificats d'apprentissage et dix mille francs du papa Kolb. La première blondinette à qui j'offris mon cœur ne répondit qu'en me jetant une chope à la tête. C'était Mlle Christmann la cadette, la fille du brasseur au Rebstock. Après Mlle Christmann, j'en demandai une autre, puis une autre et encore une autre, et je croyais ferme comme fer qu'il m'était impossible de vivre sans la dernière dont je m'étais amouraché. Maintenant, quand j'y pense, je loue Dieu qui s'est mis en travers jusqu'au moment où j'ai trouvé Grédel, ma bien-aimée Grédel, celle qui était taillée exprès pour moi, comme la doublure pour l'étoffe. Comprenez-vous? Pas trop? Eh bien! nous en reparlerons, monsieur Marchal, quand vous serez remis de cette petite secousse. »

Le docteur inclina mélancoliquement la tête et dit :

« Aucun homme, mon cher monsieur, ne peut répondre de lui-même, et le temps a fait plier des résolutions aussi fermes que la mienne. Cependant, je crois me connaître, et j'ose affirmer que nulle autre femme ne remplacera dans mon cœur l'adorable Adda. Rassurez-vous, je suis un galant homme; votre nièce ne saura jamais quels sentiments je lui ai voués. Dés aujourd'hui, je vais tracer à mon usage un nouveau pain de conduite. Je trouverai moyen d'éviter la maison du chanoine sans donner prise aux interprétations du monde. L'avenir de Mlle Kolb avant tout! J'espère,... je suis dans l'obligation d'espérer que son cœur n'a conçu aucun attachement sérieux pour ma triste personne?

— Ça, j'en réponds. Les jeunes filles préfèrent

tour à tour une demi-douzaine de messieurs, mais elles n'aiment que le dernier, leur mari, et celui-là balaye le souvenir de tous les autres, comme le Rhin, dans sa grande crue, efface le pas d'un canard sur la grève.

— Je vous remercie, monsieur, de me rassurer si amplement. Encore un mot, et vous êtes libre : puis-je espérer que cette conversation restera entre nous?

— Non, docteur, et je vais de ce pas en rendre compte à mon frère. D'abord la chose, certes, en vaut la peine, et la démarche d'un homme tel que vous mérite au moins un quart d'heure d'examen. Je vous ai résumé les dispositions de la famille; mais, lorsqu'on raisonnait ainsi, on n'avait pas été mis en demeure de répondre oui ou non. Il me paraît absolument invraisemblable que tous les sentiments de notre monde soient retournés du jour au lendemain; encore faut-il que le chanoine ait connaissance de l'honneur que vous lui avez fait. Moi, je n'ai pas pouvoir pour vous refuser la main de ma nièce.

— Eh! qu'importe qu'elle me soit refusée par vous ou par son père?

— Il importe, docteur, que tout message aille à son adresse. Je sais ce que je fais, et je prends vos intérêts plus à cœur que vous ne le croyez peut-être. Vous êtes un homme en vue, donc vous avez des ennemis : il s'agit de ne pas leur donner à mordre.

— Comment?

— Pour le quart d'heure, tout Strasbourg vous

marie avec Adda; il est clair (soit dit sans reproche) que vous lui avez fait un doigt de cour. Demain la girouette va tourner; on saura que vous vous éloignez de la maison canoniale. Après-demain ou dans trois mois, on vous verra courtiser Louise, Thérèse ou Dorothée, puis commander un habit neuf pour la conduire à l'autel...

— Non !

— Si ! car vous avez le mariage en tête, et lorsqu'un homme en est à ce point, il épouserait la famine, la peste ou la guerre plutôt que de rester garçon. Vous êtes au bord du fossé; personne ne peut dire où ni quand vous ferez le saut, mais vous sauterez, docteur, et, si vous reculez, vous n'en sauterez que mieux : c'est un bonheur inévitable !

— Supposons.

— Eh bien ! je veux que ce jour-là, si vos ennemis vous accusent d'avoir tourné casaque à Mlle Kolb après l'avoir recherchée, un homme autorisé, comme mon frère le chanoine, ait le droit de leur donner un démenti formel. Y êtes-vous?

— La précaution est bien inutile, mais elle part d'un bon sentiment : je livre tout entre vos mains et je vous remercie. Adieu, cher monsieur Kolb; qui sait quand nous nous reverrons?

— Eh ! quand vous voudrez ! ma nièce n'est pas en amadou, et je vous garantis qu'elle ne prendrait pas feu à votre approche. »

Ils se quittèrent sur ce mot, et le docteur rentra chez lui cacher sa honte. Sa maison lui parut vide comme un Sahara depuis que l'espérance ne la meublait plus. Il était plongé depuis une heure ou deux dans des réflexions lugubres, lorsqu'un grand corps tout de noir habillé se dressa devant lui et lui tendit les bras. C'était le chanoine Kolb, homme ordinaire, mais excellent, qui offrit une consolation en trois points à l'inconsolable amoureux de sa fille. « Adda ne peut pas être votre femme, mais elle est et sera toujours votre sœur en Dieu. Certaines considérations dignes de tous les respects ne vous permettent pas de devenir mon gendre, mais je vous invite à voir en moi un beau-père spirituel, etc. » Ce n'était ni un Leblois, ni un Colani, cet honnête chanoine Kolb, et l'éloquence de nos pasteurs a fait de grands progrès depuis son règne. Il termina sa petite allocution par des conseils paternels et maladroits, comme ceux-ci, par exemple : « La compagne qu'il vous faut, c'est une demoiselle de trente à trente-deux ans, mûrie par la réflexion solitaire, ou une jeune veuve exercée d'avance aux soins du ménage et à l'éducation des enfants. Cherchez dans ces deux catégories de personnes, et surtout décidez-vous promptement, car chaque année qui s'écoule vous précipite vers la vieillesse. » Le docteur écouta poliment ces exhortations, mais il ne les trouvait pas obligeantes, et la sagesse de son beau-père manqué lui donnait un peu sur les nerfs.

Il demanda si le chanoine avait l'intention de confier cette affaire à Mlle Adda? « Non, répondit le père de famille; il ne convient pas d'éveiller l'imagination des enfants par des confidences de ce genre.

— Cependant si elle s'étonnait de ne plus me rencontrer chez ses parents? Je tiens beaucoup à conserver l'estime d'une personne si accomplie et si chère.

— Ma fille est trop bien élevée pour s'adresser des questions indiscrètes : elle s'apercevra de votre absence, il se peut même qu'elle ressente momentanément quelque ennui; mais le temps remplira bientôt son office providentiel, puis un amour honnête et permis remplacera avantageusement des rêveries sans consistance, et enfin dans quelques mois il n'y aura pas d'inconvénient, monsieur Marchal, à ce que vous veniez rompre le pain avec nous. »

Une si dédaigneuse sécurité poussa le dépit du docteur à l'extrême. Il souffrait vivement, et, comme tous ceux qui font métier de l'analyse, il se dédoublait en quelque sorte pour se regarder souffrir. Il remarqua que la réponse du tanneur l'avait laissé dans un état d'accablement comateux et que les conseils du chanoine le jetaient dans une fureur ataxique. Depuis la visite de M. Kolb *junior* jusqu'à la nuit, il se démena violemment, forma mille projets, et fut en proie à je ne sais combien d'idées et de sentiments contradictoires. Il se dit, entre autres choses, que les Kolb étaient bien heureux d'être tombés sur un homme délicat jusqu'à l'absurde ; « car enfin s'il me plaisait de passer outre et d'en appeler directement à l'affection d'Adda ? Elle ne me voit pas d'un mauvais œil, ils en conviennent; peut-être n'y aurait-il plus grand effort à faire pour transformer cette bienveillance timide en véritable amour. Et alors elle ouvre son cœur à ses parents, qui n'en tiennent compte; on lui présente un, deux, trois fiancés, elle les refuse. On insiste, elle signifie en bonne forme qu'elle veut rester fille ou s'appeler Mme Marchal. Je saisis l'occasion, je reviens à la charge : y a-t-il une loi qui défende à un honnête garçon de réitérer une honnête demande? Au théâtre, dans les romans, dans la vie, on ne voit que des passions traversées par le mauvais vouloir des familles, et qui en triomphent à la fin. Et moi, sur un simple refus, je me tiendrais la chose pour dite; je prendrais ma canne et mon chapeau, et j'irais tout bourgeoisement me faire refuser ailleurs? Défends-toi donc, grand lâche, et prouve à ces entêtés que tu es un homme! »

Sur cette base, il dressa en moins de rien tout un plan de campagne. Il connaissait les habitudes de Mlle Kolb, il savait où la rencontrer chaque jour, à toute heure; les amis de la famille étaient les siens, la maison même du chanoine lui restait forcément ouverte : il était le médecin de tout ce monde-là. Un scrupule le retint : il craignit de s'être condamné lui-même en acceptant l'arrêt sans protester. Le tanneur et le chanoine venaient de recevoir en double sa démission de prétendant; n'était-il pas trop tard pour la reprendre? Le pauvre homme comprit que sa prompte résignation avait gâté les affaires, il se sentit comme lié par son propre assentiment; il se voulut mal de mort de ne s'être point insurgé en temps utile. Mécontent de lui-même, il essaya de rasséréner son âme en évoquant le souvenir d'Adda; mais, par un singulier effet de réaction morale, Adda lui apparut moins jolie et moins séduisante que la veille. C'est que la veille encore il la voyait à travers un prisme de joie et d'espérance, et qu'aujourd'hui l'image de cette aimable fille était encadrée de rebuffades sans nombre.

J'abuserais de votre patience, si je vous faisais suivre les oscillations d'un esprit déconcerté, inquiet, hors des gonds, qui ballotte deçà, delà, sans retrouver son assiette. L'agitation du professeur fut donnée en spectacle à tout Strasbourg pendant plusieurs semaines, et Dieu sait si les commentaires allaient bon train! Il faut dire, à la louange des frères Kolb, que rien de vrai ne transpira; ils gardèrent le secret et laissèrent jaser le monde. Le monde, que sut-il? Que M. Marchal n'allait plus dans la maison du chanoine, et que la famille Kolb évitait de prononcer son nom; que le docteur d'un côté et Mlle Adda de l'autre avaient l'air de deux âmes en peine, et que de leur mariage tant prédit il n'était plus question. Si vous connaissez la province, vous pouvez voir d'ici tout ce qu'on put broder sur un canevas si complaisant. Le public inventa plus de jolies choses qu'il n'en faudrait pour empêcher mille garçons de trouver une femme, et mille jeunes filles de trouver un mari. Pour Adda, qui vivait au milieu des siens comme dans un fort, ce concert d'imaginations folâtres fut à peu près du bien perdu; mais le docteur, moins entouré, n'en perdit pas une note.

La colère qu'il en éprouva se traduisit bientôt par un violent appétit du mariage. Il voulut épouser une femme, riche ou pauvre, belle ou laide; son impatience n'y regardait pas de si près, pourvu que l'affaire se conclût vite. Il lui tardait de réfuter par un fait les méchants propos de la ville; il avait hâte de prouver à la famille Kolb qu'elle n'était pas indispensable à son bonheur; enfin, s'il faut tout dire, il était arrivé à ce moment décrit par le tanneur, où l'homme épouserait tous les fléaux de la terre plutôt que de rester garçon trois mois de plus.

Il y avait alors à Strasbourg une maîtresse de de piano qui s'occupait de mariages. On l'appelait Mlle de Blumenbach, et elle était fille d'un colonel authentique, ce qui lui permettait d'aller dans le monde après l'heure de ses leçons : bonne fille, jolie en son temps, qui avait manqué le coche, et qui se consolait chrétiennement de son célibat forcé en travaillant au bonheur des autres. Elle n'acceptait aucun présent de sa clientèle : seulement elle disait aux jeunes couples : « Dépêchez-vous d'avoir des filles pour que les élèves ne me manquent pas! » Je vous ai prévenu; il n'y a que de braves gens dans cette histoire.

Donc Mlle de Blumenbach, ronde comme une pomme et coiffée de ses éternels rubans jaunes, rencontra notre ami Marchal chez le recteur de l'académie. L'instinct les poussa l'un vers l'autre, et la bonne créature, après quatre parties d'écarté à cinq sous, qu'elle avait perdues, apparut radieuse comme un soleil. On remarqua cette transfiguration, et les malins en firent des gorges chaudes. Le juge suppléant Pastouriau, qui était un fin Parisien, conta le lendemain, avant l'audience, que Marchal, en désespoir de cause, avait offert sa main à Mlle de Blumenbach.

On en riait encore au bout de quinze jours, lorsqu'on apprit par les publications légales qu'il y avait promesse de mariage entre Marchal (Henri), professeur à la faculté de médecine, et Sophie-Claire Axtmann, fille mineure du grand manufacturier de Hagelstadt.

Claire Axtmann avait dix-neuf ans; elle était bien élevée, sinon très-instruite, et jolie à croquer, sinon belle : un bon gros pigeon rondelet, frissonnant, tout plein de gentillesse effarée, caressante et frileuse. Le professeur ne la connaissait pas, quoiqu'il l'eût rencontrée cent fois ou plutôt parce qu'il l'avait cent fois rencontrée et qu'elle avait grandi pour ainsi dire sous ses yeux. Par la même raison, l'attention de la petite avait toujours glissé sur M. le professeur sans s'y arrêter un moment. Elle avait valsé avec lui comme avec beaucoup d'autres, et le cœur n'avait pas battu plus fort qu'auprès des autres. Quelquefois elle s'était permis de recommander au docteur tel ménage logé un peu loin de la cité ouvrière, et le docteur, par courtoisie ou par bonté, n'avait épargné ni son temps ni ses jambes : voilà tout le passé de ces deux âmes, que le maire et le curé de Hagelstadt allaient unir pour la vie.

L'indifférence ou plutôt l'inattention d'Henri Marchal avait encore une excuse honorable qu'il importe de signaler. Mlle Axtmann, quoiqu'elle eût un frère et deux sœurs, était citée parmi les riches héritières du département. Sa dot, double de celle de Mlle Kolb, représentait à peine le quart ou le cinquième de son héritage à venir. Or le docteur n'était pas homme à viser plus haut que sa tête. Il ne rêvait qu'un mariage assorti de tout point, et vous savez comment sa modestie avait été récompensée.

Mais voici l'injustice des hommes amplement réparée par un heureux coup du sort. La bonne Blumenbach a joué le rôle de la Providence ; M. Axtmann a cordialement accueilli une démarche « qui l'enchante autant qu'elle l'honore ; » la mère se pâme à la seule idée d'entendre appeler sa fille madame la professeuse, *frau professorin!* Les jeunes gens, car enfin tout homme redevient jeune au moment de prendre femme, les jeunes gens se voient tous les jours, et leur amour grandit suivant une progression que les mathématiciens n'ont jamais calculée. Depuis que Claire et Henri se savent destinés l'un à l'autre, un million de tisserands ailés, infatigables, font la navette entre eux et les enlacent d'invisibles fils d'or. On les étonnerait beaucoup, si l'on venait leur conter aujourd'hui qu'ils ne se sont pas connus, aimés et recherchés dès la création du monde. Et si quelque sceptique osait prétendre devant eux que Claire aurait pu s'amouracher aussi violemment d'un autre homme et Henri d'une autre femme, je craindrais que ce philosophe-là ne passât un mauvais quart d'heure.

Tout Strasbourg est forcé de reconnaître que le docteur Marchal a rajeuni de dix ans. Quand il passe en courant dans la rue, vous diriez qu'il a des ailes; il fend l'air, on croit voir un sillage lumineux derrière lui. Il entre dans les magasins, dans les plus beaux magasins de la ville, et il achète sans marchander tout ce qu'il y a de plus cher. Il paye et s'enfuit comme un fou, sans attendre sa monnaie. A l'hôpital, il est charmant pour les malades, pour les infirmiers, pour les sœurs; il voit tout en beau; c'est le médecin tant mieux, il donne des *exeat* à ceux qui les demandent; il ordonne du vin, du poulet, des côtelettes à qui en veut. A son cours, il professe les théories les plus consolantes, il nie les maladies incurables, il ne voit pas pourquoi l'homme sage, heureux et marié ne vivrait pas un siècle et demi! On l'écoute, on sourit, et pourtant on convient que jamais il n'a montré tant de talent. Ses élèves l'applaudissent à tout rompre; hier, ils l'ont attendu devant la Faculté pour lui faire une ovation; mais bonsoir! il s'était enfui par derrière et roulait déjà sur le chemin de Hagelsladt.

Sa future famille a promis de venir le voir à Strasbourg : il faut qu'avant le mariage Mme Axtmann aille avec Claire annoncer la grande nouvelle aux intimes. Du même coup on fera quelques emplettes complémentaires pour le trousseau, car un trousseau n'est jamais complet, et l'on achèterait jusqu'à la fin du monde, si l'on voulait écouter la maman. A cette occasion, l'ambitieux docteur a obtenu par ses intrigues que tous les Axtmann de la terre viendraient prendre un repas chez lui. Pendant huit jours, il se prépare à cet évènement; non-seulement il a mis en réquisition tout ce qu'il y avait de poisson, de volaille et de gibier sur les marchés de la ville, mais il achète tant de meubles que Fritz et Berbel, ses serviteurs, ne savent plus où les mettre : il fait repeindre sa façade en blanc, et, soit que le peintre ait pris un pot pour un autre, soit que le diable ait brouillé les couleurs, ce blanc de la façade a des reflets roses : il faudrait être aveugle pour le nier.

Quel dîner, bonté divine! Un vrai repas de noces avant les noces! Le saumon gros comme un requin, et les écrevisses pareilles à des homards! Tous les vins de l'Alsace et de la Bourgogne défilent devant le père Axtmann, qui fait claquer sa langue en connaisseur. La mère et ses trois filles trempent leurs lèvres, seulement pour humecter le petit chemin des paroles. Claire raconte par le menu les visites qu'elle a faites, les compliments qu'elle a reçus, et les éloges, ah! les éloges unanimes qu'elle a récoltés pour Henri. « Mon seul regret, dit-elle, est de n'avoir pas pu rencontrer Adda. Elle n'était ni chez son père, ni chez sa tante Miller, ni chez les grands-parents, ni chez son oncle Jacob. J'aurais tant voulu l'embrasser et partager ma joie avec elle! C'est ma véritable amie; vous l'avez vue à la maison, n'est-ce pas, Henri? »

Le docteur répondit sans se troubler, et sa sérénité n'était nullement feinte. Il avait le cœur plein de Mlle Axtmann; tout lui semblait indifférent, excepté elle. Le souvenir d'Adda Kolb était relégué si loin, qu'il l'apercevait tout au plus comme un point à l'horizon de sa pensée.

Huit ou dix jours après, le mariage se célébra en grande pompe à l'usine de Hagelstadt. La fête ne fut pas seulement somptueuse, elle fut cordiale et touchante. D'abord le maire du village était un vieux serviteur de la famille; il avait vu Claire tout enfant, il était le confident de ses petits secrets de charité, le distributeur ordinaire de ses bienfaits. Le pauvre homme pleurait à chaudes larmes en prononçant les paroles irrévocables qui unissent deux cœurs jusqu'à la mort. Le curé, qui devait son presbytère aux bontés de M. Axtmann, avait été longtemps le professeur des trois jeunes filles. Mieux que personne, il savait quelle âme délicate et tendre le mariage allait livrer au docteur Marchal. L'homme de Dieu se méfiait un peu de la science et des savants, ces destructeurs d'idoles. Il avoua ses craintes avec un tel accent de bonhomie, il recommanda si naïvement au mari les saintes ignorances et les respectables préjugés de sa femme, que Marchal l'aurait embrassé, s'il ne l'avait pas vu barbouillé de tabac jusqu'aux yeux. Les ouvriers de la fabrique avaient mille raisons de respecter et d'aimer la famille Axtmann. Le chef était un de ces manufacturiers alsaciens qui exercent paternellement le patronage et pèsent dans une juste balance les droits du capital et ceux du travail. Ajoutez que le docteur n'arrivait pas en étranger dans cette colonie. Hommes, femmes, enfants, presque tous avaient eu affaire à lui et connaissaient par expérience son dévouement et son respect pour la pauvre machine humaine. Ces bonnes gens se mirent en quatre pour embellir la fête de famille où ils étaient conviés. Le patron leur donnait un bal, ils rendirent un concert; on leur offrait le dîner, ils fournirent le feu d'artifice, et ainsi la sainte égalité se maintint jusqu'au bout entre le travail et le capital.

La fine fleur de Strasbourg partagea, bien entendu, les plaisirs de cette journée. On n'avait eu garde d'oublier la pauvre chère Blumenbach; mais Claire déplora avec un véritable chagrin l'absence de son Adda. Le chanoine et sa femme arrivèrent dès le matin, et encore je ne sais qui de leur maison; Mlle Kolb, qui devait être demoiselle d'honneur, s'excusa par un mot de lettre. Elle avait, disait-elle, une migraine à mourir. Et sans doute elle ne mentait pas, car son écriture (Claire en fit la remarque) était toute brouillée. Henri Marchal entendit conter cette histoire, et n'y prêta pas plus d'attention qu'au ronflement de l'orgue et au froufrou des fusées. Sa grande affaire était la chaise de poste qui devait l'emporter avec sa femme à neuf heures du soir.

Il avait un congé d'un mois; le couple en profita pour visiter l'Allemagne. Ces voyages de noces sont charmants, quoiqu'on en tire généralement peu de profit. Vous traversez les cathédrales, les tables d'hôte et les collections de tableaux sans voir autre chose que vous-mêmes. C'est en vain que le panorama le plus riche et le plus varié se déroule au fond du théâtre; l'attention des spectateurs est concentrée sur un petit personnage, l'amour, qui à lui seul remplit le premier plan. Quand les époux Marchal revinrent à Strasbourg, ils n'étaient peut-être pas très-ferrés sur la galerie royale de Dresde ou la Glyptothèque de Munich, mais ils se connaissaient et s'adoraient; le contact, le frottement et même les cahots inséparables du voyage avaient mêlé intimement leurs natures; bref ces deux êtres n'en faisaient plus qu'un. Il est superflu d'ajouter qu'ils n'avaient pas de secrets l'un pour l'autre.

Cependant le docteur ne raconta point à madame sa petite déconvenue de la maison Kolb, l'histoire de cet amour écrasé dans l'œuf sous le sabot des bons parents. S'il n'en dit rien à Claire, ce n'était pas qu'il craignît de la rendre jalouse, ou que lui-même gardât au fond du cœur un reste de dépit. Non, il se tut par la simple raison qu'il avait presque oublié l'aventure. Cela avait duré si peu! Son cœur avait été si légèrement effleuré! Et surtout tant de choses s'étaient passées depuis! L'impitoyable brutalité du bonheur présent refoulait tous les souvenirs à des distances fabuleuses. Adda Kolb? Quelle Adda? Il y avait un siècle de trois mois qu'il n'avait rencontré cette jeune personne!

Mais Adda Kolb se souvenait encore. Sa seule occupation durant ce bienheureux trimestre avait été de souffrir. Le temps lui sembla long, à elle surtout, car elle comptait les instants par ses anxiétés et ses douleurs, et s'étonnait qu'en si peu de jours on pût verser tant de larmes.

On ne plaint pas assez les jeunes filles, croyez-moi. Voici un joli petit être, sincère, doux, aimant, qui s'est laissé aller sans résistance au penchant d'une honnête sympathie. Elle aime ou peu s'en faut, elle a quelques raisons de se croire aimée; mais les mœurs ne lui permettent ni de laisser voir sa préférence ni de poser la question d'où dépend tout son avenir. Son lot est d'observer, d'attendre et de se taire. Ses parents même l'accuseraient d'effronterie, si elle s'expliquait nettement avec eux. Tout le monde s'accorde à la vouloir inerte, passive, sans ressort; on lui saurait quelque gré d'être en outre un peu sotte! On permet à tous les célibataires indistinctement de rôder autour d'elle; on la laisse s'éprendre, ou à peu près, du professeur Marchal. Bah! la chose est sans conséquence; il n'y a que le cœur en jeu! Mais le jour où M. Marchal, comme un brave garçon, demande à épouser celle qu'il aime, ah! tout change.

— Comment, monsieur! ce n'était pas pour vous moquer d'elle et de nous que vous cajoliez notre fille?

Vous pensez sérieusement à lui donner votre nom? Sortez d'ici bien vite et n'y revenez pas avant qu'on vous appelle! Vous êtes trop pauvre, ou trop vieux, ou trop je ne sais quoi, peu importe; notre fille n'est pas pour vous! — Mais je l'aime! — Tant pis! — Et si elle m'aimait? — Impossible! — Mais enfin, je lui ai fait la cour; elle m'a toujours vu empressé auprès d'elle; que va-t-elle penser de moi, si, brusquement, sans explication, j'ai l'air de lui tourner le dos? — Elle ne pensera rien, monsieur; est-ce que cela se permet de penser, les jeunes filles? — Me ferez-vous au moins la grâce de lui dire que j'aspirais à sa main? que je vous l'ai demandée? que j'y renonce avec douleur? — Eh! monsieur l'amoureux, pour qui nous prenez-vous? C'est bien nous qui lui reporterons des phrases de roman qui mettent l'esprit à l'envers! De deux choses l'une : ou elle ne vous aime pas, et votre éclipse la laissera fort indifférente, ou elle a du penchant pour vous, et elle en sera quitte pour vous oublier! Nous la ferions voyager, s'il fallait absolument la distraire; rien ne coûte aux bons parents quand il s'agit du bonheur de leurs filles!

Ce n'est pas une exception que je décris, hélas non! Tout père, toute mère, en France au moins, cache à sa fille les demandes que la famille n'agrée point *a priori*. On craint que ces jeunes cœurs ne prennent la balle au bond; on tremble d'appeler leur sympathie sur un homme repoussé par l'intérêt, le caprice ou le préjugé des parents. Et cette fausse et téméraire prudence entraîne à chaque instant des malentendus comme celui qui me reste à conter.

Adda s'était trouvée présente à la rencontre de

son oncle avec le professeur. En ce temps-là, elle passait bien des heures à la fenêtre, comme toutes celles qui attendent un messager du dehors, colombe ou corbeau. Du plus loin qu'elle aperçut Henri Marchal, elle pressentit quelque événement d'importance : il était autrement vêtu qu'à l'ordinaire, il paraissait ému : les jeunes filles ont le génie de l'observation dès que leur cœur entre en jeu. Elle vit Jacob Kolb aborder son cher Henri, elle comprit à leurs gestes et à leurs visages que la conversation allait tourner au grave. Les deux hommes s'éloignèrent, disparurent, et l'enfant resta aux prises avec une émotion qui l'étouffait. Heureusement elle était seule dans sa chambre : elle eut le droit de pleurer et de prier à discrétion sans que personne lui demandât pourquoi. Son anxiété s'éternisa pendant une grande heure ; elle s'impatienta plus d'une fois contre l'oncle, qui accaparait Henri dans un pareil moment. Le marteau de la porte la fit bondir jusqu'à sa chère fenêtre : hélas ! ce n'était pas Henri ; c'était l'oncle qui revenait. Elle courut au-devant de lui ; il l'embrassa en homme pressé, rentra dans le cabinet du chanoine et ferma résolument la porte. Adda remonta dans sa chambre et se tint prête à redescendre : il lui semblait impossible qu'on ne la fît pas chercher d'un moment à l'autre, car c'était à coup sûr sa destinée qui s'agitait. Le chanoine ne la manda point, il sortit avec le tanneur : ils vont chercher Henri, pensa-t-elle ; ils le ramèneront : si je faisais un peu de toilette ? Les deux Kolb tirèrent à part, l'un vers sa tannerie, l'autre vers le quai des Bateliers. Tout allait bien : n'était-ce pas assez du chanoine pour ramener M. Marchal? Fallait-il qu'il eût l'air d'arriver entre deux gendarmes?

Mais il ne vint ni seul ni accompagné; la pauvre Adda l'attendit en vain tout le jour. Le souper de famille n'offrit rien de particulier; on y parla de la pluie et du beau temps; le père ne parut ni plus joyeux ni plus maussade, ni plus préoccupé que de coutume. Tout le monde fut naturel, excepté Mlle Adda, qui riait à tout propos pour dissimuler ses angoisses. Enfin l'on se leva de table, et bientôt les amis du soir, éteignant leurs lanternes et accrochant leurs manteaux dans le vestibule, envahirent le salon. Adda ne doutait point que le docteur ne fût dans les premiers, et peut-être, s'il était venu, aurait-elle commis l'imprudence de lui dire : Quoi de nouveau? Mais tout le monde fut exact, excepté lui, et par une odieuse fatalité on ne risqua pas la moindre réflexion sur son absence. La pauvre enfant disait au fond du cœur : « Dieu! que le monde est égoïste! Personne ne me fera donc la charité de prononcer son nom? »

Pourquoi ne trouva-t-elle pas le courage de le prononcer elle-même? Parce qu'elle était une jeune fille bien élevée et accoutumée dès l'enfance à réprimer ses mouvements naturels.

A dater de ce soir-là jusqu'au moment où le mariage du professeur fit explosion dans la ville, les jours de Mlle Kolb se suivent et se ressemblent. Elle lit, elle rêve, elle pleure, elle fait un peu de musique et beaucoup de tapisserie, elle danse après souper avec les jeunes gens de la ville et répond à leurs compliments par un sourire pâle et glacé. Les amis de la maison soupçonnent quelque chose, mais entre l'arbre et l'écorce personne n'ose risquer un doigt. Le chanoine, interrogé discrètement par ses intimes, a répondu plus discrètement encore. Toutefois, comme il est bon homme, il se fait un devoir d'amuser Adda; il prend un abonnement de saison au théâtre. Adda se laisse mener comme un agneau de boucherie; mais il est trop facile de comprendre qu'elle n'est bien nulle part. Sa santé ne paraît pas formellement menacée, cependant ses couleurs s'effacent, son humeur tourne au sombre : « Allons, bon! dit le monde, encore une fille qui languit! »

C'est dans une tournée de visites, en compagnie de sa mère, qu'elle apprendra la grande nouvelle. « Eh bien! mesdames, vous savez? le professeur Marchal épouse Claire Axtmann; quelle fortune pour votre médecin! » Elle reçoit le coup en pleine poitrine et tombe sur le dos, carrément, sans onduler, comme un soldat pris de face par un boulet. On s'empresse, on la délace, on ouvre une fenêtre : c'est le poêle du salon qui est trop chaud; ces maudits poêles n'en font jamais d'autres !

Lorsqu'elle se redressa, si vous l'aviez aperçue, elle vous aurait plutôt fait peur que pitié; ses yeux lançaient la foudre. Elle ne dit qu'un mot et d'une voix tellement étranglée que personne ne dut l'entendre :

« Misérable ! »

Ce mot résumait tout ce que l'amour méconnu, la dignité froissée, la bonne foi trahie, l'honneur violé, engendrent de colère et de mépris. Jusqu'à l'instant fatal, elle s'était ingéniée à la justification de cet homme, et, s'il faut tout vous dire, elle espérait encore. Son cœur honnête et droit s'inscrivait en faux contre les apparences les plus accablantes. Des lueurs fantastiques lui traversaient l'esprit, lui montraient M. Marchal toujours fidèle, mais hésitant ou arrêté par quelque obstacle, ou conduit par de sots conseils à tenter une épreuve. Maintenant plus de doute : il trahissait un engagement tacite, mais sacré ; le mobile de sa désertion était ignoble entre tous ceux qui poussent l'homme à mal faire : l'intérêt, la basse cupidité, l'amour de l'argent ! Ah ! c'était trop d'infamie ! Elle aurait voulu le voir là pour lui porter la main au visage et lui arracher d'un seul coup toute l'estime qu'il avait volée !

Cette vigoureuse indignation lui fit du bien ; son visage reprit couleur en peu de temps ; elle devint plus vaillante que dans ses heureux jours. La passion la releva et la soutint. Il est très-positif qu'elle se mit à détester Marchal plus énergiquement qu'elle ne l'avait aimé. Or, dans nos mœurs, une honnête fille n'est pas plus autorisée à laisser voir son aversion que son amour. Toutes les passions lui sont également interdites ; il faut les comprimer coûte que coûte, l'explosion dût-elle vous faire sauter à la fin.

Déjà le cœur de Mlle Kolb bondissait à l'idée de revoir cet infâme professeur. Et comment éviter sa rencontre ? Il était le médecin de la maison, il épousait une amie de la famille ; on fréquentait exactement le même monde. Quel supplice de subir sa présence et de ne pouvoir lui dire son fait, car les comptes d'un certain genre ne se règlent guère devant témoins !

En attendant, la visite de Claire était imminente.

Claire n'avait trahi personne, Adda ne lui avait pas confié ses secrets; impossible de reverser sur elle l'iniquité de son mari. Et pourtant Adda se sentait toute froide pour cette amie d'enfance; elle recula tant qu'elle put la nécessité d'embrasser Mlle Axtmann. Elle sut se soustraire à la visite des fiançailles; elle eut l'art d'éviter le voyage de Hagelstadt au jour des noces; pour l'avenir, elle s'en remettait aux soins de la Providence, sans négliger les petits moyens qui ont cours en province. On sait presque toujours à quelle heure les gens se mettent en branle pour leurs visites, et l'on rentre ou l'on sort selon qu'on veut recevoir leur personne ou leur carte.

La tactique de Mlle Kolb fut innocemment déjouée par un gentil mouvement de Mme Marchal. Aussitôt revenue à Strasbourg, la jeune femme courut tout droit chez son amie, la surprit en déshabillé du matin et lui sauta au cou du premier bond. Cela se fit si lestement qu'Adda n'arriva point à la parade, elle se trouva bel et bien embrassée sans pouvoir comprendre comment; mais, lorsqu'elle eut essuyé le feu, elle se retrancha dans une indifférence si hargneuse que la bonne Claire, interdite, désarçonnée, ne lui dit pas le demi-quart de ce qu'elle pensait lui conter. Elle revint à la maison toute confuse et toute froissée, sans même avoir tiré de sa poche les petits présents qu'elle rapportait pour Adda, et elle conta l'aventure au docteur en pleurant toutes les larmes de ses yeux.

Cet incident rafraîchit les souvenirs d'Henri, et ma foi! comme il n'avait aucune raison de dissimuler avec sa femme, il lui dit tout, l'amourette, la demande en mariage et le refus des Kolb. Naturellement Claire jugea l'affaire en femme amoureuse, trouvant les Kolb absurdes et niant qu'il y eût encore sur la terre un homme plus jeune que son mari. « Mais s'ils n'ont pas voulu de toi, ces sottes gens, de quoi nous gardent-ils rancune?

— Ce n'est pas la famille qui m'en veut, c'est Adda seule, parce qu'on a cru bon de lui laisser ignorer ma démarche. Elle s'est probablement mis en tête que je l'avais plantée là par caprice ou par quelque mauvaise raison pour épouser Mlle Axtmann, ici présente. Comprends-tu?

— Mais c'est odieux!

— C'est au moins fort désagréable, et nous la détromperons si tu veux, car il ne me plaît pas d'être mal jugé pour avoir été trop délicat.

— Tu te soucies donc bien de son opinion?

— Il est toujours fâcheux de se savoir méprisé, même d'une petite sotte.

— Je trouverais bien plus ennuyeux que tu entrasses en explication avec elle. Elle s'imaginerait que tu lui fais rétrospectivement la cour.

— Comme si l'on ne voyait pas que je t'adore, toi seule au monde!

— Oui, mais je la connais, la belle enfant, depuis une heure. Elle irait crier sur les toits que tu m'as épousée à défaut d'elle, et qu'elle m'a fait hommage de ses rebuts.

— Non!

— Si! Laissons l'affaire comme elle est, et contentons-nous d'éviter, autant que faire se pourra, cette disgracieuse personne. »

Ainsi fut dit et convenu, et l'on n'oublia pas d'apposer au traité le grand sceau des bons ménages qui s'imprime avec les lèvres; mais les nécessités sociales sont plus fortes souvent que les résolutions des hommes. Le jeune couple accepta forcément cette kyrielle de festins qu'on appelle retour de noces. Presque partout on rencontra les Kolb et l'implacable Adda. Il fallut même dîner chez elle, et la malice du sort ou plutôt une combinaison vengeresse fit asseoir le professeur auprès d'elle. Tout le monde souffrit de ce rapprochement : M. Marchal fut gêné, Claire fut jalouse, et qui sait si Adda ne fut pas plus malheureuse de son invention que les deux autres? La pauvre fille n'était pas née pour les rôles violents ; elle s'excitait à la colère par une fausse interprétation du devoir; elle croyait venger l'honneur de son sexe et sa dignité personnelle en se déguisant en Euménide. Elle trouva un mot plus qu'inhospitalier ce soir-là. On parlait d'une pauvre veuve estimée de toute la ville, et qui avait perdu par un horrible accident son fils unique. Le chanoine et le docteur se demandaient comment on peut concilier certains malheurs immérités avec l'action de la Providence. « Eh! messieurs, c'est bien simple, dit Mlle Adda. Si Dieu donnait aux bons tout le bonheur qu'ils méritent, il n'en resterait plus pour les infâmes. » Le dernier mot tomba comme un soufflet sur la joue du docteur; le regard de Mlle Kolb avait accompagné ce compliment jusqu'à son adresse. M. Marchal rougit, sa femme l'interrogea des yeux, toute prête à se lever de table : il resta. Le chanoine et son frère furent cruellement embarrassés à leur tour, et le dîner se termina par un froid de glace. Adda pouvait compter sur une forte réprimande ; elle se fit un point d'honneur de la mériter deux fois. Quand les convives furent entrés dans le salon, il se forma un petit groupe autour d'une admirable bible que M. Kolb avait achetée le matin même. C'était un imprimé du quinzième siècle, mais relié beaucoup plus tard pour le chapitre de Neuviller. Quelqu'un fit observer que les fermoirs d'argent étaient d'un travail prétentieux et lourd.

« N'importe, dit Adda ; M. Marchal doit les aimer. »

Le professeur répondit naïvement :

« Pourquoi donc, s'il vous plaît, mademoiselle?

— C'est de l'argent, M. Marchal. »

Heureusement il n'y avait à ce dîner que la famille Kolb et les jeunes époux. Les vieux parents, qui n'étaient pas dans le secret, se demandèrent si Adda devenait folle. Le professeur et sa femme restèrent encore quelques minutes pour ne pas donner à leur départ le caractère d'un scandale ; mais Claire en s'éloignant fit une croix sur la maison. Ni les excuses du chanoine, ni les larmes de sa femme, ni les instances de la famille n'ébranlèrent la résolution des offensés. Marchal dit à M. Kolb :

« En tout ceci, monsieur, je ne vois qu'un coupable, et c'est vous.

— Tout père de famille aurait agi comme moi, » répondit le chanoine.

La rupture des relations n'arrêta point les hostilités. Partout où Mlle Kolb rencontrait son ancien poursuivant, elle le poursuivait à son tour avec une animosité féline. Ce n'était plus l'agression directe et brutale, le monde ne l'aurait pas tolérée; mais elle y suppléait par un million de piqûres invisibles. On ne se parlait pas et l'on se saluait strictement, pour la forme; mais Adda battait le rappel des jeunes gens par cent coquetteries, elle assemblait un groupe autour d'elle, et alors, prenant le dé de la conversation, elle babillait très-haut, à tort et à travers, et lançait une grêle de malices sur l'infortuné professeur. Sans l'interpeller, sans le nommer, sans même le désigner aux profanes, elle n'ouvrait la bouche que pour le mordre, et ni M. Marchal ni Claire ne pouvaient s'y tromper. Le docteur, en la voyant entrer dans un salon, savait à quoi s'attendre; il vivait sur le qui-vive, l'esprit tendu, l'oreille au guet, le cœur serré; la dignité ne lui permettait pas de se cacher ni de s'enfuir; d'ailleurs il était enchaîné à son supplice par cette fascination du mal qui force un honnête homme à boire le poison d'une lettre anonyme. Il se contentait de rougir, de pâlir, de hausser les épaules et parfois d'essuyer son front ruisselant. Certes il aurait fait une bien fausse spéculation, s'il était allé dans le monde pour son plaisir!

Sa femme compatissait par moments à ses peines; souvent aussi elle était furieuse de le voir absorbé par Mlle Adda.

« Tu n'as écouté qu'elle! Tu n'as vu qu'elle! A peine si tu m'as regardée trois fois en trois heures! S'il faut absolument vous haïr pour attirer votre attention, vilains hommes, dis-le moi; j'essayerai. Non, va! reprenait-elle en lui jetant les bras autour du cou, je t'aime! C'est égal, si cette méchante Adda Kolb avait voulu de toi, tu ne serais pas mon mari. Sais-tu que c'est une chose odieuse à penser? Mais je n'y pense plus, je n'y penserai plus jamais; embrasse-moi! »

Ce qui porta l'irritation de Claire à son comble, c'est qu'elle vit Adda très-entourée et fêtée. Mlle Kolb embellissait : le feu dont elle était dévorée jetait des lueurs étranges par les yeux. Son bavardage déchaîné, le brio de son méchant esprit plut aux hommes en les étonnant. Jamais on n'avait entendu parler une soliste de cette force dans la bonne compagnie de Strasbourg; le juge suppléant Pastouriau décida qu'elle gagnait le genre de Paris. Pendant qu'elle faisait florès, Claire voyait son joli petit visage altéré de jour en jour par un commencement de grossesse. La pauvre enfant se trouvant laide, en souffrait, et n'osait pourtant pas publier son excuse. Elle reprit quelque avantage au bout de cinq ou six mois, lorsque les portes des salons devinrent étroites pour elle, et Dieu sait avec quel orgueil elle promenait cet embonpoint chargé de promesses! Rien de plus curieux que la rencontre des deux ennemies : elles se regardaient d'un air de défi, l'une étalant sa beauté virginale, l'autre faisant parade de son heureuse fécondité.

Claire eut un fils, et je vous laisse à penser si elle le fit voir. Toutes les connaissances de Strasbourg le trouvèrent magnifique; mais quelque chose manquait au triomphe de la jeune mère, elle voulait qu'Adda fût forcée d'admirer cet enfant. Il y a de ces raffinements dans les haines de province. Pour en venir à ses fins, Mme Marchal enjoignit à la nourrice de promener le jeune Henri sur la petite place qui touche à la maison des Kolb. Il arriva nécessairement que la femme et la fille du chanoine, voyant une paysanne inconnue et un enfant équipé comme un prince, s'approchèrent du marmot, l'examinèrent, et demandèrent le nom de ses parents. La nourrice n'eut pas plus tôt nommé Marchal qu'Adda se mordit les lèvres et répondit :

« Vous ferez mes compliments à la famille ; il est très-drôle, ce petit : voyez donc ! Il a déjà les doigts crochus ! »

La nourrice rentra toute en larmes, et Claire, outragée jusque dans son enfant, s'écria :

« Mais personne n'écrasera donc cette vipère?

— Ma chère amie, dit le docteur, je ne souhaite pas sa mort; qu'elle se marie seulement, et tous nos maux seront finis. »

A quelque temps de là, les journaux d'outre-Rhin annoncèrent que la petite ville de Hochstein, en Bavière, était décimée par une épidémie d'angine. Il ne restait ni médecin, ni sage-femme, ni barbier dans la commune; tout ce qui a pour devoir d'approcher les malades avait péri. Deux docteurs de Munich, venus en poste, étaient repartis dans les quarante-huit heures, en corbillard. M. Marchal croyait tenir un spécifique certain contre l'angine; ses premiers essais avaient réussi; mais l'occasion d'expérimenter en grand ne s'était jamais offerte. Il partit pour Hochstein malgré les remontrances de ses amis et les larmes de sa femme.

« Si j'étais officier, dit-il à Claire, me défendrais-tu d'aller me battre? Eh bien! ma chère, l'ennemi est campé à Hochstein, et j'y cours. »

Il resta six semaines absent et revint gros et gras après avoir sauvé tout ce qui restait dans la ville. Un acte de courage si simplement accompli fit quelque bruit de par le monde. Le roi de Bavière écrivit une lettre autographe à M. *de* Marchal pour lui conférer la noblesse et lui dire qu'il avait six mille francs de rente sur l'État. Le professeur répondit en termes respectueux que la particule ne pouvait pas s'adapter à son nom et que l'argent trouverait un bien meilleur emploi chez les convalescents et les orphelins de Hochstein. Vers le même moment, le préfet du Bas-Rhin crut devoir féliciter le professeur et lui dire qu'il l'avait proposé au ministre pour la croix. M. Marchal réclama vivement en faveur du vieux docteur Langenhagen, qui avait, disait-il, des droits plus anciens et surtout plus français.

Cette conduite obtint dans le public les éloges qu'elle méritait; tout Strasbourg se sentit honoré par la conduite du professeur. Une seule personne protestait au fond du cœur; vous devinez bien qui, et je n'ai que faire de la nommer. Elle ne pouvait croire que le même homme fût alternativement bon et mauvais, loyal et félon, sublime de désintéressement et ignoble de cupidité. En un mot, elle n'admettait point qu'on pût être coupable envers elle sans l'être envers le monde entier; telle est la logique des femmes. Donc, sans incriminer formellement les dernières actions d'Henri, elle en cherchait le revers, ne le trouvait pas, et se damnait de dépit. Comme M. Marchal était devenu quelque peu prophète en son pays, elle ne pouvait plus le larder comme autrefois sans se faire jeter la pierre : Adda changea de note et se mit à célébrer le héros du jour avec l'emphase la plus comique. Elle inventa un mode d'admiration si grotesque, elle travestit si perfidement les louanges qui circulaient de bouche en bouche, que trois mois de ce petit travail auraient transformé le sauveur de Hochstein en bouffon pitoyable.

Les Marchal échappèrent à ce danger, mais il leur en coûta cher. Le frère aîné d'Henri se trouvait depuis quelque temps dans des affaires difficiles. Le sort avait tourné contre lui : ses embarras étaient tels que le pauvre homme ne put pas même quitter Paris pour le mariage de son frère. Il avait annoncé son arrivée; on l'attendit, mais au dernier moment il s'excusa par un mot sinistre : « La corde est si tendue, écrivait-il, que si je prenais demain la diligence de Strasbourg, on dirait que je vais à Kehl. » Il se remit un peu, trouva un reste de crédit, lutta sans confiance, livra quelques dernières escarmouches, et finit par tomber sur le champ de bataille. On n'a jamais bien su s'il était mort de maladie ou autrement; son acte de décès arriva chez Henri avec l'état détaillé du passif et la liste de quelques créanciers plus pauvres ou plus intéressants que les autres. Le docteur et sa femme, après cinq minutes de délibération, écrivirent au syndic qu'ils acceptaient la succession tout entière.

En ces temps d'ignorance et de médiocrité bourgeoise, les faillites n'offraient pas les proportions monumentales que nous admirons aujourd'hui. La dot de Claire et la maison du quai suffirent à rembourser la somme meurtrière : il s'agissait, je crois, de deux cent mille francs. M. Axtmann ne fut consulté qu'après coup, il commença par pousser des cris de beau-père plumé vif, protestant qu'on mettait sa fille sur la paille et son petit-fils à l'hôpital; mais Henri lui fit observer qu'il devait tout à ce malheureux frère, qu'il gagnerait toujours de quoi maintenir la maison dans une honnête aisance, et quant au petit garçon, qu'il aimait mieux lui laisser moins d'argent et un nom sans flétrissure. Comme le père Axtmann était un homme de bien, il finit par décider que son gendre avait bravement agi et qu'on verrait plus tard à raccommoder les affaires.

Lorsqu'on sut ce dernier trait de M. Marchal (et tout se sait au jour le jour dans une ville de province), Mlle Kolb fut obligée d'ouvrir les yeux. Elle se rappela que le docteur, depuis l'enfance, s'était toujours conduit en homme délicat : elle embrassa d'un coup d'œil le souvenir des derniers temps, et vit cette délicatesse se colorer d'un reflet héroïque. La seule action reprochable, c'est-à-dire le mariage d'argent, émergeait comme une contradiction monstrueuse au milieu d'une vie pure. Adda se dit pour la première fois qu'elle pouvait s'être trompée, et ce simple doute la troubla jusqu'au fond de l'âme; car enfin, s'il y avait quelque malentendu, elle avait persécuté un juste. Et alors la résignation d'Henri, la patience avec laquelle il avait accepté tant d'outrages publics devenaient tout uniment sublimes.

Elle se trouvait en visite avec sa tante Miller chez la femme du président le jour où, comme Paul l'évangéliste, elle fut foudroyée par la lumière. Le dépouillement volontaire des Marchal était colporté dans la ville par Mme Mengus, femme de mon cher et vénéré patron, maître Mengus, qui repose en Dieu depuis bien des années. C'était nous que le professeur avait chargés de déplacer ses fonds, de vendre son immeuble et d'envoyer la somme totale à Paris ; j'ai moi-même rédigé le bail de l'appartement qu'il loua sur la place d'Austerlitz pour sa petite famille. A mesure que Mme Mengus entrait dans les détails de l'affaire, Adda Kolb se troublait davantage et s'agitait plus impatiemment sur sa chaise : bientôt elle n'y tint plus ; on la vit se lever, prendre congé à la hâte et entraîner la pauvre tante, qui n'en pouvait mais. Il lui restait encore plusieurs visites à faire, sans compter les emplettes de gants et de rubans pour le bal de la préfecture, qui se donnait le soir ; elle oublia le bal et courut à la maison, toute affaire cessante. Arrivée, elle se mit en quête de sa mère, la trouva dans la chambre au linge, et là, sans tenir compte de la présence de Mme Miller, sans voir qu'elle était écoutée par les deux repasseuses les plus bavardes de Strasbourg, elle interpella Mme Kolb et lui dit :

« Maman ! sur ton salut éternel, dis-moi la vérité ! Est-ce que M. Marchal m'a demandée en mariage ? »

La femme du chanoine, ainsi prise au dépourvu, resta un moment bouche béante. Elle aurait bien voulu consulter son mari, qui était la forte tête du ménage, et en attendant qu'il fût là, elle cherchait un moyen de parler sans dire ni oui ni non, car elle n'était pas capable de mentir, même pour un grand bien. Cependant Adda la pressait ; Adda grandie, fortifiée et presque illuminée par son exaltation, plongeait un regard perçant dans les yeux de la pauvre dame et répétait d'une voix haletante : Réponds ! réponds !

Mme Kolb eut peut-être une velléité de résistance ; elle se rappela vaguement les droits de l'autorité maternelle et se mit en devoir de dire qu'il n'appartient pas à une fille de questionner ses parents ; mais la figure bouleversée d'Adda lui fit peur, elle craignit de provoquer une crise de nerfs, et d'une voix émue, elle balbutia :

« Il y a si longtemps !... Tu étais trop jeune pour lui... Et que t'importe maintenant, puisqu'il s'est marié avec une autre ? »

Adda fondit en larmes, sauta au cou de sa mère en lui criant : Merci ! merci ! Puis elle tourna les talons et courut se réfugier dans sa chambre. Mme Kolb et Mme Miller, fort inquiètes l'une et l'autre, ne tardèrent pas à l'y rejoindre : elles la virent plongée dans la sainte Bible, ce qui les rassura pour un moment.

Quoique les parents soient toujours attentifs à se leurrer eux-mêmes, les Kolb ne pouvaient s'empêcher de craindre pour la raison de leur fille. Ses manières et son langage dépassaient quelquefois les bornes de l'excentricité ; elle riait, pleurait et surtout s'irritait sans cesse et sans mesure. Cette dernière incartade alarma sérieusement la famille : le chanoine pensa qu'il était temps d'aviser. Il fit quérir le tanneur et sa femme, le substitut fut mandé d'urgence ; on tint conseil au deuxième étage, sous la présidence du grand-père. Les uns jugèrent qu'il fallait distraire

Adda, la dépayser, la conduire en Italie; les autres étaient d'avis que le mariage seul la guérirait. Mais comment la marier, si elle ne s'y prêtait un peu? Les épouseurs ne manquaient pas, Dieu merci! elle en avait refusé depuis un an une demi-douzaine. La veille encore, un ami du chanoine était venu poser la candidature d'un certain M. Courtois, joli garçon, beau valseur, conseiller de préfecture et fils unique d'une famille aisée. Ce pauvre M. Kolb était si découragé qu'il n'avait pas même transmis la demande à sa fille. Le grand-père blâma son *junior*, tout chanoine qu'il était, et lui rappela sévèrement qu'il ne faut pas remettre au lendemain ce qu'on peut faire la veille... C'étaient les mœurs du bon vieux temps; on a terriblement perfectionné tout cela. Le chef de la famille fit comparaître Adda devant son vieux fauteuil, il lui reprocha sa conduite, lui commanda de choisir un mari sans tarder, et lui fit part des intentions de M. Courtois, qu'il appuyait.

On s'attendait à quelque extravagance ou tout au moins à quelque résistance. Adda surprit agréablement la famille en se montrant soumise et respectueuse à l'excès. Vous auriez dit un modèle de docilité filiale : personne ne remarqua le sourire aiguisé de malice qui perçait entre ses longs cils.

Elle soupa de bon appétit, soigna particulièrement sa toilette et arriva très-belle à la préfecture. Son entrée fit sensation, comme toujours; elle laissa les gens l'admirer, et promena son regard, cet infaillible regard des jeunes filles, autour du salon principal. Lorsqu'elle eut découvert ce qu'elle cherchait, elle s'assit auprès de sa mère et attendit les danseurs,

M. Courtois, très-empressé, l'invita pour la première valse, et juste au même instant l'orchestre préluda. Elle dansa divinement; mais lorsque son cavalier l'eut ramenée jusqu'à sa place, elle lui dit : « Un peu plus loin, je vous prie, jusqu'au docteur Marchal. »

M. Courtois dressa la tête comme un coq de combat: il frisa sa moustache; ses yeux brillèrent. Il connaissait la haine de Mlle Kolb pour l'infortuné professeur, il avait quelques années de salle, il se réjouissait de former une alliance offensive qui pouvait le mener loin. Lorsque Adda fut à portée de l'ennemi, il prit un air farouche et se campa sur ses jarrets en homme prêt à tout, et voici le dialogue qu'il entendit :

« Monsieur Marchal, voulez-vous me faire le plaisir et l'honneur de me prêter votre bras pour un moment?

— Moi?... A vous, mademoiselle?

— Je vous en prie.

— Mademoiselle, j'aime mieux m'exposer à tout que de désobéir à une femme. Me voici à vos ordres.

— Bien! J'étais sûre de vous trouver ainsi. »

Elle salua M. Courtois du bout des ongles et traversa le salon dans sa longueur au bras d'Henri. Tout Strasbourg était là; tous les yeux se fixèrent en même temps sur ce groupe invraisemblable, inouï. Claire croyait rêver; tous ceux qui portaient des lunettes se mirent à essuyer leurs verres. L'orchestre oublia de jouer.

Lorsqu'ils furent au bout du salon, M. Marchal pri la parole et dit :

« Si c'est une gageure, mademoiselle, vous l'avez gagnée.

— C'est une toute autre chose, monsieur Henri. Que pensez-vous de ce jeune homme avec qui je dansais tout à l'heure?

— Mais.... absolument rien.

— Pensez-vous qu'il rendra sa femme heureuse? Il me demande en mariage, mes parents l'accepteraient volontiers; moi, je ne le connais guère et je n'ai aucun moyen de l'étudier. Vous le connaissez, vous. Si j'étais votre sœur, au lieu d'être votre ennemie, me conseilleriez-vous de devenir Mme Courtois?

— Non, mademoiselle.

— Pourquoi?

— Parce que ce monsieur est joueur, brutal et hypocrite. Il vous ruinerait d'abord, vous battrait ensuite, et prouverait enfin que vous avez tous les torts.

— Voilà parler; merci. Et parmi mes autres adorateurs, y en a-t-il un qui, selon vous, mérite une entière confiance?

— Certes; le capitaine Chaleix, un cœur d'or, mademoiselle, une conduite exemplaire, et un bel avenir dans le génie! Vous l'avez refusé, je crois?

— Oui, mais il m'aime encore; il reviendra, si on le rappelle, et c'est lui qui sera mon mari. Je l'accepte de votre main, monsieur Marchal, et je vous prie de considérer cette marque de confiance et d'estime comme une réparation de toutes mes injustices. Maintenant voulez-vous me conduire auprès de Claire, s'il vous plaît? »

L'excellent notaire Riess en était là de son récit,

et je l'écoutais sans songer à autre chose, quand le cheval s'arrêta. Nous étions arrivés devant l'auberge du *Cygne*. Nos compagnons de chasse descendaient de leurs voitures et frappaient la terre du pied pour se dégourdir les jambes, tandis que les cochers leur passaient les fusils, un à un. Vingt-cinq ou trente rabatteurs, le bâton à la main, se groupaient confusément dans un coin de la cour sous les ordres d'un vieux garde. Deux chiens d'arrêt, tenus en laisse, pleuraient d'impatience comme des enfants. Le patron du *Cygne* apparut au sommet du perron, son bonnet de fourrure à la main. Il nous donna la bienvenue et nous dit :

« Le vin blanc est tiré, la soupe à la farine est sur la table et l'omelette sur le feu. »

Il n'y avait pas de temps à perdre, dix heures sonnaient et la nuit tombait à quatre heures. Chacun courut au déjeuner, but, mangea, remplit sa gourde, boucla sa cartouchière, alluma sa pipe ou son cigare, releva son collet d'habit par-dessus les oreilles, et en chasse!

Alors il ne s'agissait plus du professeur Marchal, ni de la fille du chanoine, mais de ces grands coquins de lièvres qui bondissaient devant les traqueurs, couraient sur nous ventre à terre, et souvent forçaient notre ligne après avoir essuyé dix coups de fusil. L'amphitryon et l'organisateur de la chasse se devait à tous ses hôtes, et Dieu sait si le digne homme avait à cœur de nous poster aux bons endroits!

Le hasard me rapprocha de lui entre deux battues, et j'insistai pour avoir la fin de son récit.

— Mais je croyais l'avoir achevé, répondit-il; le

reste se devine. Adda Kolb épousa le capitaine Chaleix et vécut aussi chrétiennement avec lui que Marchal avec Claire. La fille du chanoine et l'honnête professeur connurent à des signes certains que Dieu ne les avait pas créés l'un pour l'autre, puisqu'ils étaient heureux séparément.

— Bien; mais tous ces braves gens, que sont-ils devenus?

— Ils ont vécu longtemps en bons voisins, dans une intimité respectable. Que vous dirai-je de plus? Vous savez quel est le train des choses de ce monde, et que toutes les existences, joyeuses ou tristes, calmes ou tourmentées, aboutissent à une conclusion unique qui est la vieillesse, la maladie et la mort. Il faut pourtant que je vous cite une curieuse réflexion du professeur. Un soir que les deux ménages sortaient ensemble du théâtre, ils discutaient entre eux sur ce mot de comédie : je te pardonne, mais tu me le payeras! Adda soutenait que la femme est incapable de pardonner sans restriction.

« Par exemple, dit-elle au docteur, si vous m'aviez fait le quart des sottes algarades que je vous ai faites, j'aurais bien pu signer la paix avec vous, mais je n'aurais pas été capable d'oublier. Est-ce que véritablement le souvenir de ces choses-là ne vous revient jamais?

— Quelquefois.

— Et alors? Vous ne vous surprenez pas à me haïr?

— Au contraire; mon cœur s'emplit de reconnaissance, et je vous remercie en moi-même.

— Voilà qui est fort!

— Cela n'est que juste. J'ai pris en ce temps-là quelques résolutions vigoureuses et accompli les seuls actes un peu méritoires de ma vie. Rien ne me prouve que j'aurais trouvé l'énergie nécessaire, si vous ne m'aviez pas mis dans le cas de forcer votre estime, chère madame Chaleix. »

II

MAINFROI

II

MAINFROI

I

Jacques Mainfroi dînait ou plutôt finissait de dîner en tête-à-tête avec lui-même. La vieille salle à manger, lambrissée de chêne noir à hauteur d'appui et tendue de vrai cuir de Cordoue jusqu'à la corniche, était meublée à la dernière mode, quoiqu'on n'y eût presque rien changé depuis l'abjuration de Lesdiguière. La haute cheminée de marbre rouge où flambait un hêtre scié en quatre, l'horloge qui venait de tinter sept heures, les dressoirs chargés d'orfévrerie antique et de faïence italienne, les portières de tapisserie, la table carrée à pieds tors, la nappe entrecoupée de guipures, le tapis de Turquie, tout enfin, sauf la lampe Carcel suspendue par un appareil moderne, représentait le luxe d'une grande maison de province sous le règne de Louis XIII. Le maître du logis, rasé de frais dans sa cravate blanche et mollement enveloppé dans un large veston de cachemire, égrenait une grappe de raisin ridé. Le service de vieux japon n'avait passé par aucun hôtel des ventes, car il était marqué aux mêmes armes que le petit point des fauteuils et les cartouches de la voussure. Un miroir de Venise renvoyait à Jacques Mainfroi son sourire de parfait contentement, et lui disait dans ce silencieux langage dont les miroirs ont le secret : Oui, tu es un heureux garçon; trente ans, un nom, les dents étincelantes, les cheveux noirs, l'œil vif, la parole facile, une réputation qui frise la gloire, quelque succès dans le monde, et vingt-cinq mille francs de rente, ce qui n'a jamais rien gâté.

Un petit valet de chambre rougeaud, dodu et visiblement à l'étroit dans son habit noir, mais bien dressé, suivait en silence, la serviette sur le bras, les moindres mouvements du maître. Tous les bruits de Grenoble mouraient au seuil de l'antique maison; à peine si l'on entendait les roulements lointains de la retraite ou le pas précipité d'un soldat sur le pavé de la rue Créqui, lorsqu'un violent coup de marteau ébranla la porte cochère et fit danser tous les vitraux de la salle à manger.

Mainfroi leva le front, puis se remit à grapiller d'un air digne, en homme qui ne se sent pas atteint par un procédé incongru; mais presque au même instant une tapisserie s'écarta, et Fleuron, la femme de charge, entra comme une bombe.

« A-t-on jamais vu celui-là, qui vient chercher une consultation quand tu dînes!

— Tu lui as dit qu'il s'était trompé d'heure?

— Je lui ai dit que tu n'étais pas un praticien de la justice de paix pour attendre le bon plaisir des clients, qu'on n'envahissait pas le domicile des personnes comme nous à des heures indues, et que d'abord, quand je t'aurais servi ton café, tu étais attendu en soirée chez M. le *premier*. Ah! mais!

— C'est dignement parlé, ma vieille. Et ce café? tu peux le servir?

— Attends donc! il m'a répondu qu'il s'appelait Vaulignon, et qu'il n'était pas né pour faire le pied de grue.

— M. de Vaulignon? Je le crois bien, qu'il n'est pas fait pour attendre. Cours le chercher, ou plutôt non; j'y vais moi-même. Dominique allumez au salon.

— Tu gèleras!

— Tant pis. Donne un coup de main à Dominique. »

Il descendit l'escalier en quatre bonds et trouva sous le vestibule un grand vieillard qui maugréait en marchant, le cigare à la bouche. Mainfroi se confondit en excuses; M. de Vaulignon jeta son cigare et monta sans mot dire. Lorsqu'ils entrèrent au salon, le feu commençait à flamber. Quelques bougies de cire, allumées en hâte, éclairaient vaguement une salle tapissée de portraits à perruques. L'avocat avança un fauteuil, en prit un autre et dit : « C'est à M. le marquis de Vaulignon que j'ai l'honneur de parler?

— A lui-même; mais pardon... M. votre père est-il tellement occupé que... »

Mainfroi se retint de sourire; il répondit d'un ton ferme et modeste : « Depuis longtemps, monsieur, j'ai le malheur d'être seul de mon nom.

— Eh! que diable! vous n'êtes pourtant pas le célèbre Mainfroi?

— Célèbre pas encore; mais seul, comme j'ai eu l'honneur de vous le dire, et tout à votre service, si mon âge n'a pas ébranlé la confiance qui vous portait vers moi. Votre erreur est très-naturelle, monsieur; ceux qui ne me connaissent que par ouï-dire me prêtent aisément la figure d'un vieux parlementaire : c'est l'effet du nom et des trois siècles de magistrature qui étendent sur mon front leur ombre vénérable. Nous étions d'épée en 1300 et alliés aux Vaulignon de la branche aînée, si j'ai bonne mémoire; mais depuis l'an 1540, où nous avons endossé la robe, nous ne l'avons guère dépouillée : ces portraits de famille en font foi. Sept présidents à mortier, deux premiers présidents, un procureur général, un conseiller à la cour de cassation, qui fut mon cher et regretté père, le seul de la maison qui ait élu domicile à Paris.

— Très-bien, monsieur, très-bien. Je vous demande pardon d'ignorer tant de choses respectables et de n'avoir pas suivi de plus près une famille alliée à la mienne; mais je suis un vieux loup, vous savez. Que le diable m'emporte si je mets la patte à Grenoble une fois tous les quatre ans! Comment donc? Il y a pardieu bien huit ans que je n'y ai passé, et au trot de poste encore, en allant marier M. mon fils. Il paraît qu'ils ont fait des embellissements dans la ville? Ce n'est pas encore cette fois que je les admirerai, car je suis arrivé à cinq heures, et je repars tantôt pour achever la nuit dans mon lit. Je ne vis que chez moi; hors de Vaulignon, point de salut. Oui, jeune homme, j'aime ma terre, et je ne m'en cache pas. Eh morbleu! si tous les gentilshommes étaient possédés d'une si noble manie, on ne verrait pas tant de freluquets échanger un bon bien qui dure et qui demeure contre de méchants écus qui vont rouler Dieu sait où. Ceux qui prétendent que je suis un égoïste en ont menti. L'égoïste n'aime rien tant que lui, et j'aime Vaulignon plus que moi-même. C'est justement à ce propos que je voulais vous consulter. Le hasard fait qu'au lieu d'un simple robin je trouve un homme de naissance : à merveille! Vous ne me comprendrez que mieux.

— Je suis tout oreilles.... et tout cœur.

— Grand merci; mais je parlerai en me promenant, si cela ne vous gêne pas. J'ai de satanées jambes de chasseur; aussitôt que je m'arrête un instant, les fourmis s'y mettent. Voici l'affaire. Et d'abord, tout à fait entre nous, pensez-vous que le code civil en ait encore pour longtemps? »

Mainfroi ne répondit qu'en ouvrant des yeux énormes.

« Vous ne comprenez pas? reprit M. de Vaulignon. Je vous demande confidentiellement si toutes ces lois antisociales que la révolution nous a mises sur le dos ont quelques chances de durer autant que moi?

— Monsieur, dit Mainfroi, nous ferons bien de raisonner comme si elles étaient éternelles; c'est l'hypothèse la plus prudente.

— Oui? Hum! On voit pourtant assez de nouveautés mauvaises pour qu'il ne faille point désespérer des bonnes. Mais vous avez raison, mieux vaut mettre les choses au pis et se garder en conséquence. Monsieur Mainfroi, je n'ai qu'un fils, il est tout mon portrait, il a mes sentiments, mes idées, mes goûts; en trois mots il me continue. Si vous pouviez le voir, l'épieu en main, face à face avec un vieux *solitaire,* vous comprendriez mes préférences pour ce gaillard-là. Quand je l'ai marié à cette petite Bavaroise, je lui ai donné le villard des Trois-Laux, jouxte le grand taillis de Vaulignon; c'est la fine fleur de mon bien, on m'en offrait un million en 43! Ça rapporte cinq pour cent, impôts payés; il est vrai que je suis le fermier de mon fils et que je ne m'épargne pas à la peine. Gérard, le comte, vit sur ses terres, en Allemagne, neuf mois de l'année : mais il passe l'hiver sur les nôtres. Je l'ai au château depuis la Toussaint avec femme et enfants, trois garçons et deux filles! Ah! c'est un homme! Je veux lui laisser tout, le plus tard possible, s'entend; mais, lorsqu'on a passé la soixantaine, il faut compter avec la mort. Le château et les bois ne sauraient tomber en plus dignes mains; il aime ce domaine, il ne s'en défera point, il le transmettra à son fils aîné, et les choses resteront à jamais dans l'ordre établi par la Providence. La terre de Vaulignon ne doit appartenir qu'à un Vaulignon. Avouez, monsieur, qu'il serait impie de séparer ce que Dieu a uni.

— Or, vous avez d'autres enfants, n'est-il pas vrai?

— Moi? Pas du tout! je n'ai qu'une fille. »

A cette exclamation naïve, le jeune homme se départit un peu de sa gravité. Il répondit en riant :

« Eh mais! c'est beaucoup mieux que rien.

— Au point de vue du cœur, certainement. Me prenez-vous pour un père dénaturé? J'aime ma fille, monsieur, mais il s'agit ici d'une question sociale.

— Eh bien! dans la société française en 185..., la loi ne permet pas qu'on sacrifie un sexe à l'autre.

— Votre loi est une bourgeoise, et nous sommes gens de condition, sacrebleu! Que serait-il advenu de ma terre et de mon nom, je vous le demande, si depuis sept cents ans nos cadets et nos filles ne s'étaient quelque peu dévoués au principe conservateur; s'ils avaient partagé et repartagé Vaulignon comme les petits d'un cordonnier s'arrachent les nippes de leurs père et mère? Ce domaine, qui fait l'admiration du monde, serait haché menu comme chair à pâté, et moi, le chef de la maison, je traînerais ma noble gueuserie dans le service des télégraphes ou des contributions directes! Feu mon père, Dieu ait son âme! était l'aîné de cinq fils. Mes oncles ont-ils rien prétendu sur Vaulignon? A-t-on vu cette illustre terre tirée à quatre chevaux par nos cadets? L'un s'est accommodé d'un régiment, l'autre d'un bénéfice, un autre s'est fait tuer en Amérique dans l'armée de La Fayette, et le plus jeune a porté sa tête sur l'échafaud le jour même de ma naissance.

— Voilà des gens qui savaient vivre; mais, sans contester le mérite de leur renoncement, je vouferai observer que messieurs vos oncles étaient déshérités par la loi.

— Et ma chère et digne sœur, de sainte mémoire, qui se mit en religion l'an de grâce 1819 pour me laissei tout mon bien, subissait-elle une autre loi que celle de son cœur et de sa conscience? Hélas! monsieur, de telles âmes, on n'en fait plus.

— La vocation manque à Mlle de Vaulignon?

— Absolument, malgré le soin que j'ai pris de la mettre au Sacré-Cœur toute petite. C'est un esprit romanesque, à la mode du jour. On veut être aimée; on réclame sa part de bonheur, on fait fi des richesses, mais on ne dédaignera pas l'année prochaine un cœur de gentilhomme qu'il me faudra payer écus sonnants, et plus cher qu'il ne vaut. Je ne me cabre point, je ferai grandement les choses; j'achèterai la fleur des pois, si tant est qu'il en reste à vendre. Ma fille mériterait d'être épousée pour elle-même et pour l'honneur de notre alliance, mais il paraît que vos petits messieurs ne se payent plus de cette monnaie-là.

— C'est que la vie du monde coûte un peu plus cher qu'autrefois.

— Soit; mais lorsque j'aurai déboursé une dot exorbitante, serai-je libre enfin? Ma fortune m'appartiendra-t-elle? Daignera-t-on permettre que je dispose de mon bien? On m'avait.... non! j'avais projeté de vendre Vaulignon à mon fils moyennant une rente viagère.... »

Le visage de Mainfroi se rembrunit.

« Monsieur le marquis, dit-il, je crains que vos souvenirs ne vous trompent. Ce n'est pas un propriétaire fanatique, comme vous l'êtes, qui songe à se déposséder de son vivant. Cette idée, que vous le sachiez ou non, vous a été suggérée.

— Et par qui donc, s'il vous plaît?

— Ce n'est pas par M. le comte votre fils, mais il se pourrait bien qu'un soir, au coin du feu, Mme la comtesse....

— La comtesse est un ange, et je trouve nouveau qu'un étranger, sans la connaître, ait la prétention de savoir ce qu'elle m'a dit!

— Je le sais par un petit miracle de sorcellerie élémentaire, monsieur. L'idée en question n'a pu venir qu'à une femme, parce que les femmes, et surtout celles qui ont cinq enfants à pourvoir, se font un sens moral un peu plus large que le nôtre. Et l'auteur de cet avis doit être une étrangère, ignorante de nos lois, qui interdisent un tel trafic. Toute aliénation faite au profit d'un successible en ligne directe, à charge de rente viagère, est réputée acte gratuit, ou, pour parler un langage moins technique, si le comte vous achetait Vaulignon à fonds perdu, la loi supposerait *à priori* que vous avez voulu avantager M. votre fils par une libéralité déguisée. Mlle de Vaulignon serait admise à prouver que son père et son frère, par un accord frauduleux (ce n'est pas moi qui parle), l'ont frustrée d'une partie des biens que la loi lui réserve.

— Assez, monsieur! c'est la première fois que j'entends un tel langage, et l'impertinence de vos lois commence à m'échauffer les oreilles. Concluons. Quels avantages m'est-il permis d'assurer à mon fils?

— La loi garantit à chacun de vos deux enfants un tiers de votre fortune; elle vous abandonne la libre disposition du reste. Supposons que vous possédiez trois millions....

— Je n'ai pas cela!

— Simple hypothèse. Vous pourriez légalement en donner ou en léguer deux à M. le comte, pourvu que M{^{lle}} votre fille en eût un. Comment estimez-vous la terre de Vaulignon, tout sentiment à part?

— Vaulignon rapporte moins que le villard des Trois-Laux, mais on ne bâtirait pas le château pour cinq cent mille francs. Et les futaies, monsieur! les plus belles de France! Roquevert, le gros marchand de coupes, m'a fait offrir cent mille écus de la superficie : il y a là des bois de marine comme on n'en voit plus nulle part. Si le villard vaut un million, les deux domaines font la paire.

— Cela étant, il ne nous reste qu'à trouver cinquante mille louis d'or pour M{^{lle}} de Vaulignon. »

Le vieillard fit un haut le-corps accompagné d'un sort juron.

« Savez-vous que c'est une somme? Je ne l'ai pas; non, sur l'honneur, quand même je vendrais mes rentes, mes obligations et tous ces petits biens qui sont éparpillés autour des Plâtrières! Il faudrait emprunter.... ou épargner longtemps, mais le temps? Ou gagner? Mais je suis fait pour gagner de l'argent comme mes chiens pour chanter la messe.

— Le comte est riche; il parferait le million plutôt que de liciter un de ces beaux domaines.

— Peut-être; si sa femme en est d'avis ;... mais cela ou autre chose, il faut se mettre en règle avec la loi. Je vois d'ici le testament qu'il me reste à faire. Encore un mot, monsieur. Vous m'avez donné votre avis en jurisconsulte, mais comme homme et comme gentilhomme m'approuvez-vous sans réserve? Je vous demande un oui ou un non, et je tiendrai grand compte de votre sentiment, quel qu'il soit.

— Permettez-moi de distinguer, quoique je ne sois rien moins que jésuite. J'estime qu'en droit naturel un homme peut disposer arbitrairement de tout le bien qu'il a gagné lui-même. Il ne doit rien à ses enfants, sauf l'éducation et les moyens d'existence. Quant à celui qui n'a pas créé, mais simplement recueilli sa fortune, il n'est à mon sens qu'un dépositaire chargé de la transmettre à la génération suivante, et de la répartir sans préférence entre les petits-enfants de son père. Tel serait votre devoir, si vous étiez simplement un homme; mais la noblesse dérange tout : un gentilhomme est un être à part, en dehors de la loi commune. Si ma raison s'insurge à toute heure contre cette exception, l'esprit de famille et la reconnaissance envers mes aïeux me commandent de la respecter. Le fait existe, il est constant, je dois le faire entrer dans mes calculs et raisonner avec vous comme si nous ne faisions point partie de la grosse humanité. Si je me place à ce point de vue faux, mais admis, je reconnais que votre patrimoine échappe aux lois de l'équité vulgaire. Ceux qui vous l'ont transmis de main en main à travers une demi-douzaine de siècles ont voulu et prétendu qu'il ne fût jamais divisé. S'ils ressuscitaient tous ensemble pour se réunir ici en conseil de famille, ils diraient d'une voix que Vaulignon et les Trois-Laux ne peuvent appartenir qu'à M. votre fils, que cette faveur, injuste en elle-même, découle logiquement du principe de la noblesse, et que sans le droit d'aînesse, appliqué ouvertement ou en fraude, toutes les aristocraties héréditaires verseraient bientôt dans l'abîme du prolétariat! Tiens! voilà que je plaide : pardon, monsieur.

— Non, ma foi! ne vous raillez pas vous-même; c'est noblement parlé.

— Vous voulez dire parler en noble.

— Et quoi de mieux?

— Rien, rien. Si votre conscience se trouve suffisamment éclairée, je vous demanderai la permission de passer un habit, car voici huit heures qui sonnent, monsieur, et je suis commandé de service pour un whist officiel qui n'attend pas. »

Le marquis s'inclina, tira son portefeuille et dit d'un ton bourru qui cachait mal son embarras :

« Maître Mainfroi, je vous ai dit que j'étais extrêmement rare à Grenoble; vous m'excuserez donc si je me hâte un peu d'acquitter ma dette envers vous.

— Monsieur, répondit Mainfroi, vous m'avez fait l'honneur de me consulter comme gentilhomme, vous me devez donc plus que de l'argent. »

M. de Vaulignon remit son portefeuille en poche, et tendit les deux mains au jeune seigneur.

II

Le premier président, M. de Mondreville, n'accueillait pas Mainfroi comme un avocat distingué, mais plutôt comme un fils. Les vieux conseillers le choyaient à qui mieux mieux; il était ainsi l'enfant gâté d'une nombreuse et vénérable famille. Personne ne doutait qu'il ne fût réservé aux plus hautes dignités de la magistrature, et chacun se promettait de le pousser dès que l'ambition lui serait venue. Il semblait formellement engagé par les traditions de la race et par l'éclat du nom ; les amis de son père le suivaient avec orgueil dans la carrière qu'il avait choisie, mais ils ne lui auraient point pardonné d'y vieillir.

Rien de plus étonnant que ses débuts : docteur en droit à vingt-deux ans et grand prix de la faculté de Paris, il s'était fait agréger l'année suivante avec dispense. Tout aussitôt il était venu réclamer son inscription au tableau de l'ordre à Grenoble, son stage étant fait à Paris. Soit curiosité, soit prévoyance, les avoués lui épargnèrent les longueurs de l'attente : ils accoururent chez lui les mains pleines d'affaires. Sa première plaidoirie attira plus de monde qu'une première représentation ; c'est à coup sûr la seule fois que les dames se soient arraché les billets pour un procès de mur mitoyen. La ville de Grenoble aime son vieux parlement ; elle en est fière, elle veille sur cette gloire et cette grandeur provinciale avec un patriotisme jaloux. La foule qui se porta au palais pour juger le dernier Mainfroi était très-exigeante et très-indulgente en même temps, prête à lui pardonner tous les défauts de son âge, et prompte à désespérer de lui, s'il paraissait inférieur à cette réputation précoce. Il se montra supérieur à ses succès d'école, aux éloges de ses maîtres et à l'attente de ses amis. On vit un beau garçon, modeste, simple et de grande manière ; sa voix pleine et sonore se maintint dans le ton d'une conversation aimable, en évitant l'emphase et l'éclat. Il discuta posément, poliment et même avec une certaine bienveillance, les prétentions de la partie adverse, éclaira les faits, élucida les textes de loi, n'omit rien, ne laissa pas tomber une parole inutile, et termina par une péroraison naïve et touchante qui réclamait pour lui l'adoption du tribunal et du parlement dauphinois. Le tribunal lui donna gain de cause ; le président le complimenta en public suivant un usage patriarcal que j'admire ; les vieux avocats s'étonnèrent qu'un si jeune homme sût parler sobrement et faire trêve d'érudition ; les gens du monde, qui sont plus lettrés à Grenoble que dans beaucoup d'autres villes, goûtèrent fort cette éloquence exempte de rhétorique. Quant aux femmes, elles pensèrent que ce petit Mainfroi devait être joliment persuasif lorsqu'il plaidait sa propre cause.

Il eut de grands succès en tout genre, et les plus beaux furent ceux dont le monde ne connut rien. Discret dans le bonheur et gentilhomme en tout, il mena, sept années durant, une vie cachée et brillante dans cet hôtel de l'an 1622, qui a l'air si confident et tant de portes dérobées. Au palais, son talent et sa réputation marchaient de front ; il choisissait scrupuleusement ses affaires : aussi les gagnait-il à coup sûr. Aux yeux des magistrats, la cause qu'il prenait en main était comme jugée par lui et gagnée dans son cabinet avant instance. Il avait pleine conscience de son autorité, et chaque fois qu'il se levait à l'audience, le ton dont il disait ce simple mot : « messieurs ! » aurait valu un long commentaire. Sans arrogance et même sans fatuité vénielle, il modulait, accentuait, posait, isolait ce

« messieurs, » comme pour le livrer aux méditations de la cour ou du tribunal. Ce modeste « messieurs, » dans sa bouche, en disait cent fois plus qu'il n'était gros. On y sous-entendait tout un exorde ainsi conçu : « Vous me connaissez tous, vous savez que je ne plaide pas pour gagner ma vie, ni pour faire ma réputation, mais pour m'asseoir de plus en plus solidement dans l'estime des gens de bien et pour me rendre digne des honneurs qui m'attendent dans un avenir assez rapproché. Vous devez donc penser qu'aucune considération ne m'aurait fait sortir de chez moi ce matin, si je n'étais quatre fois sûr de gagner la partie. Admettez-vous un seul moment que je me sois trompé sur le point de fait, ou abusé sur le point de droit? Vous ne le pouvez pas, car vous savez qu'il ne tiendrait qu'à moi de siéger à vos côtés au lieu de pérorer devant vous, et que par conséquent je possède, à l'état virtuel, toute l'infaillibilité de la justice. » Voilà ce qu'il disait sans le dire, et pas l'ombre d'impertinence dans cette déclaration muette ! Un magistrat célèbre, qui devait être un jour garde des sceaux, vint à Grenoble en visite chez M. de Mondreville. On lui fit entendre Mainfroi, et il en fut émerveillé. « Ce jeune homme plaide en conseiller, » dit-il au sortir de l'audience. Il s'invita à dîner chez Mainfroi avec le premier président et quelques gens de robe. Après un long repas où Fleuron s'était surpassée, le personnage, qui appartenait au petit groupe (aujourd'hui si restreint) des ministres possibles, prit Mainfroi dans une embrasure et lui parla ainsi :

« Le ministère de la justice fait fausse route. On se croit fort habile en écartant de la magistrature les hommes que la naissance et la fortune ont créés libres; on veut avoir, coûte que coûte, un gouvernement fort, et l'on pense avancer le but en choisissant des hommes dépendants, prêts à tout, esclaves de leur pain. Mauvaise politique, monsieur! ce déplacement de mobile, qui substitue l'intérêt à l'honneur et à la dignité, éliminera les caractères sans nous attirer les talents. Triplât-on les traitements, ils resteront toujours inférieurs aux honoraires d'un avocat distingué; nous n'aurons que des hommes de second et de troisième choix; le ministère public sera faible en comparaison du barreau, et la magistrature tombera peu à peu dans une médiocrité incurable. Si jamais le chef de l'État m'honorait de sa confiance, je m'appliquerais à recruter tout un état-major d'hommes indépendants, oui, indépendants d'esprit, de caractère et de fortune, fussent-ils même un peu frondeurs comme les magistrats des vieux parlements! Il faut que nous soyons autre chose que des fonctionnaires, monsieur. L'ordre judiciaire est un pouvoir dans l'État. Il reçoit son institution du pouvoir exécutif, il applique les principes formulés par le pouvoir législatif, mais il ne doit être valet ni de l'un ni de l'autre. La vénalité des offices est tombée sous le ridicule; Brid'oison l'a tuée, j'en conviens, et pourtant ce n'était pas la pire institution de l'ancien régime. Le magistrat qui avait payé sa charge était chez lui à l'audience; le beau mot « la cour rend des arrêts et non des services, » de quelle date est-il? L'ancien régime en a tout l'honneur. Décidément je préfère la vénalité des offices au ramollissement des consciences. »

Un entretien qui commence ainsi peut aller loin. Mainfroi ne savait pas encore que tout ministre *in partibus* est révolutionnaire par état. Il fut non-seulement séduit, mais enlevé par les théories de son interlocuteur. Sa jeunesse le livra pieds et poings liés au magistrat éminent et au fin politique qui tutoyait M. de Mondreville et l'appelait *copain* au dessert. Le vieillard et le jeune homme, enchantés l'un de l'autre, ne se quittèrent point sans conclure une sorte de pacte; Mainfroi promit de s'enrôler à la première réquisition sous les drapeaux du futur ministre.

En attendant, il sut se ménager et tenir les occasions à distance. Il frondait même un peu dans la mesure qui a toujours été permise aux hommes riches et bien nés.

Le soir de son entrevue avec le marquis de Vaulignon, sur les dix heures, après le whist du premier président, tandis qu'il savourait une tasse de thé en souriant à la belle madame Portal, reine de Grenoble et sa meilleure amie, le procureur général vint le battre en brèche, et le gaillard ne se rendit point.

« Mon cher grand homme, lui dit le chef du parquet, on m'enlève Pfeiffer, mon meilleur substitut, et me voilà terriblement en peine. Ah! si vous vouliez!

— Non, répondit Mainfroi. D'abord j'ai mes idées sur les devoirs d'un magistrat dans le monde; ils sont infiniment plus stricts que ceux d'un avocat, et je ne prendrai pas sur moi de représenter la justice tant que je ne serai pas rangé et marié.

— Mais l'honneur de défendre la société ne vaut-il pas quelques sacrifices?

— Je la défends à ma manière, avec autant d'éclat que je pourrais le faire au parquet et avec plus de liberté. Quel intérêt aurais-je à marquer le pas sur la grand'route, lorsqu'un chemin de traverse me conduit plus directement au but? Tous les grades de la magistrature sont également accessibles à l'avocat, suivant son âge et sa réputation; il arrive de plain-pied aux plus hautes fonctions comme aux plus humbles, pourvu qu'il ait montré ce qu'il vaut. Tant que je reste en dehors de la hiérarchie, j'ai presque autant de chances d'obtenir le bâton de maréchal que l'épaulette de sous-lieutenant : une fois enrégimenté, je devrais suivre la filière. Et comptez-vous pour rien les ennuis, les dégoûts, les dangers que je m'épargne à moi-même en restant simple avocat jusqu'au bon moment? Procès de presse et d'association, manœuvres électorales, rapports sur l'opinion publique et autres *menus suffraiges* qui trop souvent vous compromettent à jamais! »

Voilà comment ce jeune homme dansait autour des arches saintes de la politique. Il ne prenait au sérieux que la justice et peut-être l'amour.

Le procureur général apprêtait sa réplique lorsqu'un grand bruit lui coupa la parole. C'était maître Foucou, le plus discret notaire de la ville, qui entrait en s'ébrouant et soufflant dans ses gants paille à l'heure où l'on couche habituellement les notaires. « Mes respects, tous mes respects, monsieur le premier! Mes plus humbles hommages, madame la première! Mesdames, messieurs, votre fidèle serviteur de tout mon cœur. Je ne me serais pas mis au lit pour un empire avant de m'être excusé. Madame la première a dû comprendre qu'il fallait un événement bien despotique pour m'empêcher de me rendre à sa gracieuse et honorable invitation. Ah! le devoir! Il commande et j'obéis. Il y a des choses qui n'attendent pas : la mort entre autres et les tenants et aboutissants d'icelle. »

Mᵐᵉ Portal poussa un cri d'effroi : « Pour Dieu! monsieur Foucou, si vous venez d'un lit de mort, ne m'approchez pas!

— Rassurez vos grâces, belle dame, je ne connais ni morts ni malades, et s'il faut appuyer mon dire de quelque preuve démonstrative, la discrétion professionnelle ne me défend pas d'indiquer le client qui m'a fait perdre une si précieuse soirée. C'est un grand propriétaire foncier qui habite à quelques lieues de Grenoble, un vaillant chasseur devant Dieu, terreur des loups, des sangliers et des ours. »

Plusieurs voix désignèrent M. de Vaulignon, qui était louvetier en titre.

« C'est vous qui l'avez dit, poursuivit le notaire. Je ne l'ai pas nommé, quoique rien n'interdise à un officier ministériel de se faire honneur des visites qu'il reçoit. Voilà notre belle Mᵐᵉ Portal bien rassurée, car s'il était vrai que le marquis prît des dispositions, ce que j'ignore, ce serait de sa part un luxe de prudence. Quelle noble santé! et quelle force d'âme en présence des questions les plus solennelles! C'est lui qui aurait bien le droit d'employer la formule : « **Je soussigné, sain de corps et d'esprit...** »

Mais je doute qu'il sache prévoir les malheurs de si loin. Cependant lorsqu'on a deux ou trois millions à laisser,... je ne sais rien, j'indique vaguement la fortune qu'on lui prête,... et lorsqu'on est chargé par la Providence d'assurer la grandeur et la perpétuité d'un grand nom!... il faut penser à tout. Ceux qui n'ont qu'un seul héritier sont bien libres de mourir intestats, si bon leur semble. Oui, mais la question ne se présente pas souvent avec cette simplicité... »

Le bonhomme s'arrêta un moment, et ses yeux firent le tour de l'assemblée en quêtant une interrogation qui lui permît de poursuivre. La femme d'un conseiller prit pitié de sa peine et dit :

« Combien a-t-il d'enfants, le marquis de Vaulignon ?

— Ah! vous pensez encore au marquis, chère dame? Moi je n'y étais plus. Je suivais mon idée dans une tout autre direction. M. de Vaulignon doit avoir deux enfants, si je ne me trompe : un fils d'abord,... je dirais même *avant tout,* car enfin un fils est presque tout dans ces vieilles familles. Bienheureux les garçons! j'en ai vu plus d'un en ma vie à qui le bien venait en dormant. N'allez pas croire au moins que M. le comte soit un endormi! Ce n'est pas de son lit qu'il attend la fortune, c'est sous bois, au triple galop, derrière la meute de son père : Nemrod, fils de Nemrod! Je suppose néanmoins que, s'il trouvait sur sa route une couple de millions en biens-fonds nets d'hypothèques, le jeune homme se baisserait pour les ramasser. Les rencontrera-t-il? Voilà ce que j'ignore, et même si je le savais, je n'en soufflerais mot. Ce qu'on peut affirmer, c'est que M. le marquis est ferré sur le code, et qu'il ne donnera jamais à Pierre ce que la loi réserve à Paul ou à Pauline.

— Maître Foucou! demanda Mainfroi, est-ce que Pauline est le nom de Mlle de Vaulignon?

— A Dieu ne plaise, monsieur! mais je vous jure que Mlle Marguerite est hors de cause. Pourquoi donc mettez-vous au particulier ce que je dis en général? Est-ce que je suis un bavard, un homme léger, un notaire sans gravité, discrétion ni consistance? Mlle Marguerite, quoi qu'il arrive, sera toujours un des plus beaux partis de la province. Ne me demandez pas quelle dot on lui destine, je dois l'ignorer; mais elle sera pourvue en héritière, quand même elle n'hériterait de rien,... je m'entends. Et jolie avec cela comme,.... oui, comme Mme Portal à dix-huit ans; un vrai type de reine, elle aussi, mais naturellement une beauté moins faite,... je dis moins achevée. Il est bien malheureux que cette pauvre enfant soit séquestrée à Vaulignon. Quel succès, si M. le marquis daignait la produire à Grenoble! Et je crois qu'elle-même préférerait la compagnie de ces dames au tête-à-tête avec une belle-sœur dont il ne m'appartient pas de dire aucun mal. »

Ce coupable bavardage d'un sot amusa presque toute la compagnie; mais Jacques Mainfroi n'en rit guère, et il rentra chez lui passablement rêveur. « Ainsi donc, pensait-il, le testament est fait; ce gentilhomme des bois, en me quittant, a couru chez son notaire. Il se trouve que j'ai exercé quelque influence sur le sort, ou, du moins sur l'avoir d'une fille qui ne m'est rien, que je ne verrai peut-être jamais, et qui probablement ignore jusqu'à mon nom. Lui ai-je été nuisible ou utile? qui le sait? Le père semblait bien résolu à la dépouiller dans les limites du possible; mais, lorsqu'il m'a prié de lui donner mon avis comme homme, je n'avais peut-être qu'un mot à dire pour sauver à cette pauvre enfant un grand tiers de son bien. Reste à savoir si elle aurait été plus heureuse étant plus riche. A cette loterie du mariage, les numéros gagnants ne sont pas toujours ceux qu'on a payés cher. Qui pourra-t-elle épouser ici? Je ne vois guère de partis pour une héritière d'un million. Il n'y en aurait pas du tout pour une héritière d'un million et demi. Comment est-elle? quelle femme est-ce? J'ai vu le papa, je devine le frère; ces propriétaires-chasseurs sont tous les mêmes : mes chiens, mes chevaux, mes pipes, ma cave, mon nom! Mais la fille et la sœur de pareils hommes, à quoi peut-elle ressembler? A Mme Portal? Quel triple sot que ce notaire! Amélie Portal est un beau fruit de jardin; cette petite doit avoir dans l'esprit, dans les manières, dans tout son être enfin, les saveurs âpres et les parfums subtils du sauvageon. »

En rentrant au logis, il chercha Vaulignon sur la carte d'état-major. Sa nuit fut agitée, ce qui ne veut pas dire mauvaise. Il vit un pêle-mêle de loups, de notaires, de contrats, de testaments et de jolies filles à qui Mme Portal servait de mère. Cependant Mme Portal avait à peine cinq ou six ans de plus que lui.

Ces rêves le poursuivirent pendant une quinzaine; ils finirent par l'obséder en plein jour, à l'audience, dans le monde, et même au milieu des visites intimes qu'il recevait de temps à autre. Pour mettre un terme à cette persécution, il n'imagina rien de mieux que d'aller rendre à M. de Vaulignon la poignée de main qu'il lui devait. Il partit à cheval un matin de février, par un joli soleil qui fondait lentement la neige sur les routes. En trois heures de promenade, il atteignit le villard ou village de Vaulignon, éparpillé sous un château de fière tournure. Dirai-je qu'à cette vue le cœur lui faillit? Non, mais il éprouva le besoin de se recueillir en mangeant un morceau. L'aubergiste ne se fit pas prier pour lui apprendre que les seigneurs couraient le sanglier à une lieue du château. M. Lafeuille, le valet de limiers, avait bu la goutte au village en revenant de faire le bois; il avait connaissance d'un vieil ermite baugé dans l'enceinte des grands mélèzes. Le vautrait n'était sorti des communs qu'à dix heures, parce que les dames suivaient. L'animal devait être détourné depuis un bout de temps; il s'était fait battre sur place pendant une demi-heure, ensuite de quoi il avait pris un grand parti, et personne ne pouvait dire où était la chasse. Sur ces renseignements, Mainfroi comprit qu'il avait quelques chances de se promener jusqu'au soir sans faire de rencontres. Moitié content, moitié fâché, comme un homme qui ne sait ni ce qu'il craint ni ce qu'il désire, il remonta sur sa bête, et gagna la forêt sans autre guide que le hasard.

Il y a de vieilles banalités qui sont usées jusqu'à la corde et qui pourtant s'imposent en quelque sorte à l'esprit le moins banal. Mainfroi, qui était l'homme le moins niais du monde, ne put se défendre de penser à cet éternel roman où le sanglier furieux joue le rôle de la Providence, Mlle de Vaulignon, seule et désarçonnée en face du monstre, le solitaire fondant sur elle pour la découdre, et tout à coup, un beau jeune homme, le fer en main.... « Mais grâce à Dieu, pensait-il en riant, ma seule arme est une cravache. Quoi qu'il arrive à la belle Marguerite, je n'aurai pas le ridicule de la sauver. »

Cette méditation prosaïque fut coupée par le tumulte de la chasse. La voix des chiens, une fanfare, le *vloo, vloo!* des piqueurs, une boule noirâtre et hérissée qui coupa le chemin et se rembucha lestement, la meute haletante, le galop de quelques chevaux, la face illuminée du marquis, c'est tout ce qu'il eut le temps de voir et d'entendre. Le gibier, les chiens et les hommes étaient trop à leur affaire pour s'arrêter au spectacle d'un avocat.

Quelques minutes après, il vit passer un cheval attardé, mais plein de feu, qui galopait par bonds en secouant le plus étrange fardeau du monde.... Figurez-vous une petite maman courtaude, épaisse, couperosée, mal endentée, aux trois quarts décoiffée et traînant à la remorque une cordelette de cheveux blonds tordus avec un velours vert : la robe marron et bleue, chargée de passementeries rouges et de perles multicolores, avec des manchettes de fourrure et un boa noué en double autour du cou : telle était la comtesse de Vaulignon, née baronne de Brintzheim; on naît baronne ans quelques royaumes saugrenus.

Mainfroi la reconnut sans la connaître : « Allons! dit-il, le poste est bon : un peu de patience, et Marguerite viendra se faire passer en revue. » Mais au bout d'un quart d'heure il supposa qu'on l'avait mal informé, que la fille du marquis n'était pas sortie et qu'il n'avait plus rien à voir dans ces parages. Il s'orienta de son mieux et reprit la direction du villard. Déjà l'épaisseur du bois sensiblement éclaircie montrait la lisière, et il pressait le pas pour se remettre en plaine, lorsqu'au détour d'une avenue il vit une amazone du plus beau style en costume Louis XIII. Grande, svelte, souple, imperceptiblement abandonnée, elle ondulait aux allures d'un fort cheval de demi-sang. La main gauche qui tenait les rênes reposait négligemment sur le pommeau de la selle, la droite pendait avec la cravache sur l'épaule de la monture. La fière simplicité de l'habit rehaussait la beauté un peu sévère du visage; les gants de chamois, trop longs et trop larges, étaient ceux d'une vraie grande dame qui se gante pour protéger ses mains et non pour les montrer aux passants. Mainfroi s'arrêta net et attendit dans une contemplation recueillie cette belle déshéritée qui regardait vaguement le paysage sans rien voir. Lorsqu'ils furent à dix pas l'un de l'autre, le jeune homme s'approcha d'elle et salua avec grâce; elle répondit d'un air froid, mais sans témoigner plus de crainte ou d'étonnement que si elle avait été abordée par un inconnu dans le salon de son père.

« Mademoiselle, dit-il en s'efforçant d'être brave, vous avez perdu la chasse?

— Non, monsieur, je l'ai laissée.

— Je comprends; on allait d'un si terrible train...

— Oh! ce n'est pas cela, mais la chasse m'ennuie parce que je la sais par cœur. Toujours la même chose!

— Et vous ne craignez pas d'aller seule à travers bois?

— Que craindrais-je? Je suis chez nous, et personne ne me veut de mal que je sache.

— Cependant.... une jeune fille.... Il pourrait se rencontrer sur votre route.... on pourrait vous dire de ces choses qui font rougir.

— Quoi, par exemple?

— Mais.... si l'on vous disait à brûle-pourpoint que vous êtes belle?

— Je le sais, mais comme je n'ai pris ma beauté à personne, je n'ai pas lieu d'en être honteuse. »

Mainfroi fut comme étourdi sous le coup de cette naïveté fière, mais il se remit bientôt et reprit:

« Vous êtes plus que belle, mademoiselle de Vaulignon; vous êtes simple, digne et forte, et l'homme qui vous épousera est heureux entre tous les hommes! »

Elle pâlit un peu, regarda Mainfroi sérieusement, et dit:

« Est-ce que vous le connaissez?

— Non, et vous?

— Ni moi non plus, mais je sais qu'il n'est pas loin. »

Le regard de Mainfroi fit lentement le tour de l'horizon.

« Vous parlez sans doute au figuré? dit le jeune homme.

— J'ai vingt ans, monsieur, et mon père s'occupe de mon prochain établissement. Voilà ce que je sais, et ce qui me permet de dire que mon futur mari ne saurait être loin.

— J'éprouve une violente démangeaison d'être indiscret et de vous demander : comment l'aimeriez-vous, mademoiselle?

— Il y a un jeu, vous savez, où l'on fait de ces questions-là. Je l'aimerai comme on me l'offrira, monsieur, car il sera tout choisi la première fois qu'une occasion fortuite ou apprêtée le placera devant mes yeux. N'est-ce pas partout ainsi?

— Sans doute. Et les idées de monsieur votre père...?

— Sont celles de tous les pères de sa condition : un nom, de la fortune, quelque jeunesse encore, et la réputation de galant homme.

— J'entends; mais se peut-il que pour vous plaire, pour toucher cet adorable cœur, si naturel et si prime-sautier, il suffise de se présenter avec l'agrément de M. le marquis?

— Une fille ne doit-elle pas entière déférence aux vœux de son père?

— Et puis un mari, quel qu'il soit, paraît moins odieux que le couvent, n'est-ce pas?

— Le couvent? Vous savez donc tout? Eh bien! oui, je hais le couvent et je le tiens pour infâme! Il ne parle que de Dieu, et il va contre notre destinée divine, qui est d'aimer un mari et d'élever des enfants.

— Brava! brava!

— Pourquoi m'applaudissez-vous comme si j'avais chanté un air? Rien n'est donc sérieux, venant de nous, et nous ne serons jamais que les poupées des hommes? Quel plaisir trouvez-vous à vous moquer depuis un quart d'heure en me questionnant sur des choses que vous savez mieux que moi?

— Mais, mademoiselle, je vous jure....

— Vous me jurez que le hasard, le pur hasard vous a jeté sur mon chemin dans un domaine qui est à nous et où personne ne passe, excepté nous? M'auriez-vous abordée si cavalièrement, si vous n'aviez pas eu les pleins pouvoirs de mon père? Suis-je une femme qu'on puisse accoster au milieu des bois sans l'aveu de ses parents?

— Pardon! cent mille fois pardon, mademoiselle! Ne me punissez pas d'un mouvement spontané, irrésistible, dont je comprends trop tard la coupable imprudence! Personne ne m'a permis de vous parler comme j'ai osé le faire. C'est le hasard ou plutôt la fatalité qui m'a jeté sur votre route; mais jamais sentiment plus respectueux, idolâtrie plus servile n'a mis un cœur bien né sous les pieds d'une noble et courageuse fille, et si vous daignez me permettre ... »

Elle se redressa fièrement, assembla son cheval, laissa tomber sur Mainfroi un regard où le feu semblait jaillir au milieu des larmes et fit siffler sa cravache en criant :

« Vous disiez vrai, j'ai eu tort de quitter la chasse : nos bois ne sont pas sûrs! »

Lorsqu'il eut trouvé sa réponse, Marguerite était loin.

La curiosité seule avait poussé Mainfroi à cette équipée; il en revint presque amoureux. A peine s'il donna huit jours à la réflexion, lui qui passait pour le jeune homme le moins précipité de la province. Il s'abattit sur le cabinet de maître Foucou comme une corneille sur un noyer.

« Mon cher monsieur, dit-il au bonhomme, c'est une négociation très-délicate qui m'amène à vous. Vous êtes le notaire de la famille Vaulignon; le marquis est toujours dans l'intention de marier sa fille?

— Plus que jamais!... du moins autant qu'il m'est permis de le conjecturer.

— Pensez-vous qu'un garçon jeune encore, honorablement né, maître d'une jolie fortune et assez bien dans ses affaires pour épouser Mlle de Vaulignon sans dot, aurait quelques chances d'être agréé?

— Comment donc! mais à bras ouverts. Seulement, mon cher maître, votre client a manqué le coche. La semaine dernière on aurait pu voir. Eh! eh! le marquis n'était pas homme à mépriser un gendre détaché des biens de ce monde. Notre épouseur a constitué de beaux avantages à la future, je suis content de lui; mais son notaire, ce scélérat de Tétard, n'a pas rompu d'une semelle sur le terrain de la dot. Ah! le chien! il voulait le million tout rond, et le diable ne l'en a pas fait démordre. Nous n'avions pas la somme, il fallait emprunter, je l'ai dit carrément; le monstre a répondu que deux cent mille francs n'étaient pas une affaire, et que M. le comte pouvait les avancer, sauf à les reprendre plus tard. C'est la comtesse qui ne riait pas! Vous sentez, mon cher maître, que je me livre à vous comme à un confesseur. Il faut que je sois sûr de votre caractère pour déroger à cette discrétion qui est la grande loi de ma vie. Je crois donc que jeudi dernier et même vendredi matin, avant dix heures, un gaillard qui serait venu dans les dispositions que vous dites, n'aurait pas été éconduit à coups de fourche; mais, *consummatum est,* comme dit Cicéron. M. le vicomte de Montbriand a notre parole, et nous la sienne. Bonsoir la compagnie! *Tarde venientibus ossa!* Toujours du Cicéron, pour vous montrer qu'on possède vos confrères; mais, sans rancune, pas vrai? Si vous avez un client à établir, j'ai moi, quelques douzaines de clientes, et dans les prix les plus variés. Il faut que vous me fassiez l'honneur de dîner ici un de ces jours avec trois ou quatre compères de ma connaissance. L'ermitage de 1834 commence à s'ennuyer derrière les fagots; nous lui dirons une parole. »

Il bavarda longtemps sur ce ton sans obtenir un mot de réplique. Mainfroi le laissa dire et n'entendit rien, sinon que Marguerite était perdue pour lui.

Du plus heureux gentilhomme et du plus illustre avocat de Grenoble il ne restait qu'un corps sans âme. On le vit, quinze jours durant, s'absorber dans la solitude, fuir le monde et fermer sa porte aux amis. Les clients seuls le trouvaient solide au poste; il donna ses consultations avec une admirable lucidité, suivit les audiences, ne fit pas remettre une affaire et parla comme un ange, autant de fois qu'il eut à plaider. L'avocat survivait à l'homme.

Je ne sais quelle fausse honte l'empêcha de refuser l'invitation de M. Foucou, qui le sommait de sa parole. Peut-être eut-il peur d'éveiller les commentaires et de livrer à ce vieux profane le secret de sa mélancolie; mais jugez de ce qu'il devint lorsque sur cinq convives on lui offrit MM. de Vaulignon père et fils, et le vicomte de Montbriand!

Les deux autres étaient maître Tétard, notaire de Paris, et M. Roquevert, marchand de bois, le plus fort client de l'étude.

De prime abord, Mainfroi fut troublé à fond, mais il usa du privilége qui permet à tout homme de loi de renfermer ses émotions dans sa cravate. Il opposa une réserve courtoise à l'accueil cordial du marquis, et paya de morgue les deux beaux-frères, qui se tutoyaient déjà, comme gens qui n'en sont plus à se griser ensemble. La froideur lui coûta moins encore avec l'illustre Roquevert, qu'il avait fait condamner maintes fois au civil et qu'il attendait patiemment en police correctionnelle. On dîna comme on dîne chez ces gros gourmets de province qui envoient leur femme à la cuisine lorsqu'ils ont du monde à traiter. Les entrées succèdent aux entrées, on entasse rôti sur rôti, et les vins savamment échelonnés vont de plus fort en plus fort jusqu'à ce qu'il s'ensuive un abrutissement général.

A l'heure des faisans truffés et du vieux vin de l'Ermitage, les caractères et les intérêts commencèrent à se dessiner aux yeux de Mainfroi. Le marquis s'épanouissait en luron dans un contentement égoïste. Il avait enchaîné sa terre à son nom par acte authentique, il s'était débarrassé de sa fille, il allait enfin vivre à sa guise, sans devoirs à remplir qu'envers lui-même, maître de son revenu, de sa personne et de ses affections qu'on flairait tant soit peu roturières. Le gendre était un petit viveur de Paris, quelque peu fatigué par les clubs, les restaurants nocturnes et le reste, assez joli garçon, assez brave, assez ignorant, assez fat, assez gai, original en résumé comme la dix millième épreuve d'une gravure de modes. Mainfroi crut entendre que ce jeune homme se mariait surtout pour obéir à un oncle riche, qu'il ne comptait pas se ranger, mais reprendre au plus tôt ses habitudes de sport et d'Opéra. Le vicomte parlait savamment du corps de ballet: il semblait être de moitié dans une écurie à moitié connue, et courir le *steeple-chase* de temps à autre pour disputer la moitié d'un prix. S'il déplut à Jacques Mainfroi, point n'est besoin de le dire. Un tel homme était sur le point d'épouser Marguerite, et il parlait de tout, excepté d'elle; il ne daignait pas même jouer la comédie élémentaire de l'amour heureux! Quant à M. Gérard de Vaulignon, il débuta par faire pitié à Mainfroi. Moins grand, moins beau, plus épais que son père, visiblement dégénéré en tout, il offrait par surcroît quelques symptômes de dégradation personnelle. On devinait en lui l'homme qui rougit de sa femme et qui voudrait la cacher au monde, mais qui se console à huis clos par les vulgaires satisfactions du bien-être et par le plaisir de faire une grosse maison. Bon diable au demeurant, cordial après boire et capable d'un mouvement généreux dans l'ivresse d'une excellente affaire, ce n'était pas encore une âme basse, mais c'était déjà un gentilhomme déchu. L'avocat ne tarda guère à deviner certain petit complot qui se tramait autour de la table. Le hasard seul n'avait pu égarer en si honorable compagnie ce pilote côtier de la loi qu'on appelait Roquevert. Quelques paroles échappées au comte de Vaulignon entre deux verres de vin de Champagne firent dresser l'oreille à Mainfroi. Il comprit que la grosse amazone aux cheveux rares inspirait son mari, quoique absente, et lui dictait une combinaison subtile. La bonne dame avait prêté deux cent mille francs au marquis pour compléter la dot de Marguerite et bannir du château une belle-sœur qu'elle haïssait; mais après s'être fait donner toutes les garanties possibles, elle avait eu connaissance du testament qui léguait tous les biens-fonds de la famille au comte Gérard. Cette nouvelle, au lieu de la transporter de joie, l'avait atterrée; elle sentit que par le fait elle avait pris hypothèque sur son mari, c'est-à-dire sur elle-même. Si le marquis mourait demain, par accident ou maladie, la comtesse héritait de Vaulignon et des Trois-Laux, mais ses deux cent mille francs étaient perdus. Comment les recouvrer en temps utile? le vieillard n'était pas homme à se priver de rien; supposer qu'il économiserait un tel capital avant sa mort, c'était folie. On pouvait le décider à vendre les plus belles coupes de Vaulignon, mais ne serait-ce pas se payer soi-même sur son propre bien? La jeune dame était dans la dernière des perplexités lorsqu'elle recueillit certains propos tenus par Roquevert à l'office. Roquevert n'était point admis à la table du château. On le laissait entrer dans la salle à manger sur la fin du dessert, et, debout devant la famille assise, le riche maquignon d'affaires buvait un verre de vin comme le facteur rural ou le premier garde venu. Cette hospitalité hautaine le tenait à distance et paralysait un peu ses moyens, mais il se dédommageait aux cuisines, avec la certitude que ses paroles ne tombaient pas dans l'eau. Il y répéta si souvent et avec tant d'assurance : Je peux faire gagner un million à M. le marquis; il broda de telles variations sur ce thème mélodieux que la petite comtesse âpre au gain se sentit devenir toute rêveuse.

Elle voulut que cet homme expliquât librement ses projets; elle choisit le terrain pour que l'amphitryon, esprit pratique, pût contrôler chaque idée au passage, et comme le sentiment du droit n'était pas la faculté maîtresse de M. Roquevert, elle pria *son bon* Foucou d'inviter un jurisconsulte. Voilà par quel surcroît de précaution Mainfroi se trouvait de la fête. S'il ne devina point d'emblée tout le mystère, il en comprit assez pour se tenir en homme averti.

À l'arrivée du fromage glacé, le comte Gérard fit un signe, et presque aussitôt Roquevert tomba dans une ivresse expansive. Il se glorifiait et s'accusait en même temps d'avoir *refait* M. le marquis dans le marché des Plâtrières; c'était un bien assez étendu, mais fort éparpillé, qu'il venait d'acheter en bloc. Le pêcheur en eau trouble joua très-finement le rôle d'un fripon pénitent qui vole par instinct, mais se confesse par principe. Son insolente humilité ne ressemblait pas mal à celle de Scapin lorsqu'il s'excuse des coups de bâton que....

M. de Vaulignon, qui n'était pas la patience même, l'interpella rudement et lui dit :

« Oh! mons Roquevert, si le bien mal acquis vous pèse sur l'estomac, libre à vous de fonder un hospice ou une église; mais on n'achève pas un homme de bien comme une perdrix démontée, en lui enfonçant dans la nuque une plume arrachée de son aile. Entendez-vous?

— J'en....entends bien, monsieur le marquis; mais à tant faire que de res...tituer, j'aimerais mieux vous rendre la chose à vous-même. Cette plâ....â....â.... trière, c'est un trésor, ni plus ni moins, dans la circonstance actuelle. Je tiens le monopole! Le grrrand mo-no-pole, entendez-vous? Et je suis de mon temps, moi! L'heure des grands monopoles a sonné; tant pis pour les sourds, sans o...o...offense! Attendez que je boive un coup pour me délier la langue. »

Il en but deux, et le drôle devint éloquent. Il exposa le plan d'une vaste spéculation qu'il préparait de longue main sur les plâtrières du pays. On en connaissait aux environs de Grenoble une quinzaine en tout, qui, exploitées séparément, se faisaient une concurrence désastreuse. Il avait conçu le projet de les accaparer toutes pour réduire les frais généraux et faire la loi aux consommateurs. Produisant à meilleur compte et vendant plus cher, on réalisait un double profit. Le plâtre était demandé par l'industrie du bâtiment d'abord, ensuite par l'agriculture, qui le prodiguait depuis un certain temps aux sainfoins, aux trèfles et aux luzernes. Il fit sonner les chiffres. L'achat des plâtrières coûtait tant; elles rapportaient tant par année; en élevant les prix d'un tiers, en réduisant les frais d'un quart, on s'assurait un bénéfice annuel d'un million au minimum. Or il avait la main sur toutes les carrières; elles étaient achetées et en partie payées. Pour le solde, rien de plus facile que de puiser dans les poches du public. La compagnie des gypses de l'Isère, fondée au capital de cinq millions et payant un dividende d'un million par an soit vingt pour cent, devenait le placement favori des pères de famille. Les actions de cinq cents francs montaient à mille au bout de la seconde année, et alors les heureux fondateurs, réalisant leurs titres, empochant leur bénéfice, passaient l'affaire à d'autres et assistaient en simples curieux aux prospérités toujours croissantes de l'entreprise. Il cita vingt spéculations inaugurées comme la sienne sous l'œil de la justice, sous l'aile du pouvoir, et qui toutes avaient enrichi, sinon les actionnaires, au moins les administrateurs.

A ce discours, le marquis répondit en vrai gentilhomme :

« Qu'est-ce que tout cela me fait? La terre que je vous ai vendue est à vous; tirez-en des milliards, si bon vous semble. Auriez-vous la prétention de me gratifier sur vos profits, mon cher? »

Le bon apôtre se récria. C'était une restitution qu'il offrait, et il l'offrait parce qu'elle avait été stipulée verbalement par maître Foucou, en faveur de son noble client, dans la vente de la plâtrière. Maître Foucou, interpellé, n'osa point démentir le fait, quoiqu'il n'en eût aucune souvenance. Il demeura donc établi que le marquis de Vaulignon avait droit à un certain nombre d'actions libérées dans la compagnie, et Roquevert insinua que, si l'illustre actionnaire daignait administrer ou surveiller lui-même l'emploi de ses deniers, ce serait un grand honneur pour les gypses de l'Isère.

Tous ces propos s'échangeaient autour de la table,

à bâtons rompus, au milieu du bruit des bouchons, du cliquetis des verres, des plaisanteries grivoises, d'une chanson fredonnée par maître Tétard et d'une histoire *à tout casser* que le vicomte racontait pour la vingtième fois à Gérard. Le marquis ne parut pas même effleuré par la tentation de recommencer une fortune; mais le comte Gérard mordait avidement à l'appât. Mainfroi comprit que tôt ou tard l'influence du fils jetterait le père dans le plâtre; mais il ne daigna point les dissuader du tripotage. Tout était fini pour jamais entre lui et cette famille. Marguerite lui devint étrangère; il se voyait séparé d'elle non-seulement par la personne d'un mari, mais par ce triste Gérard de Vaulignon, qui semblait le moins désirable des beaux-frères.

III

Quelques années après ce mémorable festin dont on parle encore à Grenoble, dans les premiers jours de décembre 186..., Jacques Mainfroi, bâtonnier de son ordre, reçut le billet suivant sur papier de deuil :

« On m'assure, monsieur, que vous avez autant de générosité que d'éloquence; c'est pourquoi je viens à vous. Un indigne procès qui outrage les lois mêmes de la nature m'a plus que ruinée; je dois le peu qui me reste et quelque chose en sus. Ce n'est pas la pauvreté que je crains, ni même de rester insolvable devant les *malhonnêtes gens* qui m'ont dépouillée; mais ma liberté est en jeu, et pour moi qui ai passé vingt-cinq ans sous le ciel, au grand air, dans mes chères forêts de Vaulignon, la liberté, monsieur, c'est la vie. Les juges auraient pitié de moi, s'ils savaient qu'une question de mort, une affaire *capitale* est cachée sous ce procès civil; mais qui peut se flatter d'attendrir les juges? Vous sauriez tout au moins les persuader, vous qu'ils aiment, qu'ils honorent, vous qui par excellence, à ce que j'entends dire, avez l'oreille de la cour. Pourvu qu'on ne vous ait pas déjà travaillé contre moi! Je frémis à cette idée; on a fait tant de manœuvres à Grenoble et à Paris! Si vous ne vous rangez de mon bord, je suis morte. Vous voyez bien, monsieur, que mon dernier, mon unique espoir est en vous. Quand même vous auriez quelques préventions, accordez-moi une heure d'audience, rien qu'une! Je jure de vous prouver que ma cause est juste devant Dieu. Il faut pourtant vous avouer que tout le monde ici la croit perdue. Si vous éprouviez un échec! le premier! par ma faute! pour vous être aveuglément fié à moi! Cette idée est affreuse, et pas la moindre compensation à vous offrir! Eh bien! c'est peut-être cela même qui vous décidera. J'aurais été ainsi, moi, si Dieu m'avait accordé de naître homme. Les luttes, les dangers, une bonne action presque impossible et rien au bout : c'est tentant! Vous allez croire que je suis folle! Non, monsieur, j'ai toute ma tête, et pourtant on la perdrait à moins.

« A bientôt, monsieur, n'est-ce pas? Je doute si peu de vous que je vous remercie à l'avance.

« Vicomtesse de Montbriand. »

Le jeune bâtonnier répondit par retour du messager :

« M⁰ Mainfroi présente ses plus humbles hommages à Mme la vicomtesse de Montbriand, et la prie en grâce de vouloir bien rester chez elle vers deux heures. »

Or, comme il n'était que midi, Jacques eut tout le temps de se remémorer l'histoire des dernières années : le mariage de Marguerite célébré au château, sans témoins, sauf le strict nécessaire; le jeune couple traversant Grenoble à nuit close pour déjouer la curiosité provinciale, qui dort peu. Six ou sept mois plus tard, au moment des courses d'automne, les petits journaux de sport annonçaient la mort du vicomte, écrasé sous son cheval à La Marche et rapporté dans l'enceinte du pesage par deux horribles gamins qui lui firent cette oraison funèbre : « En voilà un qu'est aplati comme deux sous de galette, mes bons messieurs. » Vers ce temps-là, quelques désœuvrés, guetteurs de diligences, prétendaient avoir vu passer la jolie veuve en poste, sur la route de Grenoble à Vaulignon. La spéculation des plâtrières était alors dans son plein et dans son beau; le plâtre coûtait cher à Grenoble et aux environs; il n'était bruit que des bénéfices réalisés par le monopole; le marquis, ivre de succès, se laissait nommer président du conseil d'administration ; le comte Gérard accourait du fond de l'Allemagne avec son intéressante famille, et faisait rafle sur les deux cents premiers billets de mille francs. Un an, deux ans passaient sur la tête des hommes; les actions des gypses de l'Isère obtenaient une plus value de cent vingt-cinq pour cent. Tout à coup un simple rustaud, vigneron d'une mauvaise vigne, s'ennuyait de payer le plâtre deux fois trop cher : il appelait un ingénieur, faisait sonder son domaine et découvrait un gisement aussi long, aussi large et aussi profond que pas un des quinze autres. Le monopole arrêtait cette concurrence au plutôt, mais il en coûtait bon. D'ailleurs l'éveil était donné ; tout le monde cherchait du plâtre, quelques-uns même en trouvaient, trois carrières inédites vinrent s'offrir à la fois. Le marquis veut qu'on les accapare à tout prix ; Roquevert aime mieux qu'on les ruine ; grand débat, assemblée orageuse, résolution favorable au marquis ; et Roquevert en profite pour tirer son épingle du jeu. Il vend ses titres par dépit, ou mieux par prudence ; M. de Vaulignon les achète, et c'est le commencement d'une baisse qui ne doit plus s'arrêter qu'à zéro. Roquevert, vieux, gros, commun, presque illettré et parfaitement taré, mais riche à dix millions, épouse la fille d'un préfet criblé de dettes ; il devient conseiller général, député, propriétaire d'un journal officieux ; il aspire au sénat et choisit déjà dans ses nombreux domaines celui dont il prendra le nom, s'il est fait comte. M. de Vaulignon, têtu comme un casque, se retranche dans son monopole que des centaines de concurrents battent en brèche de tous côtés. Chaque matin un nouveau paysan découvre une nouvelle carrière : il semble que le sol de l'Isère se change en plâtre pour changer l'or en cuivre au château de Vaulignon. A toute force enfin, sur le cri des intéressés, on liquide. L'affaire est désastreuse pour tous, mais surtout pour l'honnête homme sans malice qui s'est laissé mettre en avant, qui a pris sur lui, qui s'est engagé pour les autres, donnant sa signature à tort et à travers. Une spéculation ne se dénoue pas en cinq minutes comme un vaudeville : le quart d'heure de Rabelais a duré trois ans pour le moins. Le marquis a commencé par rendre tout ce qu'il avait mis en poche, mais assurément c'était peu ; la chronique évaluait ses pertes à plus d'un million. Qu'a-t-il fait ? où s'est-il procuré des ressources ? D'aucuns prétendent que sa fille s'est un peu dépouillée, d'autres qu'il a dépouillé sa fille. Personne ne suppose que le comte Gérard soit venu à la rescousse : il a fait une bien longue absence et dans le plus mauvais moment, ce Gérard ; mais, en somme, on avait soldé le plus gros l'année dernière, quand le marquis fut frappé de paralysie. Voilà sa succession ouverte depuis dix mois ; le comte et la comtesse se sont fait envoyer en possession du château et des deux domaines ; ils payeront ce qui reste dû.

Les faits connus n'expliquaient ni la ruine totale de Mme de Montbriand, ni ce danger de mort dont elle se disait menacée. La pauvre femme s'était laissé induire en procès contre le testament très-régulier de son père ; elle avait perdu en instance, en appel et en cassation. Le tribunal venait encore de donner gain de cause à la famille contre elle dans un règlement de compte. Ces procès avaient dû lui coûter cher, mais ils ne pouvaient pas avoir dévoré un million de dot et un demi-million de douaire ; la justice n'est pas encore si gourmande en ce benoît pays ! Et quand même la vicomtesse ne posséderait plus rien, n'y a-t-il pas un vieux proverbe qui dit : plaie d'argent n'est pas mortelle ?

Tout en cherchant la solution de son problème, Mainfroi ne pouvait se défendre de philosopher un peu sur le remue-ménage du monde. Que de choses avaient changé autour de lui en moins de sept années ! Il avait vu crouler la fortune des uns, l'honneur des autres, la force et la santé de plusieurs. M. de Vaulignon était mort et le gros Foucou en enfance ; le premier président, M. de Mondreville, s'affaiblissait à vue d'œil, quoiqu'il ne fût ni très-vieux ni usé par la vie. La belle Mme Portal, tout à fait détrônée, se cachait avec son mari dans quelque chalet de la Suisse; on avait mené trop grand train, fait des dettes, joué à la Bourse, et enfin déménagé avec la caisse qui appartenait à l'État. Et Marguerite, la dédaigneuse, était réduite à mendier l'assistance de ce même avocat qu'elle avait si cavalièrement éconduit ! Mainfroi seul poursuivait sa marche ascendante; il était plus éloquent, plus célèbre et plus honoré que jamais. Comme homme, il n'avait rien perdu : trente-deux dents bien blanches, la taille toujours élégante, les cheveux noirs et le teint frais, bon estomac d'ailleurs, et le cœur aussi jeune qu'à vingt-cinq ans. Pourquoi n'était-il pas marié ? Nul ne pouvait le dire, pas même lui. Les occasions s'étaient offertes, à coup sûr, et par douzaines. Grenoble serait une ville privilégiée entre toutes, si les mères de famille n'y tendaient pas de piéges aux célibataires riches et bien posés. Il répondit longtemps à toutes les ouvertures : « J'attends d'être magistrat. » C'était se retrancher dans un cercle vicieux, car il disait en même temps à M. de Mondreville et à tous ceux qui le poussaient vers la magistrature : « Quand je serai marié. » Les logiciens inférèrent de là qu'il mourrait avocat et garçon, et cette idée s'accrédita si bien qu'on finit par le laisser en paix.

Et véritablement son esprit et son cœur jouissaient d'une tranquillité merveilleuse. Au moment de revoir la noble créature qu'il avait adorée pendant huit jours, il n'éprouva d'autre émotion qu'une vague curiosité, assaisonnée d'un grain de compassion et d'un atome de coquetterie. Il s'habilla en homme du monde, pour bien marquer qu'il se rendait chez la vicomtesse à titre officieux; la cravate blanche de l'avocat ne va pas en ville, elle attend le client chez elle et ne court pas au-devant de lui. A deux heures moins dix minutes, il fit avancer un joli coupé noir qu'il avait fait venir de Paris pour ses étrennes, et bientôt il sonnait chez Mme de Montbriand, au second étage d'une maison meublée, dans le quartier neuf.

Il était attendu, et si impatiemment, que la jeune chambrière, en ouvrant la porte, se tint à quatre pour ne pas lui sauter au cou. C'était une Vaulignonnaise, sœur de lait de Marguerite, et sa suivante depuis le sein maternel. « Entrez, monsieur, dit-elle, entrez vite ; elle est là, ma pauvre fatiguée ! Pour l'amour du bon Dieu ! si vous ne lui remettez pas un brin de cœur dans l'estomac, il ne restera plus qu'à nous porter en terre, ah ! mais oui, toutes les deux ! »

Ce disant, la bonne créature, après l'avoir dépouillé de son paletot, l'empoigna littéralement au coude et le poussa dans un petit salon en criant : « Madame, le voici, le repêcheur de noyés ; faut qu'on l'écoute ! »

Une autre se serait retirée par discrétion, elle campa ses deux poings sur les hanches et attendit la suite des événements de pied ferme.

Mainfroi, de prime abord, ne vit rien qu'une tache noire dans l'affreux bariolage du mobilier. Le noir est une couleur sévère qui condamne le scandale des autres. Mme de Montbriand, assise ou plutôt accroupie sur une chauffeuse basse au coin du feu, semblait réduite à rien. Était-ce le malheur qui avait diminué cette fière amazone, ou simplement l'effet d'optique qui rapetisse à nos yeux, au bout de quelques années, tout ce qui nous a paru grand ?

L'avocat, à seconde vue, retrouva le charmant visage dont il avait rêvé quelquefois. Le temps et les soucis y marquaient des traces lisibles. Un pli sévère se dessinait au milieu du front ; le nez était gonflé, les yeux rougis, la joue imperceptiblement ravinée de haut en bas jusqu'à la commissure des lèvres. Tout cela n'était peut-être qu'un accident passager, réparable en quelques mois de bonheur, comme ces fausses désolations du paysage qui s'effacent au premier sourire du soleil. Il se pouvait aussi que la flétrissure fût de celles qui s'accusent et s'aggravent de plus en plus jusqu'à la mort.

Mme de Montbriand désigna un siége à Mainfroi, et lui dit quelques mots de remercîment vif, mais banal, qu'il se hâta d'interrompre. « Madame, répondit-il, c'est moi qui deviendrais votre obligé, si vous me fournissiez une occasion d'éclairer la justice. »

Cette voix, dont le timbre était reconnaissable entre mille, réveilla brusquement un souvenir enseveli au fond du cœur de Marguerite. Ses yeux s'ouvrirent ; elle se mit à regarder face à face l'homme en qui tout à l'heure elle ne voyait qu'un conseiller obligeant. Presque aussitôt la joie illumina son visage navré. « Serait-ce vous, monsieur ? dit-elle en se levant en pied. Oui, oui ! je ne me trompe pas ; le ciel en soit loué ! C'est vous que je retrouve au moment où je vous espérais le moins ! Vous ! »

Machinalement le bon Jacques se leva comme elle. Or, le salon n'était pas des plus vastes, ni la cheminée des plus larges ; Mme de Montbriand avait repris sa belle taille, sa bouche se trouvait à la même hauteur que la cravate de Mainfroi, et si la consultation ne commença point par un choc de sympathies, c'est que le bâtonnier du barreau de Grenoble fut discret et retenu. « Drôle de maison, pensa-t-il, où tout le monde se jette à votre tête ! » Mais son âge et sa profession lui permettaient de mesurer en sceptique les plus fougueux élans de la nature humaine. Il se demanda s'il avait affaire à une folle ou à une rouée, ou.... mais l'autre hypothèse, qu'il eût trouvée flatteuse au dernier point, était la moins vraisemblable des trois. Dans le doute, il s'arma d'une gravité souriante et dit :

« Serais-je donc assez heureux, madame, pour qu'il y eût dans un recoin de votre mémoire quelque souvenir de moi?

— Vous en doutez? répondit-elle avec une sorte d'emportement. Polyxénie, il en doute! »

Mainfroi étudia la figure de la soubrette en juge d'instruction. Elle semblait profondément ahurie. « Il n'y a pas de fraude concertée, pensa-t-il; c'est de l'égarement pur et simple. »

Mais déjà Mme de Montbriand se jetait dans la chambre voisine et rentrait en agitant un album qui s'ouvrit tout seul au bon endroit. « Voyez! » dit-elle.

Il vit un paysage d'hiver et deux cavaliers au milieu. L'aquarelle n'était ni meilleure ni pire que cent mille autres qui émaillent les albums de province. Toutes les jeunes filles bien élevées en auraient fait autant après dix-huit mois de leçons, et pourtant le cœur de Mainfroi se mit à battre un peu plus fort que de coutume. Il avait reconnu le carrefour de Vaulignon, la monture et le costume de Marguerite, et sa propre personne, à lui, vaguement esquissée, et son cheval arabe, pauvre bête, morte du vertigo depuis cinq ans. Ce paysage bon ou mauvais, n'avait pas été peint pour les besoins de la cause. Il portait une date, il était classé à son rang, au milieu d'une collection de souvenirs. Les cinq ou six études suivantes témoignaient ou d'une idée fixe ou d'un sentiment fidèle : c'était le même carrefour à divers points de vue et à diverses heures, et tout cela peint au grand air, sous la bise de février qui rougit les petites mains roses.

Tandis qu'il feuilletait avec une certaine émotion ces pages touchantes, Polyxénie vint à pas de loup se pencher sur son épaule. Elle le vit arrêté en contemplation devant le groupe où son beau cheval blanc ombré de lilas clair piaffait sur la neige bleuâtre. « Pas possible, monsieur ! s'écria la jeune sauvage, c'était donc vous ?

— Moi, qui ?

— Vous qui, vous que, n'importe ; il n'y a pas de choix, pardi ! Nous ne connaissons pas tant de monde ! Vous qui vous promeniez comme un beau ténébreux, vous que mademoiselle a pris pour son prétendu ! Une délicatesse de ses bons parents, croyait-elle ! comme si l'on faisait tant de façons avec les filles dans ce monde-là ! « Voici votre mari, et voilà votre argent ; prenez et décampez, mais surtout ne revenez pas qu'on ne vous appelle ! » Ah ! monsieur, que de malheurs on pouvait encore éviter, si vous l'aviez voulu ! Par quel hasard étiez-vous là ? Et puisque vous vous y trouviez, comment n'avez-vous pas couru après elle ? Est-ce qu'un grand garçon devrait se déferrer à la première malice qu'on lui répond ? Est-ce que... ? »

La vicomtesse imposa silence à cette enfant terrible. Ce ne fut pas sans peine, et Mlle Polyxénie revint tant de fois à la charge que sa maîtresse finit par la pousser amicalement dehors.

Lorsque la porte fut fermée sur l'indiscrète, Mme de Montbriand respira. « Enfin ! dit-elle, on peut causer. » Mais elle ne trouva plus rien à dire, et Jacques, qui passait avec raison pour la langue la plus déliée de Grenoble, resta muet. Cela dura un certain temps, et plus cela durait, plus parler devenait difficile et grave. Le silence avant les mots remplit le même emploi que le zéro après les chiffres : il en décuple la valeur.

Certes Mainfroi n'était plus amoureux de Marguerite ; tout au plus s'il se rappelait une velléité de mariage aussitôt morte que née. La jeune fille qu'il avait failli demander à son père n'existait plus; un irréparable passé le séparait de cette veuve plus intéressante que fraîche et mieux faite pour éveiller la compassion que le désir. Cependant la seule idée que cette femme l'avait aimé un moment, par erreur, à la veille d'en épouser un autre, le troublait agréablement. Outre la satisfaction de vanité que le dernier des fats eût éprouvée en pareil cas, il était pris de je ne sais quel respect quasi religieux pour l'amour, cette chose sainte, dont les reliques même sont adorables. Tout à l'heure il se glorifiait peut-être un peu trop de son rôle, et sous la modestie qu'il affectait, on pouvait sentir la revanche du prétendant devancé, l'orgueil de l'homme indispensable. Maintenant il eût été de bonne foi en disant à Marguerite : « Si je sauve votre fortune, je resterai encore votre débiteur. Il n'y a ni procès gagné, ni millions rendus, ni trésors assez magnifiques pour payer la première pensée d'une âme vierge. »

Cette réflexion le pénétra et l'amollit si bien qu'il éprouva le besoin de réagir contre la lâcheté de son cœur.

« Eh bien ! madame ? » demanda-t-il brusquement, d'un ton qui voulait dire : nous ne sommes pas ici pour nous amuser.

La pauvre femme tressaillit comme saisie par ce

rappel à la réalité. Les larmes envahirent ses yeux, mais elle sut réagir, elle aussi, contre sa faiblesse.

« Eh bien! monsieur, répondit-elle en souriant, quoique ce maudit procès nous talonne et qu'il n'y ait pas de temps à perdre, je ne veux pas, je ne dois pas vous en parler aujourd'hui. Tant pis! c'est fête. J'ai vingt ans depuis un quart d'heure. J'en avais cent hier. J'en aurai cent demain.... Oh! je ne me fais pas d'illusion sur ma triste personne : je suis une femme bien finie, et ma vie est gâchée plus déplorablement encore que ma fortune; mais puisque Dieu permet que je retrouve un de ceux qui m'ont vue jeune, belle, capable d'aimer et digne d'être aimée, il faut absolument que je fasse une débauche de souvenirs et que je me plonge dans le passé jusqu'au cou. A demain les affaires sérieuses! »

Mainfroi l'approuva d'un sourire, et elle se mit à conter son petit roman avec une volubilité enfantine, brouillant tout, confondant les dates, omettant les faits principaux et s'oubliant au milieu des détails inutiles, mais heureuse, et laissant paraître à chaque mot qu'elle parlait pour elle et non pour l'auditoire. Le récit n'apprit rien ou peu de chose à Mainfroi. Elle s'étendit longuement sur son enfance, sur son père qui lui faisait peur, sur sa mère qui pleurait toujours, sur son frère qui lui tua sa plus belle poupée pour essayer son premier fusil. Le deuil de la poupée tint autant de place, sinon plus, que la mort de Mme de Vaulignon, pauvre créature sans ressort, caractère effacé par les rudes frottements du marquis. Il fut longuement question d'un couvent de Grenoble où Marguerite faillit mourir, et puis d'une Mlle Camille, excellente musicienne et fille instruite autant que belle, mais rude à son élève et trop maîtresse au château. M. de Vaulignon lui témoignait de grands égards, mais un jour, à propos d'une lettre qu'elle avait perdue, il la chassa comme une voleuse, et Marguerite fut quasiment livrée à elle-même dès ce jour-là. Ce fut son meilleur temps, sa vraie vie.

« Je me console parfois, disait-elle, en pensant que l'enfer ne saurait me reprendre mes cinq bonnes années, de quinze à vingt. Mon père ne s'occupait de moi qu'aux repas, et encore! J'étais libre de me lever avant le réveil des oiseaux; je courais seule à cheval, loin du château, hors des routes, ivre de mouvement, altérée d'inconnu, soutenue par un secret et fol espoir de rencontrer les limites du monde. Du jour au lendemain, mes goûts, mes idées, mes curiosités, tout changeait; je n'aimais plus que la musique, ou la peinture, ou bien je me plongeais par caprice dans quelque science démodée, comme l'alchimie ou l'astrologie judiciaire. La bibliothèque du château, qui m'était ouverte sans réserve, avait été composée par je ne sais qui de nos ancêtres, mais à coup sûr par un ami du merveilleux. Je puisais au hasard, je dévorais, je passais des nuits à étudier l'absurde par principe ou à m'enivrer d'un beau livre, suivant que j'avais eu la main heureuse ou maladroite; mais je vivais, je pensais, j'agissais! Ma belle-sœur elle-même ne put gâter mes bonnes années, quoiqu'elle demeurât tout l'hiver avec nous. Elle me haïssait bien un peu, parce qu'elle me voyait embellir à mesure que l'âge et la maternité la rendaient plus laide et plus grotesque ; mais la liberté de mes allures et l'indépendance de mon esprit ne lui laissaient guère de prise : je savais me soustraire à ses basses méchancetés par des soubresauts héroïques ; j'avais mes retraites inaccessibles sur les sommets de la pensée et dans les infinis de l'espace. C'est à mes dix-neuf ans, pas plus tôt, que la guerre a commencé entre nous. Mon père avait renoncé de bonne grâce à l'espoir de m'enterrer dans un couvent ; je m'étais si fièrement prononcée, le médecin lui-même avait si bien parlé, que personne, sauf elle, ne pensait plus à me jeter un voile sur la tête. Elle m'entreprit avec force, patience et ténacité, en véritable Allemande, et, lorsque j'eus réfuté tous ses arguments, elle ne craignit pas d'insinuer que mon renoncement avait été prévu, sinon stipulé, dans son contrat de mariage avec Gérard. Moi qui vivais à mille lieues au-dessus des calculs misérables, je sentis rudement le coup qui me cassait les deux ailes ; mais, au lieu de pleurer, je courus droit à mon père, je lui dis que, s'il avait besoin de me déshériter dans l'intérêt de son nom, j'y donnais les mains de bonne grâce, que j'étais même résignée à rester fille, sans regret, pourvu qu'il me permît de finir mes jours à Vaulignon ou aux Trois-Laux, dans un appartement du château ou dans une maison du village, mais libre et maîtresse de courir sous le ciel de Dieu. Mon père se piqua d'honneur ; il y avait en lui quelque restant de chevalerie : « Remettez-vous, « me dit-il ; vous serez bientôt mariée, et vous ne « serez jamais déshéritée. » Il passa toute une semaine à écrire et à lire des lettres, il fit même un voyage à Grenoble, et il me dit à plusieurs reprises : Votre père s'occupe de vous.

« Vous devinez, monsieur, le travail qui se fit dans ma petite tête. L'idée de ce prochain mariage éclaira le monde d'un jour tout nouveau; la nature revêtit des aspects inconnus : tous les arbres de la forêt se transformèrent en beaux jeunes gens, le rude vent de l'hiver se mit à rouler pêle-mêle des feuilles mortes et des baisers. J'étais foncièrement innocente, mais je n'étais pas ignorante; c'est le cas de toute fille honnête qui a lu. J'attendais avec une secrète angoisse, mais avec la plus généreuse cordialité le jeune homme que mon père avait choisi pour son gendre; je l'aimais d'avance, quel qu'il fût : je crois que toutes les femmes, si elles veulent être sincères, avoueront qu'elles ont passé par là.

« Je n'ai pas à vous rappeler notre singulière rencontre et la courte méprise qui s'ensuivit. Vous avez occupé mon esprit pendant quelques jours, pourquoi m'en défendrais-je? Oui, j'ai pensé à vous tantôt en bien, tantôt en mal, jusqu'au moment où l'on m'a présenté M. de Montbriand, et dès lors, s'il faut tout vous dire, je n'ai vu au monde que lui. Je ne devrais peut-être pas avouer cette passion aveugle et mal récompensée. Mon mari s'est lassé de moi au bout d'une semaine; il a repris la vie d'Opéra le lendemain de notre arrivée à Paris, et tous les efforts que j'ai faits pour le ramener n'ont abouti qu'à des réconciliations passagères. Je ne désespérais pourtant de rien, car j'ai l'âme forte : mais il mourut d'un horrible accident, comme vous l'avez sans doute ouï dire, et ma jeunesse finit là. Vous plaît-il maintenant que nous parlions d'affaires? Tout bien pesé, il y aurait peut-être indiscrétion à vous déranger deux jours de suite pour un être aussi misérable que moi.

— Non, madame, répondit Mainfroi avec une chaleur toute juvénile. Je suis à vous, entièrement à vous, et je jure que, si votre cause est seulement défendable, nous la gagnerons haut la main. Je reviendrai tous les jours, tant que vous ne me trouverez pas importun. Vous êtes une vraie femme, et, ce qui est plus admirable encore, une femme vraie et naturelle. Vous méritez cent mille fois qu'un honnête homme rompe quelques lances pour vous. »

IV

Lorsque Jacques se retrouva chez lui, les pieds dans ses pantoufles, au milieu de la vaste et noble bibliothèque où tant d'hommes de bien, ses ancêtres, avaient médité sur les lois, il se mit à relire le billet de Marguerite et à méditer sur la personne qui s'était si noblement ouverte à lui. La femme avait fait tort à la cause; l'avocat s'effaçait devant le confident de tout à l'heure et l'amoureux d'autrefois.

Il mania longtemps et avec complaisance le papier doux, ferme, un peu cassant, où la main de Mlle de Vaulignon avait laissé entre les lignes une invisible et mystique empreinte. Il suivit cette écriture rapide, effarée et pourtant toujours nette, dont les caractères se précipitaient l'un sur l'autre comme les flots d'un torrent. Il s'arrêta un bon moment à la devise qui serpentait autour de l'initiale. L'initiale était un M simple, sans armes, et la devise *tout ou rien*. Il était difficile de deviner si cet M représentait le nom de Montbriand ou le prénom de Marguerite. Selon le cas, la devise n'était qu'une banalité indigne d'attention, ou elle exprimait la vigueur d'une âme entière et portée aux extrêmes. On n'étudie guère une lettre de femme sans la flairer un peu. Celle de Marguerite était imprégnée d'un parfum léger, fugitif et suave au dernier point ; mais la bordure, d'un noir intense, semblait gourmander cette recherche de sensualité, comme les grands arbres en deuil au mois de février jurent avec l'aimable floraison des violettes. Ce contraste entraînait certaines idées de renouveau ; Mainfroi se laissa éblouir par je ne sais quelle fantasmagorie qui lui montrait Mlle de Vaulignon jeune et brillante sous ses habits de crêpe. Cependant il n'était pas homme à se leurrer d'illusions gratuites ; il savait que la vie humaine n'a qu'un printemps, si la grande éternelle nature en a mille fois mille. Mais il venait de causer longuement avec Marguerite ; il avait vu son visage trempé de larmes refléter par instants les éclairs de la vingtième année ; parfois même, en remuant les cendres du passé, la belle veuve s'était comme illuminée d'un sourire de l'âge innocent. Un sourire, si frais qu'il puisse être, n'a pas l'autorité d'une démonstration géométrique : Mainfroi n'eut garde de conclure ou de supposer que Mlle de Vaulignon se trouvait tout entière devant lui. Entre l'amazone de vingt ans qu'il avait abordée sous le ciel, dans les bois, et la femme en grand deuil qui venait de lui conter ses peines dans un appartement garni, il voyait très-distinctement la figure matérielle, opaque et antipathique du vicomte. Le bon sens ne lui permettait pas de reléguer un *sportman* trop réel au pays des mauvais rêves, et pourtant, dois-je l'avouer? il prenait un certain plaisir à émincer, à volatiliser ce mari de quelques mois. Non content de savoir que M. de Montbriand n'était plus que poussière, il aurait voulu le réduire à la consistance d'une ombre. Étrange fantaisie, et d'autant plus inexplicable que Mainfroi ne se sentait pas amoureux! Cette veuve de vingt-sept ans au plus lui semblait absolument hors d'âge. Le cœur a des méthodes de chronologie qui feraient sourire un bénédictin. Un homme de vingt-cinq ans meurt d'amour pour une femme de trente-cinq : il serait fier de l'épouser à la face du ciel, si quelque heureux hasard la faisait libre : à trente-cinq, il se trouve plus vert qu'une enfant de vingt-cinq, et croirait déroger à sa seconde jeunesse en la prenant pour femme. Jacques n'était donc pas épris, et il aurait rompu en visière au premier qui eût risqué en sa présence un tel paradoxe ; mait il prenait un vif intérêt à l'étude de cette nature féminine : il s'y livra toute la soirée, sinon en amoureux, du moins en amateur. Quant à l'affaire, il n'y pensa pas plus que si elle avait dû se plaider dans une autre planète.

Cet oubli de la profession ferait dire à quelques analystes qu'il y avait deux hommes en lui : un avocat et un mondain. Il y en avait même trois, à ce compte, car l'avocat et le mondain disparaissaient à certaines heures pour laisser voir un magistrat parfait. Mais n'est-ce pas un peu déprécier la nature humaine que d'expliquer par un miracle le cumul des aptitudes et des goûts ? Dans les pays et dans les temps où notre espèce s'est épanouie en liberté, le même individu pouvait être avocat, magistrat, général, administrateur, grand-prêtre et planteur de choux, sans qu'on s'avisât de compter combien d'hommes il y avait en lui. La division du travail et l'esprit de spécialité, qui sont à leur place dans le monde industriel, n'ont rien à faire dans le monde moral.

Mainfroi se coucha donc à mille lieues du dossier « Vaulignon contre Vaulignon. » Il s'endormit comme un joli garçon qu'il était, sur un oreiller de doux souvenirs et d'agréables pensées. Il y a toujours un plaisir délicat et tendre à s'occuper d'une jeune femme, ne fût-ce qu'à titre d'étude, pour savoir ce qu'elle est, ce qu'elle pense et ce qu'elle veut. Le réveil fut moins riant. L'avocat, en ouvrant les yeux, se rappela qu'il avait promis de défendre Marguerite. Il se dit que la pauvre enfant comptait sur lui, et que déjà sans doute elle croyait avoir cause gagnée ; l'imagination des femmes va si vite et franchit si cavalièrement les obstacles ! Or, il n'était pas sûr de gagner ce procès, ni même de le plaider. Non-seulement son succès, mais son simple concours était subordonné à l'examen des faits de la cause. Si Mme de Montbriand avait le droit pour elle, c'était plaisir de lui rendre une fortune ; si, par malheur, elle avait tort, aucune considération ne pouvait ébranler l'inflexible droiture de Mainfroi. Pas une fois en quatorze ans il n'avait dévié de sa ligne ; les chocs quotidiens du palais n'avaient pu lui communiquer l'élasticité qu'on admire chez les vieux avocats ; il n'en était pas encore à cette maxime nourrissante, que les pires affaires ont un bon côté par où l'homme d'esprit sait les prendre. L'habileté lui faisait défaut; il était savant, sensé, persuasif, entraînant ; mais il ne pouvait pas se rendre habile, et il se consolait fièrement de cette infirmité. Il y a peu de mérite à repousser les tentations grossières de l'argent lorsqu'on tient vingt-cinq mille francs de rente en portefeuille, plus un joli domaine à la campagne et une belle maison à la ville ; en revanche, ceux qui sont doués d'un cœur jeune et bouillant ont besoin de quelque vertu pour résister aux séductions du plaisir. Mainfroi s'était montré incorruptible à l'amour, même dans un âge qui porte avec lui l'excuse de toutes les faiblesses ; il se sentait d'autant plus engagé. Si l'affaire se présentait mal, ce passé méritoire lui faisait une loi d'abandonner Mme de Montbriand à la ruine, à la réclusion, à la mort même, à tous ces fléaux sans doute imaginaires dont elle se disait menacée. Périsse la plus intéressante des femmes plutôt que la réputation d'un homme de bien ! Les consciences immaculées sont rares ; quant aux femmes intéressantes, on en rencontre toujours assez.

Mais, s'il est aisé d'éconduire un plaideur ordinaire en lui disant : « Monsieur, votre affaire ne rentre pas dans ma spécialité, » il est infiniment plus délicat d'ôter la dernière espérance à la personne qui vous raconte sa vie, vous promène à pas lents dans tous les sentiers de sa jeunesse et partage avec vous ses plus secrètes pensées. L'avocat ne s'engage à rien en écoutant du haut de sa cravate les moyens bons ou mauvais d'un plaideur; l'homme abdique un peu de son indépendance lorsqu'il accepte le rôle de confident. Un usage de la vie antique, transporté dans le for intérieur, régit encore aujourd'hui cette sorte d'hospitalité. L'homme à qui vous avez permis d'entrer un seul moment dans le privé de votre âme acquiert par cela seul un droit sur vous, il est moralement votre hôte. Il y a deux mille ans, vous ne l'auriez pas congédié sans un bain, un repas et quelques pièces de monnaie; aujourd'hui, vous ne pouvez le mettre dehors que consolé et servi. Cette loi n'est écrite en aucun livre, et cependant personne ne l'ignore. Les gens en place qui sont par surcroît gens d'esprit se tiennent en garde contre les épanchements du solliciteur; un maître qui sait son métier ne fera jamais la sottise d'accueillir les confidences de son valet : s'il se laissait conter l'histoire de Baptiste ou de Jean, il aurait leur famille sur les bras, et il ne serait plus servi que par grâce. La grande affaire des mendiants n'est pas d'obtenir qu'on leur donne, c'est d'obtenir qu'on les écoute; celui qui les laisse parler devient par cela seul leur débiteur.

Si Mme de Montbriand avait été la plus astucieuse des femmes, elle n'aurait rien imaginé de plus adroit que cet ajournement de la consultation, ce relâche consacré aux souvenirs du bon temps et à l'effusion du cœur. Il arrive parfois que l'extrême droiture et l'extrême habileté se rencontrent au but. Mainfroi, libre la veille, se sentait lié par une multitude de fils invisibles. Ce n'était pas qu'il crût devoir à Marguerite plus qu'à lui-même et à ses ancêtres ; il se reprochait d'avoir presque accepté une affaire tant de fois perdue, il tremblait de la trouver insoutenable ; il cherchait non-seulement un moyen de battre en retraite sans déshonneur, mais une compensation possible, une indemnité acceptable : tant il est vrai qu'un homme de cœur s'engage plus qu'il ne croit en écoutant une simple confidence !

Il se rendit à pied au rendez-vous, comme s'il pensait rencontrer une solution entre les pavés. Le chemin lui parut plus court et l'escalier moins haut que la veille ; il avait peur, toutefois il marchait : ainsi font les braves soldats.

Polyxénie le reçut moins bruyamment que la veille, mais d'un air plus confident et plus intime, et cet accueil lui rappela que la servante, autant que la maîtresse, était fondée à compter sur lui.

M*me* de Montbriand, debout devant un monceau de papiers, lui tendit une main fort belle et tout à fait appétissante, qu'il baisa froidement, poliment, en débitant les banalités d'usage sur un ton cérémonieux. Peut-être remarqua-t-il du coin de l'œil que la veuve portait une toilette moins sombre ; que ses beaux cheveux noirs, nattés en diadème sur le front, lui donnaient un air de reine et qu'elle n'avait plus les yeux rouges ; mais il s'était armé de résolutions héroïques, et il attaqua le dossier en homme qui a juré de commencer par là. « Je ne vous regarderai pas avant de vous avoir entendue, et je ne veux vous trouver belle que si vous avez raison. » Il ne s'exprima pas tout à fait si nettement, mais Marguerite le comprit. Elle s'arma de ce courage extrême qui vient aux cerfs et aux animaux les plus timides lorsqu'ils n'ont plus la force de fuir, et elle se lança, tête basse, dans l'exposé des faits.

« Monsieur, dit-elle, voici la cause première de tout le mal : c'est le testament de mon père. Il date de sept ans et divise notre patrimoine en portions inégales : deux millions en terres au comte Gérard, un million en argent pour moi.

— Je le sais. Le marquis usait d'un droit strict.

— Cela aussi, je le sais ; les tribunaux me l'ont appris à mes dépens. J'ai eu beau dire et prouver que cet acte n'exprimait pas la dernière volonté de mon père, que le pauvre homme, il y a sept ans, était capté par cette horrible Bavaroise, qu'il est revenu par la suite à des idées plus saines et à des sentiments plus équitables ; j'ai produit un nouveau testament olographe tout en ma faveur, mais faute de quelques formalités insignifiantes, ils m'ont tous condamnée, et ma ruine est sans appel.

— Un million ! ce n'est pas tout à fait la ruine.

— Mais je n'en ai plus rien, de ce malheureux million ! Mon père me l'a repris jusqu'au dernier centime, sans compter mon douaire, dont il me reste au plus quatre-vingt mille francs. Et la succession m'en réclame cent mille ! Si je paye, me voilà riche de moins que rien, propriétaire d'une quantité négative d'environ vingt mille francs. Mes ennemis, me voyant à ce point, donnent un libre cours à leur munificence : ils me font noblement remise de la dette et m'offrent le moyen de mourir de consomption dans mon ancien couvent de Grenoble. C'est ce qu'*elle* a toujours rêvé dans sa basse jalousie. Je l'éclipsais, je triomphais de mettre en relief ses laideurs physiques et ses turpitudes morales ; elle se consolait de tout par l'espoir de m'enterrer vive ! Vous vous rappelez, monsieur Mainfroi, ce que je vous disais du couvent ? Eh bien ! j'y touche, j'y reviens, la fatalité m'y ramène au bout de sept ans par un détour invraisemblable et atroce.

— Calmez-vous, madame ; il n'y a pas péril en la demeure. Quoi qu'il arrive, personne ne peut vous mettre au couvent malgré vous.

— Et quel autre refuge y a-t-il, s'il vous plaît, pour une femme de ma condition, lorsqu'elle se voit sans ressources ? Voulez-vous que je me mette à broder dans une mansarde ou à courir les cachets de piano ? L'honneur me permet-il de débuter au Théâtre-Italien comme *prima donna* ou dans un cirque comme écuyère de haute école ? Accepterai-je les douze cents francs que le recteur, brave homme, m'a fait offrir sous main avec un petit emploi dans l'instruction publique ? ou entrerai-je comme lectrice chez l'oncle de mon mari, M. de Cayolles, qui m'aime bien, qui m'aime trop ? Je ne m'abuse point, allez, et celle qui me traque depuis tantôt dix ans ne s'y trompe pas non plus ; elle a soigneusement fermé l'enceinte. Une femme bien née, qui se ruine ou qu'on ruine, n'a de retraite honorable que dans un couvent, parce que l'humilité du cloître est doublée d'un immense orgueil, et qu'on ne déroge pas en épousant Dieu. Soit ! je l'épouserai s'il le faut, et j'irai bientôt le voir de près !

« Mais, pardon, reprit-elle en escamotant une larme échappée, c'est de mon procès qu'il s'agit.

Vous ne comprenez pas comment une femme si forte en apparence a pu se laisser dépouiller comme une enfant? Hélas! monsieur, c'est qu'on est enfant toute la vie devant l'autorité d'un père. Quand je suis revenue à Vaulignon, veuve, malade et navrée, mon père fut excellent pour moi. Il prit à cœur de me distraire et de me consoler; de ma vie je ne l'avais connu si tendre. Cette malheureuse spéculation commençait à prendre corps, elle donnait les plus belles espérances. Le marquis ne s'y était pas encore jeté éperdument, à peine s'il avait un doigt dans l'engrenage; mais, ébloui de son premier succès, il ne comptait déjà plus que par millions. Le domaine des Villettes, qui touchait aux Trois-Laux, lui donnait dans la vue; il voulait l'acquérir pour moi, et comme mon douaire ajouté à ma dot en aurait tout au plus payé la moitié, il ne parlait de rien moins que de parfaire la somme. « Si tu te remaries, disait-il, tu feras équilibre à la maison de ton frère, et le canton sera partagé entre deux dynasties issues de moi. Si tu t'obstines à rester veuve, ton bien fera retour à Gérard ou à son fils, dans une cinquantaine d'années, et alors nous verrons du haut du ciel le plus magnifique domaine qui se soit étalé depuis des siècles sous le soleil du Dauphiné! » Mais j'étais déjà résolue à rester sur mon premier et lamentable essai du mariage. Je ne refusai pas les offres généreuses de mon père, je ne les acceptai pas non plus. Les questions d'intérêt me semblaient parfaitement indifférentes, comme à toutes les femmes d'un certain rang. Mes affaires avaient été mises en bon ordre par les soins de M. de Cayolles, qui est sénateur, versé dans les questions de finances, et galant homme jusqu'au bout des ongles, quoique séparé de sa femme et un peu trop empressé auprès des autres. Grâce à lui, les lenteurs d'une liquidation me furent épargnées, et je rapportais au bercail un portefeuille de quinze cent mille francs bien nets, en valeurs de premier ordre, qui représentaient environ soixante mille francs de rente. Je ne savais que faire d'un si gros revenu, avec mes goûts simples, dans un pays où il y avait fort peu de misères à soulager. Je rentrai de plain-pied dans mes chères habitudes; on fit accommoder à mon usage l'ancien appartement de ma pauvre mère, dans l'aile gauche du château; je me donnai le luxe d'une bibliothèque, d'une petite voiture et de deux chevaux neufs; j'achetai quelques tableaux, je fis un voyage en Suisse, un autre en Italie, avec Polyxénie et un vieux domestique; à cela près, ma vie était exactement la même qu'entre quinze et vingt ans. Ma belle-sœur n'osait plus me traiter en enfant; notre inimitié prit des allures plus franches, sans aller jusqu'aux grands éclats; mon père n'en vit rien, et mon frère n'en voulut rien voir. Du reste, les Bavarois n'étant chez nous que trois mois de l'année, le bon temps ne me manquait pas, et j'ai fait une provision de souvenirs qui me soutient encore un peu dans mes luttes et mes misères. Je vous épargne l'histoire de cette épouvantable débâcle où l'honneur même de notre nom, compromis par la scélératesse des uns et l'imprudence des autres, faillit être englouti. Vous qui viviez à Grenoble, vous avez su tout cela mieux que moi et certainement avant moi. Je voyais bien l'humeur de mon père tourner au noir, et j'assistais au va-et-vient des gens d'affaires ; mais j'étais si peu de ce monde, et j'avais une si haute indifférence pour tous les intérêts, que la douleur de perdre et la joie de gagner me semblaient, comme au jeu, choses viles et roturières. Il ne m'entra point dans l'esprit qu'un marquis de Vaulignon pût s'émouvoir à propos d'argent, et la première fois qu'il s'ouvrit à moi de ses chagrins, je crus naïvement qu'il ne parlait ainsi que pour me cacher autre chose.

« La vérité m'apparut enfin dans toute sa laideur lorsque mon père mit sous mes yeux une lettre de la Bavaroise qui le faisait pleurer d'indignation. Le pauvre homme avait demandé à Gérard je ne sais plus quelle somme pour désintéresser je ne sais quel créancier. La comtesse répondait pour son mari que les temps étaient durs, que les fermages rentraient mal, que les améliorations, les plantations, les routes, les bâtiments neufs absorbaient leur revenu de l'année, que tous leurs capitaux disponibles étaient engagés dans diverses opérations, bref que le *cher papa* serait gentil, gentil, s'il voulait bien chercher la somme dans son voisinage, chez ces bons Dauphinois, qui tous ont des tiroirs remplis d'argent qui dort.

« Je m'indignai d'abord, puis, me ravisant tout à coup : « Mon père, lui dis-je, tous ces papiers que j'ai là-haut dans un tiroir ne sont-ils pas échangeables contre écus ?

— Eh ! sans doute.

— Il me semblait bien. Et les hommes qui vous

poursuivent refuseront-ils cet argent sous prétexte qu'il vient de moi ? »

« Cette demande le fit rire aux éclats, et j'eus deux bonheurs à la fois : sécher les larmes de mon père et flétrir la conduite de mon indigne belle-sœur. J'entraînai le pauvre homme chez moi, j'ouvris le chiffonnier où mes titres dormaient en liasses, et je lui dis : Puisez! Il m'embrassa d'abord en me disant mille choses du cœur, ensuite il prit un papier qui valait, je crois bien, cinq mille francs de rente. Enfin il me dit : « Je veux te signer un reçu, car c'est un prêt que j'accepte, et les bons comptes font les bons amis. » Ce proverbe odieux, plus digne d'un Roquevert que d'un Vaulignon, me fit rougir. « Ah ! cher père ! lui dis-je, est-ce qu'il y a du tien et du mien entre nous? Ne permettez-vous pas que je vous rende une parcelle de ma dot?

— Un Vaulignon ne reprend pas ce qu'il a donné.

— Or, je suis une Vaulignon, je vous donne ce grand vilain chiffon de papier, et maintenant je vous défie de me le faire reprendre ! Voilà un argument sans réplique ; embrassez-moi. »

« Mon père me témoigna dès ce jour une admiration qui m'étonnait un peu. J'avais toujours eu le sentiment de la propriété collective et je distinguais parfaitement notre bien du bien d'autrui ; mais au château, chez nous, il me semblait que tout dût être en commun ; je n'aurais rien su refuser, même à la comtesse Gérard, et j'aurais été stupéfaite qu'on me refusât quelque chose. Tous ces objets matériels auxquels le **pauvre attache un prix** n'ont plus de valeur dans notre sphère ; les idées et les sentiments y sont les seules réalités dignes d'intérêt.

« Ce fut donc avec un détachement tout naturel et peu méritoire que je vis passer ma fortune aux mains de mon père. D'abord je n'avais besoin de rien, et puis je pensais que tôt ou tard Vaulignon serait à moi, mon frère ayant déjà les Trois-Laux ; or, Vaulignon est une fortune. Quant à mon père, il était bien malheureux, bien humilié de nos positions respectives, et reconnaissant à un point qui parfois me faisait mal. Il s'accusait de m'avoir méconnue ; il s'emportait contre le fils ingrat, avare et lâche, qui lui tournait le dos dans un pareil moment ; il se reprochait à haute voix des préférences que je n'avais jamais remarquées ; souvent, en ma présence, il s'est juré de mettre ordre à nos affaires en réparant une injustice que j'ignorais. C'était sans doute le testament qu'il voulait annuler, car il me répéta bien des fois en puisant dans mon pauvre tiroir : « Tu ne perdras rien, ma chérie ; j'irai voir Foucou. » Ses idées de restitution étaient si formelles et si bien arrêtées qu'on a trouvé dans ses papiers un codicille dont voici la copie authentique :

« Vaulignon, 2 octobre 186..

« Indignement trahi par un fils que j'avais comblé, et comblé par une fille que j'avais en partie déshéritée, je déchire mon testament du... janvier 185., et moi soussigné Philippe-Auguste Lescuier, marquis de Vaulignon, je lègue en toute propriété à Claire-Estelle-Marguerite Lescuier de Vaulignon, ma fille chérie, veuve du vicomte de Montbriand, le château, le parc, les terres et généralement tout le domaine de V... »

« Il n'a pas achevé le mot, mais l'équivoque est impossible. La pièce n'est pas signée à la fin, elle l'est magnifiquement au milieu. Pourquoi, comment mon père a-t-il gardé deux ans ce papier dans sa chambre au lieu de le porter à Grenoble ? Est-ce la maladie du notaire Foucou et la vente de l'étude qui sont venues traverser un si juste projet ? Je l'ignore ; mais, quoique les tribunaux aient déclaré ce codicille nul, j'y constate avec bonheur la tendresse et la loyauté d'un digne homme.

« Nos relations ont été cordiales jusqu'au bout; sa préférence pour moi ne s'est pas démentie un seul jour, quoiqu'il eût des agitations, des désespoirs et des colères terribles. Les procès se succédaient sans interruption ; il pleuvait du papier timbré sur le château ; mon père allait trois et quatre fois par semaine à la ville, chez l'avoué, chez l'avocat, chez les juges ; il ne chassait presque plus. Pauvre homme ! c'était lui qui était le gibier. Je le suppliais quelquefois d'en finir avec les affaires et de payer sans discussion, dans l'intérêt de sa santé, tout l'argent qu'on lui réclamait : « Non, répondait-il, c'est ton bien que je défends, et j'irai tant que les forces ne me trahiront pas. » Malgré sa belle résistance, je me ruinais grand train. On eut vent de la chose dans mon ancienne famille, à Paris. M. de Cayolles m'écrivit une lettre très-paternelle et très-sensée pour me dire que cette liquidation était un gouffre, que j'y jetterais toute ma fortune sans le combler, que je me devais à moi-même de conserver un peu de bien, car, si je me ruinais, mon nom, ma jeunesse et ma figure deviendraient autant d'obstacles au dévouement de mes meilleurs amis. Je fis part de cet avis à mon père; il y donna les mains. « Ton oncle a mille fois raison, me dit-il; tu dois garder une poire pour la soif, quoique j'aie assuré ton avenir par une combinaison infaillible. Je ne veux pas que tu m'avances un centime au-delà de ta dot. Je te l'ai donnée, tu me la prêtes, je te la rendrai sous une autre forme, et j'espère que tu ne perdras rien. L'important est de protéger Vaulignon contre toute hypothèque judiciaire. Si les huissiers mettaient leurs sales mains dessus, je les tuerais ou je me ferais sauter; mais le douaire que tu as trop bien gagné, ma pauvre enfant, conserve-le. » Cher père! lorsqu'il parlait ainsi, mon douaire lui-même était déjà fort entamé. Je n'eus garde de le lui dire, et je fis ma principale étude de tous les dangers d'hypothèque qui pouvaient menacer Vaulignon. Je restais au château quand mon père en sortait pour ses plaisirs ou ses affaires; j'apprenais la procédure, je m'exerçais à déchiffrer l'odieux griffonnage des officiers ministériels. Et, lorsqu'il arrivait un commandement de payer, je payais.

« L'huissier se présenta par malheur un jour que mon père était présent et moi sortie. Il s'agissait d'une somme importante qui n'est pas encore réglée aujourd'hui : cent mille écus! C'était la dernière créance exigible; entre mon père et moi, nous avions liquidé tout le reste. Si je m'étais rencontrée là, j'aurais inventé dix arrangements pour un. Je n'avais pourtant pas trois cent mille francs : il s'en fallait plus de moitié ; mais j'aurais fait opposition, ou bien j'aurais prouvé que le revenu de nos coupes pouvait tout payer en un an : la procédure des saisies immobilières abonde en détours et en échappatoires, Dieu sait! Le pauvre homme était seul; il sortait de table, son régime n'était pas très-ordonné depuis qu'il éprouvait le besoin de s'étourdir : ce commandement le frappa comme un coup de massue, et lorsque je rentrai de ma promenade, je ne trouvai plus qu'un enfant à soigner.

« Si j'ai fait mon devoir jusqu'au bout, c'est chose inutile à dire. Ni Gérard ni sa femme ne sont venus me disputer la garde du malade. Ils le croyaient ruiné à fond; j'en ai la preuve dans cet acte où le comte accepte la succession sous bénéfice d'inventaire. Lorsqu'ils ont su la vérité, ils se sont fait envoyer en possession du château. J'ai plaidé la nullité du testament; j'ai perdu en instance, en appel et en cassation. Reste à savoir si je dois rapporter les misérables débris de ma fortune passée. La partie adverse prétend qu'il faut déduire les dettes de ce qui reste dans la succession, ajouter au montant net les sommes que mon frère et moi nous avons reçues en avancement d'hoirie, et diviser cette masse en trois parts égales dont deux reviendraient à Gérard et la troisième à moi. Or, ce qui reste dans la succession, c'est Vaulignon, grevé de trois cent mille francs de dettes et estimé sept cent mille francs net. A cette somme, on ajoute le million des Trois Laux rapporté fictivement par mon frère et le million de ma dot, soit deux millions sept cent mille francs d'actif. Et comme le premier testament, seul valable, dispose formellement en faveur de Gérard de la quotité permise par la loi, vous voyez que j'ai reçu cent mille francs de trop, puisque le tiers de vingt-sept est neuf et non pas dix. Donc le tribunal me condamne à rendre cent mille francs sur les quatre-vingt mille qui me restent, attendu que le vœu des mourants est sacré, et que le marquis de Vaulignon, au moment de paraître devant Dieu, a voulu que son fils ingrat fût cinq ou six fois millionnaire, et que sa fille dévouée mourût de faim. Qu'en dites-vous, monsieur Mainfroi ? Est-ce ainsi que vos pères, ces magistrats illustres et vénérés, entendaient la justice ? Est-ce ainsi que vous la comprendrez vous-même, lorsque vous disposerez à votre tour de la fortune et de l'honneur des gens ? »

Mainfroi s'était promis d'écouter en vieillard cette plaidoirie féminine; mais sa résolution ne tint pas contre le charme agressif et saisissant de Marguerite. Sa voix, admirablement timbrée, tantôt douce, tantôt forte, toujours juste, s'élevait en fusée, et tout à coup descendait par une transition insensible à des profondeurs inconnues; après avoir ébranlé le cerveau de l'auditeur dans ses moindres tubes, elle se rabattait sur le cœur et le saisissait fibre à fibre. Le caractère du geste, la noblesse du visage, l'éclat des yeux accompagnaient cette voix prodigieuse et en doublaient l'autorité. Mille contrastes bizarres et charmants envahissaient l'esprit de Mainfroi : cette amazone à pied, cette Diane chasseresse en garni, cette veuve aux grâces virginales, avec son âme passionnée, son esprit viril, ses naïvetés enfantines et son érudition de procureur; ce grand corps onduleux sur deux tout petits souliers, quelques mots de basoche égarés entre ces dents mignonnes qui avaient l'air de casser des noisettes en citant les articles du code, tout cela colorait le discours d'un reflet inusité. Mais ce qui par moments l'illuminait d'une splendeur incomparable, c'était la beauté morale d'une âme droite, le tableau d'une vie pure, d'un dévouement continu, de sacrifices accomplis dans l'ombre et d'une longue solitude fièrement traversée. Un juge de cent ans aurait été prévenu en faveur d'une telle femme et de la cause qui se personnifiait en elle. Ajoutez qu'au cours du récit les souvenirs s'éveillaient en foule chez Mainfroi, et que chacun de ces souvenirs avait force de témoignage. Il se rappelait la première visite du marquis et du fanatisme de cet homme qui préférait sa terre à sa fille; le dîner chez Foucou, la physionomie ingrate de Gérard, la combinaison Roquevert, inaugurée au profit de la Bavaroise et liquidée aux dépens de Marguerite. Tous les personnages du drame développaient jusqu'au dénoûment les caractères qu'il avait devinés au premier acte. Il était donc obligé de donner gain de cause à la veuve pour l'honneur de son diagnostic et peut-être aussi pour l'acquit de sa conscience; car enfin il avait trempé, sinon les mains, du moins le bout du doigt, dans ce testament jadis arbitraire, et que les circonstances rendaient criminel.

Or Mainfroi n'était pas de ceux qui font les choses à demi. S'il était arrivé à l'âge de trente-sept ans sans jamais brûler ses vaisseaux, c'est que, vivant en terre ferme, il n'avait jamais eu de vaisseaux à brûler. Une résolution extrême ne lui coûtait pas plus qu'une demi-mesure à la plupart des hommes de ce siècle mou. En moins de deux minutes, il pesa le pour et le contre, prit son parti, tendit la main à Marguerite et lui dit :

« Écoutez bien, madame, et gravez ma parole au plus profond de votre mémoire, qui est fidèle et qui me l'a prouvé : ou j'obtiendrai qu'on vous rende intégralement les biens dont on vous a dépouillée, ou je veux perdre ma fortune et mon nom. »

La belle veuve, un peu troublée par cette déclaration solennelle, balbutia quelque remercîment confus, et protesta qu'elle était loin d'en demander autant.

« Et pourquoi donc m'arrêterais-je à moitié chemin, si le but est à ma portée? Votre droit est entier, et je n'en revendiquerais que la moitié, le quart, le quatorzième? Quel motif avons-nous de faire des présents à qui nous vole le nécessaire? Je ne m'explique pas votre premier procès, ni surtout l'obstination des avoués qui vous l'ont fait poursuivre jusqu'en cour de cassation. Il s'agissait bien d'ergoter sur la validité du second testament! La question n'a jamais été là, quoique le titre en lui-même me paraisse très-défendable. Mais vous êtes créancière de la succession, madame; mais on vous doit les quatorze cent mille francs que vous avez engloutis par bonté dans la liquidation des plâtrières! Je trouverai l'agent de change qui a vendu vos titres un à un, j'établirai la concordance des dates, je montrerai que chacun de vos sacrifices a libéré une partie de ce domaine que le couple Gérard s'arroge impudemment! Je ferai comparaître les huissiers à qui vous avez donné votre argent, de vos propres mains. J'établirai le compte de vos biens à la mort de M. de Montbriand ; on saura quelle vie modeste vous meniez à Vaulignon ; la cour dira s'il est possible que vous ayez gaspillé en cinq ans de villégiature un million et demi. Ce n'est pas tout ; nous ferons la contre-épreuve sur les recettes et les dépenses de votre injuste et malheureux père. On sait ce qu'il avait, on sait ce qu'il devait le premier jour du mois où les actions de cinq cents francs sont tombées à deux cent cinquante. Nous ferons le total des sommes que M. de Vaulignon a payées jusqu'à sa maladie, et je demanderai dans quelle bourse il a puisé tout ce qui lui manquait. Comptez sur moi, madame, ou plutôt sur l'éclatante justice de votre cause. Plus j'y pense, plus je m'étonne que ni vos avoués ni vos avocats ne l'aient comprise, et qu'elle ait pu arriver toujours perdue, mais toujours intacte, jusqu'à moi. »

Marguerite répondit avec une candeur adorable : « C'est sans doute que je l'ai mal expliquée à ces messieurs. Pensez donc! des secrets de famille! Quel que soit l'intérêt qui vous pousse, on ne peut pas les raconter au premier venu. »

Ainsi donc, pensa Mainfroi, je ne suis pas le premier venu pour elle! Il prit avantage de l'aveu pour se détendre et se familiariser. Il se prévalut même des alliances quasi légendaires qui unissaient les Vaulignon aux Mainfroi. « Mais alors, dit-elle en riant, nous serions cousin et cousine, si nous étions venus au monde quinze générations plus tôt?

— Nous le sommes, madame ; ce n'est qu'une question de degré.

— Vous me le jurez, mon cousin ?

— Foi d'avocat, ma cousine. Et puisque nous voici presque en famille, permettez-moi de vous demander si la devise de votre papier à lettres appartient aux Vaulignon ou aux Montbriand ?

— Elle n'appartient qu'à moi seule. Pourquoi me demandez-vous cela ?

— Parce que, si la devise est à vous, je compte vous l'emprunter, ma cousine, jusqu'au prononcé de l'arrêt. Tout ou rien ! Oui, je veux vaincre ou mourir, et je vaincrai, car la vie est bonne.

— On le dit. »

Sur ce mot, qui ne manquait pas de profondeur, elle congédia Mainfroi. Le jeune bâtonnier descendit du second étage sans effleurer les marches de l'escalier. Il avait des ailes ; celui qui aurait pu le suivre par les rues l'aurait entendu dire à chaque pas : Quelle femme ! quelle cause ! Peut-être ne savait-il pas lui-même si c'était la femme ou la cause qui faisait battre son cœur ; mais, comme il éprouvait le besoin très-naturel de babiller un peu sur l'une et l'autre, il s'en alla tout droit chez le premier président.

V

A sa grande surprise, il trouva le vieillard plus agité que lui-même. M. de Mondreville se leva, vint à lui, lui prit la tête et lui donna l'accolade en larmoyant : « Oui, cher enfant, j'étais sûr de vous voir aujourd'hui, et je vous remercie de partager ma joie. Ce jour est donc venu! Je puis chanter le cantique de Siméon. *Nunc dimittis!* »

Mainfroi craignit d'abord que cette expansion ne fût un symptôme de décadence sénile. « Mais vous ne savez donc pas? reprit le président. Il est garde des sceaux! »

— Qui?

— Mon copain! Le nouveau ministère est tout au long dans *l'Indépendance* ; il sera dimanche au *Moniteur*.

— Hum! Entre la coupe et les lèvres...

— Mais il me l'a écrit lui-même, ce cher ami; voici la lettre.

— Ceci change la thèse. Alors, monsieur, veuillez agréer mes compliments sincères et mes regrets, car le premier mouvement de l'illustre copain sera de vous confisquer au profit de la cour suprême.

— Pas si vite! Il faut attendre une vacance. Et qui sait s'ils voudront de mes vieilles lumières à Paris? Quant à vous, mon enfant, votre affaire est hors de doute. Aussitôt pris, aussitôt procureur général.

— Oh! mais non ; je refuse.

— Il a votre parole.

— Je la reprends. Ah! monsieur, si vous saviez quelle admirable affaire! Vous verrez! vous entendrez, car je me fais une fête de la plaider bientôt devant vous! Un droit évident qu'on a méconnu et nié quatre fois de suite! la femme la plus intéressante, la plus digne, la plus admirable, effrontément dépouillée par des collatéraux sans cœur! Je veux que la réparation soit aussi éclatante que l'iniquité fut énorme; je flagellerai l'odieuse belle-sœur; je souffletterai moralement l'indigne frère. Ah! tenez! à la veille d'un combat si légitime et si glorieux, je n'échangerais point ma toque d'avocat contre une couronne royale!

— Soit; mais contre un mortier de président?

— Pas même! Rien ne vaut le plaisir de demander justice.

— Vous oubliez le plaisir de la rendre, mon enfant. L'avocat propose, et le juge dispose

— Et le parquet?

— Il impose. Si je m'intéressais à quelque victime des iniquités sociales, je demanderais au bon Dieu, *primo* de présider l'affaire, *secundo* d'y remplir les fonctions du ministère public, *tertio* d'y plaider comme Démosthène ou comme vous, mon cher maître. Ce n'est pas moi qui parle, c'est l'expérience d'un vieux mentor. Mais quel est donc l'appel qui vous tient tant au cœur? Vient-il à la première chambre?

— Oui, monsieur. Vaulignon contre Vaulignon. C'est Picardat qui occupe pour Mme de Montbriand.

— Diable! diable! Litige épineux, mon fils. Je connais la question sur le bout du doigt; le maudit testament du marquis nous a donné bien de la tablature. En équité, je crois que votre cliente n'aurait pas tort, l'intimé m'a tout l'air d'un médiocre sire; mais ses mesures sont admirablement prises, la forme est pour lui. Si ma mémoire ne me trompe pas, le gain de la cause a tenu trois ou quatre fois à un cheveu ; malheureusement quand la balance s'entête à pencher du même côté, c'est que décidément il y a un plateau plus lourd que l'autre. Vous me direz que ce nouveau marquis de Vaulignon et sa femme ont fait flèche de tout bois : j'en conviens ; la brigue est forte, mais on s'est démené des deux parts. Il paraît que la marquise est en crédit à Munich ; elle fait agir la légation de Bavière ; notre garde des sceaux, celui qui part dimanche, a été sollicité diplomatiquement. De son côté, Mme de Montbriand est protégée par un gros sénateur, légitimiste rallié, et d'autant plus influent qu'il ne s'est pas vendu, mais donné. Vous savez que l'empire a des tendresses de parvenu pour ces messieurs de l'ancien régime, sitôt qu'ils daignent s'humaniser un peu. On combat les républicains à coups de trique et les royalistes à coups d'encensoir. Le ministre de l'intérieur a pris parti pour M. de Cayolles, qui adore Mme de Montbriand, quoique honnête femme ou plutôt *parce que*, un paradoxe de vieux beau ! On a donc opposé ministre à ministre, comme on pousse pion contre pion au début d'une partie d'échecs ; puis on a fait marcher les grosses pièces : le fou d'ici, la tour de là, enfin la dame et le roi lui-même... Que voulez-vous ? les suprêmes conséquences du gouvernement personnel ! Il s'ensuit que l'affaire Vaulignon est tendue à un point que je ne saurais dire. Il n'y a pas huit jours que Mme de Montbriand a signifié son acte d'appel, et déjà le garde des sceaux a fait savoir au procureur général qu'il eût à prendre la parole en personne et non par substitut. On compte sur lui pour enlever l'affaire, et on n'a peut être pas tort ; il tient pour les Bavarois, c'est connu ; vous aurez affaire à forte partie. Moi, je n'ai pas d'opinion préconçue, et vous pouvez compter sur mon attention la plus bienveillante, comme toujours. Trouvez l'argument décisif, mon jeune ami ; jetez un poids nouveau dans la balance, et je serai heureux de consacrer par un arrêt le plus étonnant de vos triomphes ; mais, puisque vous portez un intérêt si vif à Mme de Montbriand, dites-lui qu'elle ferait sagement de produire un mémoire à l'appui de sa demande : il faut préparer le terrain, ramener quelques esprits, et détruire les préventions que les succès constants de la partie adverse ont pu enraciner. »

Mainfroi n'eut garde de négliger un avis si paternel, et, soit que la publication de ce mémoire lui parût pressante, soit qu'il craignît de laisser refroidir l'éloquence qui bouillait en lui, soit qu'il trouvât charmant de se cloîtrer dans une pensée de plus en plus chère, il rentra, défendit sa porte et travailla d'arrache-pied jusqu'à minuit. Il fallut que la vieille Fleuron fît acte d'autorité en venant éteindre la lampe.

Le lendemain, au petit jour, il écrivit à Marguerite pour réclamer d'urgence un nouveau rendez-vous, et jusqu'au moment de la revoir il se tint occupé d'elle. Elle le reçut à midi, et il put déjà lui soumettre le canevas d'un travail net, logique, parfaitement ordonné, où les faits, serrés l'un contre l'autre, avaient l'air de soldats qui courent à la victoire. La jeune femme en fut ravie; elle croyait déjà l'affaire terminée.

« Patience! dit-il; ceci n'est que le plan d'un travail préparatoire; il vous faudra me fournir tout un monde de documents et de matériaux qui me manquent. C'est une collaboration longue et pénible que je viens solliciter; me l'accorderez-vous?

— Eh! grand Dieu! répondit-elle, quand tous mes intérêts ne seraient pas en jeu, je le ferais par plaisir, car votre compagnie est la plus adorable du monde. »

Elle avait quelquefois de ces boutades où le cœur part comme une arme à feu dans la main d'un enfant. Sa reconnaissance, son admiration, son amitié, éclataient à brûle-pourpoint, si brusquement que Mainfroi, ahuri, ne savait que répondre. Toute son expérience des femmes était désarçonnée par ces soubresauts. Marguerite ne ressemblait à rien de ce qu'il connaissait; ce n'était pas l'être faible, averti, cauteleux, provoquant et fuyard, qu'il avait maintes fois couru et forcé dans ses chasses à travers le monde, mais une nature droite et cavalière. Ses moindres politesses affectaient un air agressif, sans toutefois qu'un fat eût osé les interpréter en mal. C'était l'effusion d'un cœur chaud qui s'emporte; on y sentait peu de tendresse et surtout point de faiblesse.

La rédaction du mémoire prit une semaine, et, sauf quelques heures consacrées aux devoirs du palais, ils passèrent tous ces jours en tête-à-tête. Marguerite avait fourni sa bonne part de travail; elle écrivait d'un style net et tranchant, un peu âpre parfois, mais toujours digne et contenu. Quand la première épreuve sortit de l'imprimerie Maisonville, Mainfroi l'apporta tout humide et la lut à haute voix de bout en bout. Marguerite en fut transportée ; elle sauta au cou de son cher avocat et l'embrassa sur les deux joues, puis elle lui tourna le dos, s'installa devant la table, et, comme refroidie par cette explosion, elle se mit à feuilleter l'épreuve et à revoir les passages importants sans remarquer le trouble de Mainfroi. Quant à lui, il avait la tête un peu perdue ; la joie et l'étonnement le faisaient vaciller sur ses jambes ; son esprit courait à mille lieues du procès ; il commençait à se demander s'il ne jouait pas le rôle d'un séminariste et d'un sot. Au fort de ses perplexités, il aperçut le cou de Marguerite, très-allongé, très-souple et d'une blancheur éclatante, où tranchaient cinq ou six boucles de petits cheveux noirs. La nuque d'une jolie femme a des séductions que le vulgaire ne soupçonne pas, mais qui ravissent en extase les *dilettanti* de l'amour. Mainfroi s'approcha lentement, comme attiré par une fascination irrésistible, et sa bouche contre-signa l'hommage de ses yeux.

Mme de Montbriand bondit et se retourna vers lui tout d'une pièce, le visage en feu, le regard flamboyant, la lèvre frémissante : « Oh ! dit-elle.

— Chère madame, répondit-il avec un sourire avantageux, je ne vous rends que la moitié de ce que vous m'avez donné tout à l'heure. »

Elle ne comprit pas d'abord, et tandis que son esprit cherchait, ses yeux fixes gardaient leur expression hagarde. Lorsqu'elle eut trouvé le mot de l'énigme, elle reprit vivement :

« Non! cela n'est pas la même chose. Ce que j'ai fait, je l'aurais fait devant mille personnes, et vous, m'auriez-vous traitée de la sorte, si seulement Polyxénie avait été là? »

Il protesta de son respect et de son obéissance, se confondit en humbles excuses, et revint, par un détour habile, mais connu, à réclamer du bon vouloir de Marguerite ce qu'il avait obtenu par surprise.

La belle veuve (de sa vie elle n'avait été si belle), se recueillit une minute et répondit :

« Monsieur Mainfroi, si vous me demandiez la permission de m'embrasser, je n'aurais peut-être pas le courage de vous répondre non; mais j'estime que vous feriez mieux de ne me demander rien. »

Mainfroi mit un genou en terre et dit : « Revoyons notre épreuve. »

Ils travaillèrent ce jour-là comme deux hommes, et se quittèrent sans avoir parlé d'autre chose que du procès. Seulement, à la dernière minute, Mme de Montbriand prit la brochure et dit : « Nous avons oublié l'épigraphe.

— Que mettrez-vous?

— Ma devise, qui est aussi la vôtre. »

Rien ne fut changé dans leurs habitudes; ils se revirent le lendemain et tous les jours suivants aux mêmes heures et dans la même intimité; mais le laisser-aller des premiers jours ne se retrouva plus, chacun d'eux s'observait davantage : une révolution irréparable était accomplie; la gêne se glissa dans leurs rapports et la froideur se répandit peu à peu sur leurs entretiens. Cette gêne toutefois abondait en jouissances secrètes, et cette froideur cachait un feu tout nouveau. Un seul geste de Mainfroi avait tué le bon garçon chez Marguerite et réveillé ou éveillé la femme.

Cependant le mémoire était lancé; on ne parlait pas d'autre chose au palais et dans la ville. Le succès littéraire fut très-vif; on admira partout cette argumentation suivie, serrée, poignante, qui égorgeait l'adversaire sans sortir un moment du ton modéré et sans choquer aucune convenance. L'opinion publique se retourna; le parti pris de certains magistrats fut ébranlé. Le défenseur des Vaulignon, qui était un homme éminent, s'empressa de rédiger un factum énergique; mais il commençait à douter de la victoire, et il poussait ses clients à une transaction. Quelques officieux s'entremirent; on offrit à M*me* de Montbriand de lui laisser le peu qu'elle avait, et de lui parfaire en viager dix mille francs de rente. Le procureur général appuya sous main ces tentatives; il fit entendre à Mainfroi que sa cause, excellente en équité, mauvaise en droit, devait s'accommoder de la demi-satisfaction qui était offerte; mais l'avocat et la plaideuse maintinrent résolûment leur « tout ou rien. » Plus ils voyaient l'ennemi se démoraliser, plus ils s'affermissaient en courage.

La curiosité publique avait d'abord respecté le deuil et la misère de Marguerite; peu de gens la connaissaient en ville; les maisons qui s'étaient trouvées en relation avec son père ne jugèrent ni utile ni prudent de renouer avec elle. D'ailleurs le marquis Gérard et la petite Bavaroise avaient pris les devants en visitant à tort et à travers tout ce qui faisait un semblant de figure.

Mais lorsqu'on vit un personnage comme M. Mainfroi épouser publiquement les intérêts de la jeune veuve, lorsque le gain de sa cause parut assuré, lorsqu'enfin la malice ou le dépit des mères de famille insinua que le bâtonnier de l'ordre, en défendant Mme de Montbriand, combattait pour ses propres foyers, le monde avisé de Grenoble prit ses mesures en conséquence. On se dit que Mainfroi, célèbre comme il l'était, protégé par le nouveau ministre et de plus en plus prédestiné aux hautes fonctions de la magistrature, n'irait jamais s'enterrer à Vauiignon; il resterait en ville, et il y resterait très-riche, marié à une jeune femme, en position de recevoir souvent et bien. Cette maison, qui joindrait l'utile à l'agréable, serait peut-être difficile à forcer l'an prochain; pour l'instant, elle était ouverte à quiconque saurait prendre date et devancer la victoire. Il n'y avait pas à lanterner, si l'on voulait plaindre Mme de Montbriand en temps utile; aussi la foule envahit-elle en hâte ce pauvre logement où la veuve s'était morfondue à loisir. « Çà, madame, disait Polyxénie, avec une pointe d'humeur villageoise, il paraît que nous sommes devenues bien aimables depuis que le procès est à moitié gagné? » Marguerite, qui n'avait jamais su faire ni écouter un mensonge, éprouvait mille démangeaisons de rompre en visière à ces amis du bon moment; il fallut toute l'éloquence de Mainfroi pour dompter son honnête orgueil et 'amener à rendre une visite sur dix. Les maisons qu'elle honora de sa présence se transformèrent en foyers de propagande, en bureaux d'enrôlement, et comme l'avocat les avait choisies une à une avec son tact infaillible, l'élite de la ville fut bientôt rangée sous les bannières de Mme de Montbriand.

L'affaire était inscrite au rôle du mardi 23 janvier ; les plaidoiries, les répliques, les conclusions du procureur général et le prononcé de l'arrêt devaient prendre vraisemblablement deux audiences. Le mardi matin, à neuf heures, l'avoué Picardat força la porte de sa cliente et vint lui dire que Bénaud, l'avoué des Vaulignon, offrait six cent mille francs sur table. Marguerite répondit : « Je n'en demandais pas autant et c'est plus d'argent qu'il ne m'en faut pour vivre selon mes goûts ; mais si je transigeais une heure avant l'audience, j'aurais l'air de mettre en doute le succès de M. Mainfroi. L'affaire suivra son cours. »

Ce n'était ni l'amour de la paix ni la peur du scandale qui avait conseillé un si grand sacrifice à la marquise Augusta de Vaulignon. Elle jetait une partie de sa cargaison parce qu'elle voyait le navire à la côte. La veille au soir, dans tous les cercles de Grenoble, on avait fait des paris de proportion à neuf et dix contre un.

Les débats s'ouvrirent au milieu d'un silence avide. Le prétoire était gorgé de monde comme aux plus grandes fêtes de la Cour d'assises. On y remarquait la magistrature et le barreau, la haute bourgeoisie de la ville et la noblesse des environs, les officiers généraux de la garnison, les femmes du monde, cent cinquante ou deux cents amateurs d'éloquence judiciaire, députés par les doctes cités de Vienne, d'Aix et de Lyon, enfin la population rustique de Vaulignon et des Trois-Laux, qui ne paraissait pas tenir la balance égale entre la bonne demoiselle et l'étrangère. Le marquis Gérard et sa femme étaient présents; ce fut pour eux une rude journée. Polyxénie, rendant compte de la séance à sa maîtresse, les comparait à deux écrevisses dans l'eau qui chauffe. Non-seulement ils se virent malmenés par Mainfroi, mais ils connurent à des signes certains que l'assemblée, vassaux compris, les tenait en médiocre estime.

Mainfroi remplit la première audience à lui seul. Jamais il n'avait parlé si longtemps, avec cette abondance et cette ampleur. Les fanatiques de son talent se disaient à l'oreille : « C'est bien lui, et pourtant c'est un autre homme; Démosthène tourne au Cicéron; le courant de son éloquence s'enfle et déborde; c'est un ruisseau qui devient fleuve. » Les célébrités de province ont ainsi leurs enthousiastes, qui sont de fins critiques malgré tout, gourmets passionnément épris d'un certain crû, mais d'autant plus aptes à préférer le vin des bonnes années. Personne ne douta que cette transformation de Mainfroi ne fût un miracle de l'amour; les quelques sceptiques qui niaient sa passion pour Mme de Montbriand durent se rendre à l'évidence. L'auditoire ne lui sut pas mauvais gré de cette concession aux faiblesses humaines; on lui avait déjà reproché la froideur de ses plaidoiries, et certaine rigidité métallique qui rappelait un peu trop le style impassible de la loi. La foule prit plaisir à s'échauffer avec lui; la sympathie publique éclata plus de vingt fois en applaudissements que les audienciers réprimèrent par habitude, mais sans conviction et sans autorité. Le président, ému lui-même jusqu'aux larmes, oubliait de réclamer le silence.

Au sortir de l'audience, Mainfroi s'enfuit au grand trot de ses chevaux; il était temps : les braves gens de Vaulignon et des Laux le cherchaient pour le porter en triomphe. Il courut chez Mme de Montbriand et lui dit : « Ma belle cousine, voulez-vous me donner à dîner? Ou je me trompe fort, ou je vous apporte le pain. »

Le lendemain, même affluence au palais. L'avocat du marquis Gérard parla longtemps et parla bien, sans espoir de gagner la cause. Il maintint ses conclusions pour la forme, mais en homme qui serait content de s'en voir adjuger le demi-quart. Mainfroi répliqua en peu de mots, la duplique de l'adversaire fut traînante et mal écoutée. L'intérêt se portait de plus en plus sur le procureur-général, M. Sébert. On savait qu'il s'était montré favorable au fils Vaulignon; on ne supposait pas que l'éloquence de Mainfroi eût glissé sur ses préventions sans les entamer; on le savait honnête et consciencieux, mais d'une impartialité qui frisait parfois l'irrésolution.

A quatre heures moins quelques minutes, M. Sébert déclara qu'attendu l'heure avancée et l'importance de l'affaire, il demandait remise à huitaine pour les conclusions du ministère public. Le président leva la séance, et la foule s'écoula en murmurant un peu.

Lorsque Mainfroi rentra chez lui, il trouva sur sa

table un pli du télégraphe. La dépêche, transcrite sur grand papier, se formulait comme il suit :

« Le ministre de la justice à M. le comte Mainfroi de Gartières.

« Je suis heureux de vous annoncer qu'un décret rendu sur ma proposition, en date de ce jour, vous nomme procureur-général près la cour de Grenoble. »

Décidément le copain de M. de Mondreville avait bonne mémoire. Il se rappelait même un point négligé depuis deux générations par la famille Mainfroi. L'aïeul paternel de Jacques était comte de l'empire, et il n'avait tenu qu'à lui de rendre son titre héréditaire en érigeant en majorat une terre de dix mille francs de rente; mais pour substituer perpétuellement un grand tiers de sa fortune, cet honnête homme aurait dû dépouiller en partie quatre enfants, sur cinq qu'il avait. Voilà pourquoi Jacques et son père étaient restés Mainfroi tout court. Or depuis quelque temps le conseil du sceau des titres adopte une jurisprudence qui abolit rétroactivement la cause du majorat : il est naturel que le second empire ne marchande pas trop la noblesse du premier.

Gartières était le nom d'un petit bien de campagne conservé depuis longtemps dans la famille et qui restait à Jacques. Trois ou quatre Mainfroi, entre le XVe et le XVIIIe siècle, ont cousu Gartières à leur nom pour se distinguer des Mainfroi de Bois-Vizille et des Mainfroi de Jaubeuf, éteints aujourd'hui.

Le ministre n'avait pu être si bien renseigné que par M. de Mondreville; ce bon vieillard, un peu trop entiché lui-même de sa noblesse, s'indignait par moments qu'on ne fût pas titré lorsqu'on prouvait trente-deux quartiers et le reste.

« Bah! répondait Mainfroi, je ne pourrais jamais être aussi vain de mon titre que je suis orgueilleux de mon nom. »

Vingt fois peut-être il avait tenu ce langage, et toujours dans la sincérité de son âme; mais maintenant qu'il avait le titre et le nom devant lui, maintenant qu'il lisait et relisait sur la dépêche ministérielle ces cinq mots parfaitement assortis : *le comte Mainfroi de Gartières*, il lui semblait que le tout formait naturellement une harmonie majestueuse, et qu'en retrancher la moindre syllabe serait un crime de lèse-grandeur. Cette contemplation l'enflait à ses propres yeux; l'idée d'un avantage superficiel, extérieur, dû aux services d'un mort et à la bienveillance d'un homme en place, lui fit oublier un instant son vrai mérite et ce succès tout chaud qu'il ne devait qu'à lui-même. Toutefois, comme il n'avait rien d'un sot, cette ivresse fut bientôt cuvée; il arriva promptement à se la reprocher et voulut en sonder la cause. Il descendit au fond de son cœur et trouva, quoi? Le vague sentiment de l'attraction qu'un titre exerce sur les femmes, l'idée d'une plus value matrimoniale, le regret de n'avoir pas été comte de Gartières à trente ans : c'était penser à Marguerite. Il ne se dit pas : « Maintenant je suis à même de lui offrir un nom aussi brillant que celui de son père ou de son premier mari. » Tout occupé qu'il était de la belle veuve, il ne s'avouait pas qu'il en fût amoureux, ou, s'il se l'avouait parfois, c'était avec le ferme propos de se vaincre et de respecter une loyale créature qui ne pouvait être sa femme. Il n'admettait pas l'hypothèse d'un mariage avec cette cliente qui lui devrait tout : sa délicatesse et sa dignité lui fermaient les perspectives de l'avenir; mais il prenait un plaisir amer à bâtir mille châteaux en Espagne dans l'irréparable passé.

Sa rêverie fut coupée au plus bel endroit par un billet de Marguerite. « Mon cher cousin, écrivait-elle, n'aurai-je pas le plaisir de vous remercier aujourd'hui ? » Il réfléchit qu'il aurait mauvaise grâce à dédaigner des éloges qui devaient être ses seuls honoraires, et il courut chercher le denier de la veuve avec un empressement qu'il se déguisait à lui-même. « Polyxénie, dit-il en entrant, annoncez M. le procureur général.

— Une farce, monsieur?

— La vérité, ma fille.

— Mais vous n'avez rien de changé ! Enfin, puisque ça vous amuse... Monsieur le procureur général ! »

A ces mots, il se fit un brouhaha dans le petit salon, puis un grand bruit de chaises suivi d'un profond silence. Mainfroi tombait au milieu d'un encombrement de visites, et le procureur général annoncé à brûle-pourpoint chez une plaideuse, c'était un coup de théâtre comme Grenoble n'en avait jamais vu. « Comment ! s'écria Marguerite, c'est vous ! La folle !

— Elle n'a pas menti. J'ai reçu ma nomination en sortant de l'audience. »

On s'empressa autour de lui pour le complimenter

à la ronde. Un des assistants remarqua qu'il avait commencé sa carrière d'avocat par un Marengo et qu'il la terminait par un Austerlitz.

« Ainsi donc, demanda Mme de Montbriand, vous ne plaiderez plus !

— Jamais, madame.

— Et si cette nouvelle était arrivée hier matin, vous n'auriez pas pu me défendre ?

— Comme avocat, certes non.

— Alors béni soit Dieu d'avoir retardé l'aventure !

— Dieu, ou le ministre, on ne sait.

— Mais, j'y pense, si vous êtes procureur général, M. Sébert ne l'est plus. Moi qui avais si grand'peur de lui, je n'ai plus rien à craindre ! C'est vous qui prendrez la parole au nom du ministère public, et vous n'aurez qu'à dire : Messieurs, je vous renvoie à la plaidoirie de Me Mainfroi, elle exprime mon opinion tout entière.

— Ah ! pardon. Ce procédé simplifierait les choses, mais je doute qu'il soit permis.

— Si la loi le défend...

— Non ; la loi qui pense à tout, n'a point prévu le cas, que je sache. Elle interdit au juge de siéger dans une affaire où il aurait plaidé, elle semble ignorer qu'un simple avocat, par un coup de fortune, peut devenir de but en blanc chef du parquet ; mais où le code ne dit rien, les convenances décident. Je céderai la place à un avocat général ou à un substitut.

— En avez-vous le droit ? Est-ce que le garde des sceaux n'a pas formellemnnt demandé que le procureur général parlât en personne ?

— C'est, ma foi, vrai! je l'avais oublié; mais le ministre qui a donné cet ordre est remisé sous la coupole du Sénat; son successeur, que je verrai sans doute avant trois jours, est le plus galant homme du monde, et je suis sûr de m'entendre avec lui. »

Les nominations parurent au *Moniteur* le jeudi 25 et arrivèrent à Grenoble le vendredi. M. Sébert était nommé président de chambre à la cour de Bordeaux, pas un mot sur le sort de M. de Mondreville. Mainfroi partit pour Paris le soir même, et courut s'inscrire chez le copain, qui était au conseil. Dans la journée du samedi, il reçut un billet très-cordial qui l'invitait à déjeuner le lendemain au ministère.

L'homme d'État l'accueillit à bras ouverts et s'excusa de lui rendre un déjeûner d'auberge en échange du bon dîner de Fleuron. Aux premiers mots de remercîments, il interrompit son convive et lui dit : « Vous ne me devez rien ; c'est mon vieil ami Mondreville qui a tout fait. Il a même retardé votre nomination pour vous laisser le temps de plaider la grande affaire. On dit que vous avez été admirable ; *l'Impartial* et le *Courrier* célèbrent votre éloquence; bravo ! J'ai fait vœu d'écrémer l'ordre des avocats au profit de mes parquets. Sébert était insuffisant, je l'ai envoyé s'asseoir. Il est cause que l'arrêt n'est pas rendu, et que le public et les plaideurs sont encore dans l'anxiété.

— Le pauvre homme était d'autant plus embarrassé qu'il avait reçu l'ordre de prendre parti dans l'affaire. J'aime à croire, monsieur, que vous n'entendez pas me faire hériter de cette obligation ?

— Je n'ai rien à vous dire, je ne sais rien, je ne veux pas connaître du procès Vaulignon, ni d'aucun autre. L'intervention du pouvoir exécutif dans les affaires civiles est un abus contre lequel je réagirai de toutes mes forces. Ne prenez conseil que de vous-même, ne suivez que les impulsions de votre conscience, ne faites que le bien, et soyez sûr *a priori* que je suis d'accord avec vous.

— Ce n'est pas tout d'avoir raison, il faut encore y mettre les formes, et si je montais au parquet mercredi prochain pour appuyer ma plaidoirie de mercredi dernier, on trouverait assurément que j'abuse.

— L'affaire revient donc mercredi? Eh bien ! pour vous mettre à votre aise, je vais tâcher qu'on fixe à mercredi votre audience de serment. Il faudra, bon gré, malgré, que la cour s'arrange sans vous, et vous trouverez l'arrêt rendu en revenant à Grenoble. »

Mainfroi ne demandait rien de plus. Au dessert, il risqua une allusion délicate à ce titre de comte dont on l'avait gratifié sans son aveu. Selon lui, M. le premier avait poussé la bienveillance un peu trop loin dans cette affaire. « Ne vous en prenez qu'à moi seul, dit le ministre. Mondreville m'a fourni les renseignements, mais sur mon initiative. Notre devoir n'est pas seulement d'empêcher l'usurpation des titres par nos jeunes ambitieux en robe ; je ne dois pas tolérer qu'un homme de votre naissance commette par modestie une usurpation de roture. Si le respect de la justice est ébranlé par la fausse noblesse, son prestige est doublé par la vraie. Habituez-vous donc à signer le nom de vos aïeux tout au long ; cela vous paraîtra d'abord compliqué, mais cette nouveauté ne déplaira pas à Mme la comtesse Mainfroi de Gartières. Vous voyez que je suis au courant. »

Jacques bondit sur sa chaise. « Ah ! monsieur, s'écria-t-il, je vous jure qu'on vous a mal informé.

— Tant pis ! Vous êtes d'une race qu'il ne faut pas laisser éteindre, et le mariage qu'on annonçait publiquement à Grenoble me semblait fort bien assorti.

— Il est certain que la personne dont on vous a parlé mérite tout le respect et tout l'attachement d'un homme ; il est vrai que je l'ai recherchée avant son mariage et que je ne me suis pas vu devancé par un autre sans éprouver quelque regret ; mais depuis qu'elle a bien voulu m'appeler à son secours, pas un mot, pas un signe ne m'a donné lieu de penser qu'elle m'honorât de la moindre préférence. Et d'ailleurs, fût-il vrai qu'elle m'aime autant que je l'estime, il n'en résulterait qu'un éternel chagrin pour elle et pour moi, car je ne puis l'épouser sans encourir le mépris du monde et le mien.

— M'est avis qu'en ce moment le ministère public pousse les choses au noir. Je vous assure, monsieur, que mes amis, qui sont un peu les vôtres, envisagent cette union d'un fort bon œil et ne la trouvent en rien méprisable.

— C'est qu'ils ne sont pas à ma place, monsieur, et vous m'accorderez, sans doute, que je suis le meilleur juge de mon honneur. Lorsque Mme de Montbriand (j'ose la nommer) m'a prié de défendre son appel, la cause était plus que perdue. La pauvre

femme se trouvait exactement dans la position de ces plaideurs désespérés qui se livrent pieds et poings liés à un petit maquignon d'affaires. On lui dit : « Sau-
« vez ma fortune, et je vous en abandonne la moi-
« tié ! » Ma cliente est venue à moi par un autre chemin ; elle m'a dit : « Sauvez-moi, et je promets de ne « vous rien donner en échange. » Si maintenant je demandais ou j'acceptais sa main, qui ne va pas sans sa fortune, quelle différence y aurait-il entre le comte Mainfroi de Gartières et les petits avocats véreux ?

— Il y en aurait une immense, à mon avis ; mais j'avoue que les envieux ne manqueraient pas de gloser. Nous sommes loin du bon vieux temps où le moindre chevalier qui avait sauvé la princesse l'épousait sans scrupule aux applaudissements des peuples. J'ai encore vu l'époque où le premier médecin venu, ni riche, ni beau, ni très-jeune, arrachait une malade à la mort et la conduisait à l'autel sans trop scandaliser les gens. On disait dans le public : « Tant mieux « pour lui, et sa femme n'est pas à plaindre ; mieux « vaut encore épouser son médecin que de mourir. » Aujourd'hui, pour quelques malheureuses pièces de cent sous que vous aurez rendues à une jeune et jolie femme qui vous aime et que vous aimez, la délicatesse vous interdit de faire son bonheur et le vôtre. Ah ! le monde a des raffinements d'honneur, de susceptibilités maladives que j'admire, d'autant plus que nous savons, vous et moi, si les voleurs, les mendiants et les mouchards y forment une imposante minorité.... Mais je n'insiste pas, n'écoutez que vos sentiments, et, si la conscience vous défend d'épouser

ıne ancienne cliente enrichie par vous, mariez-vous
à la Magistrature !

— Ainsi ferai-je, » répondit Mainfroi.

Son absence ne dépassa point le terme convenu ;
toutefois, il s'ennuya fort au pays des plaisirs faciles.
En dépit du préjugé qui veut que les journées de
Paris soient particulièrement courtes, il eut beaucoup de mal à tuer le temps, surtout aux heures qu'il
avait coutume de perdre chez Mme de Montbriand.
Un silence se faisait en lui ; il se sentait désœuvré,
inutile, incapable ; et s'il essayait de se secouer, le
cerveau restait silencieux comme un grelot vide. Il
monta en wagon le vendredi soir, plus joyeux qu'un
lycéen qui part en vacances. Aussitôt débarqué et
baigné, il courut chez M. de Mondreville sous prétexte
de lui porter les amitiés du ministre, mais surtout
pour apprendre une nouvelle que ni Fleuron ni Dominique n'avaient su lui donner.

Le premier président lui parla de tout, excepté de
l'arrêt, et la visite commençait à trainer en longueur, lorsque Mainfroi, prenant son grand courage,
demanda d'un air détaché ce qui s'était passé la veille
à l'audience.

« Mais peu de chose, répondit le vieillard. Nous
avons confirmé deux jugements, je crois. Verdon
contre Minguy et Lefranc contre Bonnard.

— Eh bien ! et Vaulignon ?

— Nous vous avons attendu.

— Là !... mais pourquoi ? Dans quel intérêt ? Mon
bon monsieur de Mondreville, je vous le demande au
nom du ciel : avait-on besoin de moi pour rendre un

arrêt qui est peut-être ici tout rédigé sur le coin de votre bureau?

— En effet, j'ai tracé une légère esquisse, et je ne crains pas de vous dire entre nous que vos conclusions seront adjugées. La cause, en droit, n'a jamais été qu'à moitié bonne; il n'était pas en votre pouvoir de la rendre excellente. Je ne sais ce qu'on pensera de nous en cassation, mais n'importe : vous avez enlevé la cour et le public, et la cause, bonne ou mauvaise, est gagnée. Vous avez procédé par voie sentimentale; la pitié, l'indignation, le mépris ont plus de part à la victoire que le raisonnement; bref, s'il faut vous dire toute ma pensée, c'est un succès d'assises que vous remportez là. Or le parquet, vous le savez, se pique de réagir contre ces entraînements de la faiblesse humaine. Nos avocats généraux, nos substituts eux-mêmes, sont d'avis que la cour s'est laissé attendrir comme un simple jury. S'ils n'étaient retenus par de hautes convenances, j'en connais au moins deux qui discuteraient sévèrement votre plaidoirie; mais le moyen, je vous le demande, maintenant que vous planez sur eux? Devant la résistance des uns et l'abstention systématique des autres, je me suis arrêté à un parti qui ne compromettra personne. Après tout, il n'est pas indispensable que le parquet ait des lumières à lui dans chaque affaire civile; sept fois sur dix, ces messieurs s'en remettent à la sagesse de la cour ou du tribunal. Vous pourriez donc, si je ne me trompe, occuper le siège du ministère public; vous diriez qu'un avis du garde des sceaux, antérieur à votre nomination, invite le procureur général à conclure en personne dans cette affaire; mais que, pour des raisons faciles à comprendre, vous vous en rapportez au sentiment de la cour. Qu'en pensez-vous?

— Je pense, répondit Mainfroi, que la cause me semblait absolument bonne, et je me demande si la force de mes raisons a pu s'éventer en huit jours comme le vin d'une bouteille débouchée.

— Pas d'exagération, mon enfant! Après tout, vous gagnez.

— J'entends bien; mais si le gain de la cause suffit à l'avocat, ce n'est peut-être pas assez pour un procureur général et pour....

— Et pour un Mainfroi? Bien, mon fils! Ce sentiment vous fait honneur, mais ne vous mettez pas en peine. Les questions de forme, quelque importantes qu'elles soient, sont et seront toujours secondaires. Le premier devoir du magistrat est de faire justice, c'est-à-dire de protéger les honnêtes gens contre les coquins. Les époux Vaulignon sont de vilains personnages, malgré tout le soin qu'ils ont pris de se mettre en règle avec la loi; Mme de Montbriand est une femme de bien qui réclame son patrimoine et que nous ne devons pas réduire à la misère, quelque imprudence qu'elle ait mise à se dessaisir. Voici la minute en question; je ne crois pas violer le secret des délibérations en la communiquant au premier magistrat du parquet. Les *attendu* vous paraîtront assez concluants, je m'en flatte, et l'arrêt suffisamment motivé. »

L'exposé des motifs et l'arrêt emplissaient quatre pages de petit texte; Mainfroi n'en fit qu'une bouchée, puis il remercia M. de Mondreville, et prit congé de lui en dissimulant comme il put le trouble et l'oppression qui lui restaient de sa lecture.

« Ce pauvre premier, pensait-il, est le meilleur et le plus digne des hommes, mais ses facultés baissent : voilà un arrêt motivé en dépit du sens commun. »

Dans cette affligeante pensée, il s'en alla, comme à son ordinaire, chez Mme de Montbriand. Marguerite l'attendait; elle le reçut avec une expansion de bonheur qui la rendait tout à fait belle; mais il resta rêveur, inquiet et morose, moins heureux d'être là que désireux de se retrouver seul avec l'idée qui l'absorbait. Rentré chez lui, il s'escrima toute la soirée et toute la nuit à défaire et à refaire les malheureux *attendu* de M. de Mondreville, sans pouvoir se contenter lui-même. Le labeur et l'anxiété de cette longue veille au lendemain d'un voyage le mirent sur les dents; il avait une fièvre de fatigue, de doute et de dépit.

« Est-ce donc moi qui suis en décadence? disait-il, ou faut-il croire que la rédaction d'un arrêt comporte un talent qui me manque? C'est une littérature de précision, j'en conviens, tandis que l'éloquence judiciaire se borne à présenter artistement des à peu près.... Mais la cause était bonne, morbleu! quand je l'ai plaidée, et maintenant qu'elle est gagnée, il me semble à moi-même qu'elle ne vaut plus rien. Pourquoi? Sans doute parce que je ne suis plus avocat, et qu'ayant changé de point de vue j'envisage une autre face des mêmes objets. Il n'y a pourtant pas deux justices, pas plus qu'il n'y a deux morales ou deux vérités. Travaillons! travaillons encore, et battons le caillou jusqu'à ce que l'étincelle jaillisse! »

Il débitait son monologue en marchant à grandes enjambées d'un bout à l'autre de l'appartement, et cette promenade fébrile le ramenait toutes les cinq minutes à la salle de réception où les Mainfroi du vieux temps formaient la haie sur son passage. Ces portraits n'étaient pas tous des œuvres de maîtres : à part un Philippe de Champaigne, un Rigaud et un Largillière, la galerie n'avait d'autre mérite que l'authenticité; mais tous les visages, sans exception, étaient empreints d'une noblesse et d'une sérénité grandioses. Le calme imposant des ancêtres contrastait sévèrement avec l'agitation maladive de leur héritier. Jacques voyait les regards austères de ces grands magistrats s'abaisser avec compassion sur sa personne nerveuse et frémissante.

« Eh bien! quoi? leur dit-il; que me reprochez-vous? Je suis un fils dégénéré peut-être? Non! je suis un peu jeune, voilà tout. Je ne suis encore qu'un homme, et je commence à comprendre aujourd'hui que, pour disposer de la vie, de la fortune et de l'honneur d'autrui, pour devenir un vrai magistrat, il faut s'élever au-dessus de l'homme. Vous avez tous monté cet échelon invisible; moi, je m'y heurte au premier pas, et je me fais mal. Qui sait si vous n'avez pas éprouvé le même accident à mon âge? Vos fronts n'ont pas toujours été si impassibles ni vos regards si majestueux. Attendez, et comptez sur moi! »

Il ramassa tous les papiers qu'il avait noircis depuis la veille, et courut chez le premier président. Ses traits étaient si visiblement altérés que le vieillard lui demanda s'il était malade.

« Je suis bien pis que malade, répondit-il; depuis

tantôt vingt-quatre heures, j'ai l'esprit à l'envers..
Vous m'avez dit hier que la cause n'était qu'à moitié
bonne, et vous savez si j'ai protesté. Maintenant,
cher monsieur, je vous supplie de me prouver
qu'elle est à moitié bonne, car plus je l'examine,
plus elle me paraît mauvaise, et moins l'arrêt qui
adjuge les conclusions de Mme de Montbriand me
semble motivé. Vous dites : « Attendu qu'il est inad-
« missible que la veuve de Montbriand se soit dé-
« possédée de la presque totalité de ses biens autre-
« ment qu'à titre de prêt, et se soit volontairement
« réduite à la misère ; » cette assertion que j'ai plaidée, est contredite par tous les faits de la cause.
Non, Mme de Montbriand n'a pas prêté sa fortune à
son père, elle la lui a donnée ; elle a refusé non-seulement toute garantie, mais jusqu'aux simples reçus ;
elle n'a accepté que des actions de grâces en échange
d'un don pur et simple. Elle comptait si peu sur un
remboursement ultérieur qu'elle a même caché au
marquis une notable partie de ses sacrifices, payant
les huissiers de la main à la main et leur recomman-
dant le silence. On dit qu'elle ignorait le testament
qui l'exclut de l'héritage paternel et donne Vaulignon à son frère : j'en conviens ; mais l'eût-elle
connu, elle n'aurait pas moins accompli son sacrifice. Il appert de tous ses actes que la noble créature
n'avait qu'un but, et que ce but était d'assurer le
repos du marquis, d'empêcher que ce propriétaire
monomane n'attentât à sa propre vie, comme il
l'avait annoncé, le jour où l'hypothèque judiciaire
frapperait son cher domaine. Vous dites : « Attendu
« que le marquis, vivant avec sa fille dans les termes

« les plus affectueux et légitimement indigné de l'in-
« gratitude de son fils, ne pouvait accepter une libé-
« ralité dont l'effet facile à prévoir, au moins pour
« lui, devait être de réduire celle-là à la mendicité
« en laissant celui-ci dans l'opulence. » Erreur !
monsieur le président. Je vous accorde que le vieillard ne haïssait point sa fille ; grâce à Dieu, il n'était pas encore dénaturé à ce point. Nous dirons même qu'il l'aimait, si vous voulez, mais il l'aimait comme on aime les filles dans la famille Vaulignon et dans beaucoup d'autres de notre caste. On se ferait un crime de les envoyer mendier leur pain ; on trouve juste et naturel de les emprisonner dans un couvent pour la vie. Tel est le sort que le marquis a rêvé de tout temps pour sa fille, et je jurerais qu'en exploitant la facile bonté de Marguerite, en ruinant cette infortunée au profit du château et des bois de Vaulignon, il parodiait le mot de Mme de Pompadour et disait : « Après moi, le couvent ! » La conduite de son fils l'indignait, je l'avoue, et certes il y avait de quoi ; mais comptez-vous pour rien la manie du propriétaire et l'insurmontable orgueil du nom ? Ce fils ingrat, indigne, détestable et même détesté par boutades était un Vaulignon, et le seul de sa génération. Lui seul pouvait perpétuer cette union du nom et de la terre, que le vieillard avait tant à cœur dans son orgueil de gentilhomme et de propriétaire foncier. Et tenez, monsieur le président, lorsque je reste à ce point de vue et que j'examine le second testament du marquis, cette pièce dont j'ai tiré parti la semaine dernière se dresse victorieusement contre nous. D'abord ce n'est qu'un projet, ou mieux l'é-

bauche d'un projet, jetée *ab irato,* dans un mouvement de dépit, sur un lambeau de registre, au verso d'une feuille où je lis : « Chiens d'ordre, Ravageot, Fido, Mazaniello, Ravaud, Ronflot, Castillo, etc. » Ce brouillon, jeté au hasard, exprime-t-il la volonté de l'homme ferme et résolu qui vint la nuit, par un froid rigoureux, déposer chez Foucou son testament en forme authentique? « Moi soussigné, » dit-il. Il a donc l'intention de signer. Or, il ne signe pas, et pourquoi ? Parce qu'au moment d'aliéner le domaine qu'il adore, au moment de donner Vaulignon à une fille très-méritante et très-digne, mais qui ne porte et ne peut pas porter son nom, le cœur lui manque, la plume lui tombe des mains. Ce mot interrompu résume tout le procès, monsieur le président. Il nous montre la faiblesse, l'égoïsme et l'ingratitude du père, et l'imprudence désormais irréparable de la fille. Mme de Montbriand a donné, donné tout son bien, sans condition, à un homme qui n'avait pas mérité et qui n'a pas reconnu ce sacrifice. Elle a dilapidé noblement, héroïquement sa dot et son douaire. Que vient-elle réclamer aujourd'hui ? Sa légitime ? Elle l'a reçue en mariage. Une créance ? On n'est pas créancier lorsqu'on est donateur ! »

M. de Mondreville avait écouté cette tirade avec une stupéfaction croissante. Quand l'orateur s'arrêta pour reprendre haleine, il lui dit :

« Eh ! mon enfant, où courez-vous ? Vous voilà maintenant plus royaliste que le roi. O jeunesse! D'un extrême à l'autre, en un seul bond ! L'arrêt n'est pas aussi mal fondé que vous dites ; si je l'ai rédigé sans enthousiasme, je ne suis cependant pas homme à le déchirer sans discussion. Rappelez-vous mon premier mot quand vous m'avez parlé de cette affaire : litige épineux, vous ai-je dit. En effet, le pour et le contre me semblaient presque également soutenables, et je voyais la cour à peu près partagée, sauf une légère tendance à confirmer le jugement. Vous vous êtes jeté tout entier dans la balance, à corps perdu, et je sais que depuis huit jours, grâce à vous, la majorité est déplacée. Vous n'avez pourtant pas convaincu tout le monde, et cette opinion qui vient d'éclore dans votre esprit a toujours conservé des adhérents. S'ils ne sont pas en nombre, tant mieux pour vous, car enfin vous n'êtes pas devenu subitement l'ennemi de cette belle cliente. Laissez-nous faire, pratiquez la maxime des plus illustres sages de l'antiquité : contiens-toi et abstiens-toi !

— Ai-je le droit de m'abstenir ? S'il est vrai, comme vous le croyez, que ma parole ait fait pencher la balance, je suis la cause déterminante de l'arrêt ; la vraie responsabilité retombe sur ma tête, et c'est sous de tels auspices, monsieur, que je ferais mon pas dans la magistrature !

— Mais quand on vous dit que l'affaire a deux faces !

— Et si je n'en vois plus qu'une ! Et si, juste au moment où la cause m'apparaît sous son mauvais côté, je suis appelé à me prononcer publiquement, non plus en mon nom personnel, mais au nom de la société, au nom de la loi et des principes de l'éternelle justice ?

— Parlez-vous sérieusement ? Seriez-vous homme

à vous élever contre vous-même et à ruiner l'effet de votre plaidoirie ?

Pourquoi pas ? Les entraînements de l'avocat passionné sont excusables ; la complicité, même tacite, du magistrat serait criminelle.

— Ah ! les grands mots !

— Cherchez dessous, mon bon et vénérable ami ; vous trouverez un grand courage et un grand sacrifice.

— Tu n'es qu'un grand enfant, mais il faut que je t'embrasse. Si ton pauvre père était encore de ce monde, il serait fier de toi. »

VI

Ni ce jour-là, ni le lendemain, Jacques ne se présenta chez Marguerite. Il se calfeutra dans son cabinet, travailla dix-huit heures sur vingt-quatre, et reprit le dossier d'un bout à l'autre sans pouvoir retrouver cette belle conviction qui avait inspiré sa plaidoirie. Tout au contraire : plus il creusait, plus il s'affermissait dans la négative.

Mme de Montbriand lui écrivit le premier soir un billet où le badinage mondain cachait mal une secrète inquiétude. Elle l'avait trouvé froid et gêné la veille ; or, il arrivait de Paris, il venait de côtoyer un monde où elle comptait des amis chauds et des ennemis dangereux ; l'esprit de Mme Augusta de Vaulignon était fertile en calomnies ; il se pouvait qu'on eût noirci le dévouement si désintéressé du pauvre

M. de Cayolles ; bref, la pauvre femme craignait tout, hors son véritable danger. Il répondit sur un ton amical et triste, alléguant un travail qui n'avait rien d'attrayant. Le lendemain, Polyxénie apporta une lettre longue et pressante ; on s'étonnait qu'il pût avoir des occupations si tyranniques ; les femmes ne croient pas au travail ; de toutes les excuses, c'est la seule qu'elles n'aient admis dans aucun temps. On lui rappelait qu'avant la grande bataille, au plus fort des armements, dans le coup de feu de son éloquence, il trouvait tous les jours quelques minutes à perdre en compagnie de sa cousine. « La désertion d'hier et d'aujourd'hui est d'autant plus impardonnable, disait-elle, que bien certainement vous ne travaillez pas pour moi. »

Il écrivit :

« Hélas ! non, ma belle, chère et touchante cousine, je ne travaille pas pour vous. Non, non ! Dieu seul peut prévoir aujourd'hui le jugement que vous porterez sur ma douloureuse élucubration. Quoi qu'il arrive, ne me détestez pas : c'est la seule grâce que j'implore dans le présent et dans l'avenir.

« A vos pieds,

« JACQUES MAINFROI. »

Quelque peu soulagé par cette demi-confidence, où Marguerite ne comprit rien, il se replongea dans l'étude et travailla encore le jour suivant sans égard à la loi du repos dominical. Mme de Montbriand, piquée au vif, ne le dérangea plus.

Le lundi matin, vers neuf heures, il reçut la visite

du premier avocat général, M. Boutan. La porte étant toujours condamnée, M. Boutan avait forcé la consigne. C'était un homme d'âge et d'expérience, mais d'une verdeur extrême, et réputé pour sa franchise autant que pour son savoir. Il venait en son nom personnel, mais à l'instigation de M. de Mondreville, qui lui avait annoncé le revirement de Mainfroi. Avec un tact parfait, il aborda l'affaire en homme qui s'incline devant son supérieur actuel sans oublier qu'un mois plus tôt il s'intéressait encore à ce jeune avocat. « Monsieur, dit-il, le bruit court au palais que l'affaire Vaulignon vous est apparue sous un nouveau jour.

— En effet, monsieur, répondit Jacques.

— Permettez-moi de m'en féliciter au nom de tout votre parquet, qui a partagé vos sentiments en mille occasions, et qui est heureux de se retrouver d'accord avec vous après une divergence passagère.

— Pensez-vous que le parquet soit unanime sur cet appel ?

— Je suis en mesure de l'affirmer. La sympathie, l'équité même a beau parler en faveur de Mme de Montbriand, le droit n'est pas pour elle, et tous, sans exception, si nous avions la parole, nous supplierions la cour d'oublier l'admirable plaidoirie qui l'a émue, et de confirmer simplement la sentence des premiers juges.

— Cela étant, monsieur, je m'étonne que toute la magistrature debout se soit abstenue quand mon éloignement lui faisait si beau jeu.

— Votre absence n'était pas officiellement annoncée. L'eût-elle été, nous aurions craint d'encourir le reproche de discourtoisie et de quasi-trahison. Ajoutez qu'on ne se résigne point de gaieté de cœur à jeter dans l'indigence une personne intéressante, loyale, chevaleresque jusqu'à la folie, puisque non-seulement elle s'est ruinée par amour filial, mais encore qu'elle a refusé, par délicatesse, une transaction qui lui laissait trente mille francs de rente.

— A quelle époque, s'il vous plaît?

— Le matin même de l'audience, une heure avant votre plaidoirie.

— Impossible! De qui tenez-vous cette histoire?

— Des deux avoués, de Béraud et de Picardat.

— Et pourquoi n'en ai-je rien su?

— Je l'ignore.

— Par quels motifs a-t-elle pu, la malheureuse femme, repousser un arrangement si honorable et si avantageux!

— Elle a dit que, sa cause étant remise entre vos mains, elle ne pouvait plus transiger sans vous faire injure.

— Elle pouvait au moins me demander avis; mais n'importe. Quelles sont vos intentions, monsieur? car je suppose que vous avez quelque combinaison à me proposer.

— La plus naturelle de toutes. Je vous demande la permission d'occuper le siége du ministère public et de conclure, avec tous les égards qui vous sont dus, mais avec toute la fermeté que je dois aux principes, contre l'appel de Mme de Montbriand. »

Mainfroi se recueillit un moment, s'arma de tout

son courage et répondit : « Décidément, monsieur, j'aime mieux me fustiger moi-même. L'autorité du procureur général restera plus intacte, et l'exemple sera plus grand. »

Et comme M. Boutan objectait que la chose était sans précédents, il répliqua : « Tous les actes un peu mémorables se sont produits sans précédents, et c'est à cette circonstance qu'ils ont dû de rester dans la mémoire des hommes. Je vous autorise à publier cette nouvelle : si j'ai changé de point de vue, je ne changerai pas de résolution. »

Là-dessus, il se remit à l'ouvrage ; mais au milieu de la journée il se rappela tout à coup un devoir plus urgent. Il ne voulait pas que Mme de Montbriand apprît par la rumeur publique la volte-face de son ancien défenseur : il devait à sa cliente et à lui-même de l'informer directement, de lui porter à domicile ses explications et ses excuses, dût-elle les prendre mal. La démarche était non-seulement embarrassante, mais hasardeuse. Mainfroi s'attendait aux violences d'un caractère indompté ; cependant, ce n'était pas là ce qui l'inquiétait le plus : il craignait que la colère ne mît à nu quelque côté moins noble de cette âme. Dans le monde moral, comme dans le monde physique, les ouragans sont d'admirables et terribles révélateurs, qui découvrent tantôt des filons d'or, tantôt des fleuves de boue.

« Madame est chez elle ? »

La chambrière répondit rudement : « Si elle y est ? je crois bien ! Il ne manquerait plus que ça qu'elle fût sortie, quand monsieur nous fait l'honneur et la grâce d'une visite. On se tient à vos ordres, et quand par hasard le temps dure trop, on se divertit à pleurer. »

Il n'avait pas franchi le seuil du petit salon que Marguerite lisait la gêne et la tristesse sur son visage. Elle courut à lui, lui appuya deux doigts sur la bouche et lui dit d'un ton suppliant : « Ne parlez pas, je vous le demande en grâce. J'ai des pressentiments infaillibles, mon pauvre ami. Je m'attendais à vous voir aujourd'hui; je sens, à n'en pas douter, que nous nous retrouvons pour la dernière fois. Vous venez m'apporter une mauvaise nouvelle, me chercher une querelle d'Allemand, que sais-je? Je ne veux rien entendre de tout cela. Quoi qu'on ait pu dire, inventer, machiner contre moi, taisez-vous; cachez-moi toutes ces infamies, je ne me défendrai pas. Grâce à Dieu, je n'ai point d'amour pour vous; je n'en aurai jamais pour personne; je quitterai bientôt Grenoble, j'irai cacher ma vie à Vaulignon; vous n'entendrez plus parler de moi. Restons donc comme nous sommes, amis, vieux et tendres amis; ne gâtons pas le souvenir de tant d'heures charmantes. Séparons-nous comme il convient à deux âmes de condition dont l'une sera toujours la très-fidèle vassale de l'autre. Vous êtes le bienfaiteur et je suis l'obligée; ne me défendez pas d'aimer ma reconnaissance et de la choyer toute la vie au plus profond de mon cœur !

— O femmes! répondit tristement Mainfroi, toutes les mêmes! Infaillibles dans l'erreur et douées d'une perspicacité admirable pour voir le contraire du vrai! Il s'agit bien de services et de reconnaissance! Votre procès est perdu, et c'est moi qui vous le ferai perdre mercredi prochain, sans remise, en prouvant que vous avez tort. Voilà l'objet de mon travail et la cause unique de ma tristesse. Quant au reste, je vous jure que personne ne vous a calomniée devant moi, que je ne l'aurais pas souffert, et que tout l'univers, à commencer par moi, vous honore comme la plus admirable et la plus sainte des créatures, entendez-vous?

— Pourquoi donc mon procès est-il perdu?

— Parce que vous devez le perdre en droit.

— Et qui est-ce qui a fait cette belle découverte?

— Moi et beaucoup d'autres.

— Quels autres? Des femmes, n'est-ce pas? Une, au moins? Oh! la piteuse et vilaine nouvelle! Je ne vous accuse pas, monsieur Mainfroi; ce n'est pas vous qui avez conçu ce projet misérable. Vous êtes, sans le savoir, l'instrument de leur intrigue. On commence par séduire un honnête homme, et dès qu'on tient son cœur on a prise sur sa raison. Cette Bavaroise est hideuse... ce n'est pas elle; c'est donc quelqu'un des siens... avouez!

— Mais je n'avoue rien du tout! Mon cœur est aussi libre que le vôtre, et je proteste qu'il n'a pas même eu le mérite de la résistance! Votre cause me paraissait bonne il y a quinze jours; je l'ai plaidée avec conviction et je l'ai presque gagnée. Je reviens de Paris, je l'étudie sur nouveaux frais, je m'aperçois que nous nous sommes trompés, et je me mets en mesure de réparer mon erreur, quoi qu'il m'en coûte.

— En vérité? cela vous coûte tant? Eh! monsieur, si vous étiez seulement mon ami, vous n'exa-

mineriez pas si ma cause est plus ou moins juste.
C'est le premier principe de l'amitié, cela, donner
raison à ceux qu'on aime, quand même ils auraient
mille torts! J'ai raison, vous me l'avez dit et prouvé,
vous m'avez répondu de tout, vous m'avez mis le
cœur en joie et l'imagination en campagne. Tout à
coup le vent tourne, et, non content de me laisser
sans défense, voici que vous armez contre moi?

— C'est mon devoir de magistrat.

— Une arme à deux tranchants, votre magistrature! Elle vous défendait naguère de m'appuyer,
elle vous commande maintenant de me porter bas.
Un magistrat, répéter aujourd'hui ce qu'il a dit
hier, se donner raison à lui-même! jamais! les convenances s'y opposent; mais s'il lui prend fantaisie de se déjuger, de se contredire, de briser ses
idoles, de réduire au désespoir ceux qu'il avait
enivrés d'espérance, c'est une originalité qui n'a
rien d'inconvenant et que certains badauds applaudiront peut-être! Je veux vous applaudir aussi,
monsieur Mainfroi. On ne me refusera pas une stalle
au théâtre lorsque je paye les frais de la comédie.
Je verrai de quel front vous abjurez vos principes
et reniez vos amis. Peut-être aussi saurai-je reconnaître à son air de triomphe celle qui, depuis quatre
jours, se glorifie de votre conversion. Malheur à
elle!

— Malheur à nous tous, madame, si vous persistez à voir ce qui n'est pas, à méconnaître l'évidence et à vous gendarmer contre des fantômes!
Que peut-on dire à qui ne veut rien entendre?
Quelles preuves fournir à qui ferme obstinément les

yeux ? Me croirez-vous, si je vous dis que vos intérêts me sont plus chers que les miens, que votre liberté, votre repos et votre bonheur sont le principal objet de ma vie, que je vous aime enfin malgré vous, malgré moi, malgré le mot décourageant dont vous m'avez écrasé tout à l'heure ! »

La vicomtesse de Montbriand se leva, prit un air de superbe dédain et répondit :

« Monsieur Mainfroi, il me reste peu de temps à vivre de la vie de ce monde, puisqu'à la fin de la semaine, grâce à vous, je rentrerai sans doute au couvent. Je désire employer ces derniers jours à ma guise et ne voir que des visages absolument agréables, s'il vous plaît. »

Elle accompagna ce congé d'une ample révérence et passa dans sa chambre, laissant Mainfroi maître du terrain, mais éconduit.

Il hésita un moment, et quoiqu'il entendît à travers la porte comme un bruit de sanglots étouffés, il prit son chapeau et se retira.

« Tout va mal, pensait-il ; mais ce n'est pas l'instant de ramer sur le fleuve de Tendre. Il s'agit de combattre l'appel de cette pauvre femme aussi victorieusement que je l'ai défendu, après quoi nous nous occuperons d'elle. »

Le soin qu'il mit à préparer ses conclusions était fort inutile, un seul mot de sa bouche suffisait. Mme de Montbriand, condamnée par son propre avocat, ne pouvait plus trouver grâce devant un seul conseiller de la cour. S'il expédia sommairement son discours d'installation pour donner plus de temps et de travail à la grande affaire, ce fut surtout à l'intention du public. Il comptait sur un auditoire prévenu, pour ne pas dire hostile ; l'événement justifia sa crainte et la dépassa même un peu.

Dès les premiers mots, il fut interrompu par un murmure sourd qui s'éleva peu à peu jusqu'au tumulte. Les cris et les sifflets lui ôtaient décidément la parole, si M. de Mondreville n'eût imposé silence aux tapageurs en déclarant qu'il ferait évacuer la salle au premier signe d'improbation.

Cinq minutes plus tard, tandis que Mainfroi, pâle et crispé, mais résolu, poursuivait énergiquement son exorde, une tempête d'applaudissements ébranla le palais. La foule se consolait de ne pouvoir huer le magistrat en acclamant l'entrée de sa victime. Mme de Montbriand, en grand deuil, précédée et suivie de quelques fanatiques, s'avança le front haut, l'œil brillant, jusqu'au siège que ses amis lui avaient secrètement réservé. Tous les assistants se levèrent, les uns pour la mieux voir, les autres pour lui rendre hommage. Elle salua ce peuple avec la majesté d'une reine et apaisa d'un geste charmant ses fidèles vassaux de Vaulignon. L'audience fut interrompue ; le président lança du haut de son fauteuil une remontrance plus sévère et un suprême avertissement, puis il rendit la parole à Mainfroi.

Celui-ci, par une inspiration soudaine, changea son plan....

« Messieurs, dit-il, le ministère public s'associe hautement à la sympathie, au respect, à la tendre pitié que le malheur d'une personne aussi vaillante que vertueuse éveille ici dans tous les cœurs. »

Il poursuivit quelque temps sur ce ton, exalta les mérites personnels de Mme de Montbriand, et revint par un détour habile à la discussion du point de droit.

« La loi est dure, dit-il, mais c'est la loi. Je suis ici pour la défendre, la cour pour l'appliquer, Mme de Montbriand pour la subir, et vous tous pour la respecter. Que chacun fasse son devoir comme je fais le mien ! »

Un léger frémissement lui fit comprendre qu'il n'avait point parlé à des sourds. Le propre des Français est de vivre exclusivement dans l'heure présente. L'actualité les saisit si bien qu'elle leur ôte la mémoire du passé ; c'est ce qui les rend peu aptes à juger une vie ou un caractère dans son ensemble. Qu'un homme ait travaillé soixante ans à se rendre impopulaire, s'il trouve un joint, s'il saisit le bon moment pour dire ou faire la chose agréable aux masses, il deviendra plus sympathique en un jour que tous les bienfaiteurs de l'humanité : les journaux le portent aux nues, et la jeunesse des écoles lui décerne des couronnes. Le phénomène inverse se produit aussi vite et par des causes aussi futiles. Si la race de Clovis n'est plus sur le trône, elle est encore dans la rue ; nous aimons tous à brûler ce que nous avons adoré. La popularité française ressemble à ces immenses végétations sous-marines qui grandissent en peu de jours, mais qui n'ont pas de racines, et qui meurent, si leur caillou natal est seulement déplacé.

Le discours de Mainfroi s'acheva au milieu d'une attention respectueuse et presque bienveillante. On vit bien qu'il ne passait pas à l'ennemi par caprice ou par séduction; on comprit qu'il souffrait d'avoir à conclure contre Mᵐᵉ de Montbriand; son mépris pour Gérard de Vaulignon éclatait au grand jour, alors même qu'il ruinait Marguerite au profit de cet homme. Il termina par une courte allocution aux jeunes avocats qui l'entendaient :

« Mettez à profit, leur dit-il, la douloureuse expérience d'autrui, et, avant de plaider une cause, demandez-vous comment vous la jugeriez, si Dieu, d'un jour à l'autre, vous infligeait la lourde responsabilité du magistrat. »

La cour, adoptant les motifs des premiers juges, confirma le jugement qui condamnait Mᵐᵉ de Montbriand à rapporter cent mille francs à la succession paternelle.

Marguerite se dépouilla du peu qui lui restait. Le marquis Gérard de Vaulignon lui fit savoir que sa dot était payée au Sacré-Cœur de Grenoble et qu'elle y pouvait commencer son noviciat le jour même. Elle entra au couvent; Gérard et sa famille commirent un régisseur au soin de leurs intérêts et s'en furent cacher leur gloire en Bavière. Mainfroi prit un congé de quinze jours et s'éclipsa; le bruit courut qu'il était à Paris.

Dès son retour, il fit venir l'ancien avoué de la recluse.

« Maître Picardat, lui dit-il, nous avions mal jugé M. et Mᵐᵉ de Vaulignon, qui sont les plus honnêtes gens et les meilleurs parents de la terre. S'ils ont paru s'acharner à ce triste procès, c'était par un bon sentiment, pour procurer l'entière exécution des volontés paternelles. Au fond du cœur, ils estiment Mme de Montbriand et ils seront heureux de la revoir, dans quelques années, lorsque le temps aura guéri leurs blessures réciproques. En attendant, ils reviennent d'eux-mêmes à cette transaction, vous savez? qui a échoué par ma faute. Connaissez-vous beaucoup de plaideurs assez grands pour transiger après la victoire? Voici la somme en bon papier; vous la porterez aujourd'hui à Mme de Montbriand. C'est M. de Vaulignon qui vous la fait parvenir; que mon nom ne soit pas prononcé, je vous prie. »

Resté seul, il employa presque toute la journée a des réformes d'économie privée, interrogeant Dominique, comptant avec Fleuron, supprimant telle dépense et réduisant telle autre, donnant ses ordres au maquignon qui devait vendre les chevaux neufs, et prenant toutes ses mesures pour conformer son train de maison au revenu d'un procureur général sans fortune.

« Merci de moi! disait Fleuron; tu deviens donc avare, mon enfant?

— Je deviens vieux, » répondait-il en montrant ses dents blanches.

Jamais il n'avait eu le cœur si léger; il commençait à comprendre cette gaieté des gueux, qui sera l'éternel étonnement des riches. En traversant le salon de ses ancêtres, il s'écria :

« Eh bien! bonnes gens, que pensez-vous de moi? Votre héritage est à vau-l'eau et votre nom s'éteindra probablement avec ma vie, mais j'ai tenu la conduite d'un digne magistrat, pas vrai? »

Le temps passait, la nuit tomba ; on vint lui annoncer que le dîner était servi. Il prit sa place accoutumée devant la vieille table aux jambes torses, et dîna d'un bel appétit sur la nappe de guipure, dans la porcelaine du Japon, en face du grand miroir de Venise qui reflétait sa bonne mine et son air de contentement. La cheminée flambait d'autant mieux que le temps était à la gelée ; le talon des passants sur le pavé de la rue rendait un bruit sec. L'antique horloge sonna sept heures ; les tambours de la garnison commencèrent à battre la retraite. Tout à coup une voiture s'arrêta devant la porte, et le marteau retentit. Un souvenir des temps lointains s'éveilla dans l'esprit de Mainfroi, et machinalement il tourna la tête vers la portière pour demander si l'ombre du marquis de Vaulignon n'était pas sous le vestibule.

La portière s'écarta, et Mme de Montbriand apparut, toujours fière, mais émue et frémissante.

« Monsieur Mainfroi, dit-elle, je viens savoir si vous êtes tout à fait un honnête homme, ou si vous ne payez vos dettes qu'à moitié. »

Il balbutia :

« Mais, madame,... expliquez-vous, de grâce !

— Vous avez dit : « Je gage ma fortune et mon nom que vous rentrerez dans votre héritage. » Vous ne m'avez donné que votre fortune.

— Qui vous fait croire ?...

— Personne ne vous a trahi ; je ne me suis pas même informée ; je connais la générosité de mon frère ; mais ma devise est : tout ou rien, et je vous somme de dire si vous m'abandonnez votre nom ? »

Il répondit étourdiment :

« Pourquoi faire?

— Pour le porter toute ma vie avec honneur, avec joie, avec amour, et pour le transmettre à nos enfants, s'il plaît à Dieu!

— Marguerite!

— Jacques! »

III

L'ALBUM DU RÉGIMENT

III

L'ALBUM DU RÉGIMENT

I

Une femme de quarante-cinq ans, grande, svelte
et belle encore, arpentait la rue Saint-Dizier, à Nancy.
Elle allait d'un tel pas que son guide, un garçon de
l'hôtel d'Europe, s'essoufflait à la suivre. Le soleil
d'août lui tombait droit sur la tête, et elle ne songeait
pas même à ouvrir son ombrelle, qu'elle brandissait
comme un javelot. C'était évidemment une bourgeoise
des champs : le visage bronzé, la robe de soie trop
forte et trop lourde pour la saison, le crêpe de Chine
bariolé de broderies féeriques, le chapeau très-orné,
mais en retard d'un an sur la mode, des bijoux richissimes, étonnés de se voir dehors en plein midi, tout
trahissait une de ces honnêtes propriétaires qui ont
appris le meilleur français sans oublier le patois
natal.

« Madame ! madame Humblot ! cria le domestique haletant. Une minute, s'il vous plaît, vous passez la porte. »

Elle se retourna tout d'une pièce, et cette héroïne qui marchait au pas de charge, devint en un moment plus hésitante et plus timide qu'un premier communiant.

« Déjà, dit-elle ; mais où donc ?

— A la guérite, pardi ! Quand vous voyez un voltigeur debout et un sapeur assis devant la même porte, vous n'avez pas besoin de demander s'il y a un colonel dans la maison. La sentinelle et le planton, madame Humblot, c'est l'enseignement de la boutique.

— Ah ! vraiment ? Je m'en souviendrai. C'est bien simple. Et comment m'avez-vous dit qu'il s'appelle ?

— M. Vautrin ; un bel homme, dans votre genre, madame Humblot, et un brave homme, qui donne un fier dîner tous les dimanches, et bal jusqu'à six heures du matin avec les glaces, le thé, le punch et le reste.

— Bien, bien. Et sa femme.... car il est marié, n'est-ce pas ?

— Formellement, ah mais ! La dame du colonel ? Une crème,... qui n'a rien inventé, sauf le respect qu'un chacun lui rend. Tant qu'à leur demoiselle....

— C'est bon. Seulement j'ai grand'peur que Mme Vautrin ne soit sortie.

— Je vais le demander à la *bonne d'enfant.* »

Le Lorrain familier et goguenard traversa la rue, échangea quelques mots avec le sapeur et revint dire à Mme Humblot :

« Cette petite friponne m'a juré sur sa barbe que

tout le monde était à la maison. Ainsi, quand il vous plaira....

— Mais à quoi donc pensais-je de venir si matin? Je les trouverai tous à table.

— Ça non, foi d'homme! Il est trois quarts pour midi; voilà quarante-cinq minutes que tout le militaire de France et d'Afrique a déjeuné.

— Allons, tant mieux ! soupira Mme Humblot. »

Au fond du cœur elle était plus résignée que contente. Il fallait qu'elle parlât à la femme du colonel : pour arriver jusqu'à Mme Vautrin, elle aurait franchi des montagnes, traversé des mers, couru sur des charbons ardents; mais devant cette route unie et cette porte ouverte, son courage tombait à plat. Pour un rien, elle eût tourné casaque et regagné son hôtel. Le *cicerone* joufflu lui coupa la retraite en disant :

« Eh bien! madame Humblot? Dieu me pardonne! j'ai l'air de vous mener chez le dentiste! »

A ce mot, elle releva la tête, haussa les épaules, et donna tête baissée dans la porte cochère, entraînant le sapeur dans sa jupe à larges plis.

L'homme à barbe la remit aux mains d'une cuisinière, qui la transmit à la femme de chambre, et en moins de quatre minutes Mme Humblot tombait tout étourdie au milieu d'un salon assez imposant.

A son entrée et à son nom, une grosse dame se leva en poussant un petit cri d'effroi, et une adolescente ébouriffée accourut d'un air martial. Mme Vautrin était prodigieusement timide et sa fille ne l'était pas du tout. Ce fut l'enfant qui rassura les deux matrones, offrit un siége à Mme Humblot, et la pria de développer à loisir les motifs de son « aimable visite. »

Mme Humblot sentit qu'il n'y avait plus à s'en dédire, et après quelques mots d'excuse elle exposa en bons termes qu'elle était veuve depuis longues années, qu'elle avait une fille de dix-neuf ans, et qu'elle faisait valoir elle-même un patrimoine considérable à Marans, Charente-Inférieure. Un concours d'événements imprévus, pour ne pas dire singuliers, l'entraînait à marier sa chère Antoinette avec un officier de la garnison de Nancy. Ce jeune homme semblait fort bien à première vue; mais on n'était pas suffisamment renseigné sur son caractère, ses habitudes et ses principes, et une mère invoquait l'antique francmaçonnerie des mères pour obtenir de Mme Vautrin, dans un moment si capital, la vérité décisive.

Ce préambule honnête intéressa la femme du colonel et parut la mettre à son aise. Mme Vautrin répondit qu'elle était bien sensible à l'honneur qu'on lui faisait, et promit de s'éclairer en conscience. Malheureusement elle ne connaissait tous ces messieurs que par l'échange des politesses indispensables; elle était à peine du monde, l'éducation de son petit diable et la sainte tapisserie remplissaient toutes ses journées, elle n'avait aucune liaison particulière avec les autres femmes de la garnison; mais dès qu'un intérêt si grave entrait en jeu, elle se ferait un devoir de frapper à toutes les portes. D'ailleurs, si le jeune homme appartenait au régiment, M. Vautrin connaissait tout son monde à fond, comme César :

« Un coup d'œil d'aigle, madame, et un cœur de père.

— Je ne sais pas, répondit Mme Humblot, si ce monsieur a l'honneur de servir sous les ordres du colonel Vautrin.

— Du moment qu'il est dans l'infanterie !... Il n'y a que notre régiment à Nancy.....

— Mais peut-être est-il cavalier. Nous ne l'avons pas vu en uniforme.

— Vous m'étonnez. Son grade?

— Capitaine, je pense, ou lieutenant pour le moins. Il ne s'est pas expliqué là-dessus.

— C'est donc un original? Comment s'appelle-t-il, ma chère madame?

— Hélas! je compte sur vous pour nous aider à savoir son nom. »

A ce coup, Mme Vautrin ouvrit des yeux énormes, et la jeune fille pouffa de rire. L'étrangère comprit que son bon sens était mis en doute ; aussi reprit-elle vivement :

« Je vous expliquerai en peu de mots ce qui vous étonne, madame, et vous reconnaîtrez que, s'il y a quelque excentricité dans mon fait, le hasard ou la Providence en est plus responsable que moi; mais cette charmante enfant est peut-être bien jeune pour subir le récit d'un mariage si.... compliqué. »

La rieuse se cabra fièrement et dit :

« J'ai quatorze ans passés, madame, et ma mère m'estime assez pour traiter devant moi les questions les plus graves. Désires-tu que je te laisse, maman? »

Mme Vautrin rougit comme ces gros nuages qui s'allument au soleil couchant. Elle balbutia :

« Blanche, Blanchette, mon trésor, ne t'éloigne

pas, mais occupe-toi. Ton piano.... là-bas.... Sois gentille.

— Je ne le suis donc pas toujours?

— Oh! si. »

L'enfant gâtée se mit au piano, et attaqua résolûment un exercice. Elle frappa d'abord avec tant de furie qu'on ne s'entendait plus dans le salon; mais petit à petit elle se modéra si bien que sa musique ne fut qu'un accompagnement discret de la conversation. Si Mlle Blanche ne suivit pas de bout en bout le récit de Mme Humblot, du moins elle en saisit les points saillants, et elle en profita autant, sinon mieux, que sa bonne femme de mère.

« Madame, dit la veuve Humblot, je ne crains plus de vous scandaliser en avouant que je suis l'esclave d'Antoinette. Les trois quarts et demi des mères sont comme nous par le temps qui court; personne n'y peut rien, c'est comme qui dirait une épidémie de faiblesse. Nous avons été aimées, nous aussi, mais pas de cette façon. On me donnait le fouet quand je n'étais pas sage, à vous aussi peut-être, et nous mourrons l'une et l'autre sans l'avoir rendu à nos filles, qui ne sont pourtant pas plus sages que nous. Nos parents nous établissaient à leur convenance et non à notre fantaisie. Quelques-unes pleuraient, les plus fortes criaient au despotisme et parlaient de se jeter dans un couvent; mais on finissait par céder et l'on ne s'en trouvait pas plus mal : il est de fait que les pères et mères se connaissent mieux en hommes qu'une jeunesse de vingt ans. Moi qui vous parle, j'ai cru mourir de désespoir parce qu'on me sacrifiait à un demipaysan, un bonhomme tout rond; je ne voulais que le maître clerc de l'étude Niquet, sa figure de papier mâché m'avait fanatisée. Bénis soient les braves parents qui m'ont mariée malgré mes larmes, car ce pauvre Humblot m'a rendue parfaitement heureuse, et le joli maître clerc rame à Toulon pour le restant de ses jours. Antoinette est une bonne petite fille, qui m'aime bien et qui pense tout haut avec moi. Je me suis appliquée à obtenir sa confiance, et je peux me vanter de l'avoir tout entière; elle n'a d'idées que les miennes et ne voit que par mes yeux. Si quelque surprise du cœur lui avait fait choisir un mauvais sujet, je n'aurais qu'un mot à lui dire; mais enfin, supposez que ce jeune officier soit un brave garçon, et il en a tout l'air, de quel droit le refuserais-je à ma fille? Les partis qu'on nous a proposés à Marans, quoique fort acceptables, n'étaient pas de son goût. Elle les a tous éliminés par des objections sans réplique. Pouvais-je la contraindre et faire violence à ses penchants? Je me disais toujours : « Elle est jeune, nous avons du temps devant nous. « Le mois dernier, considérant que nous avions passé en revue tous les petits messieurs des environs, je me suis avisée qu'il n'y aurait pas de mal à voyager un peu. Les journaux nous parlaient du Rhin, de Bade, de Wiesbaden, etc., comme d'un rendez-vous européen très-propice à l'assortiment des mariages; pourquoi pas? Justement ma pauvre enfant avait besoin de distractions; depuis le printemps, je la voyais rêveuse. Il faut vous dire que notre vie est occupée, mais pourtant un peu monotone là-bas. Je confie le domaine au régisseur, qui est un brave homme, façonné de ma main, et nous voilà sur les chemins de fer. Nous traversons Paris sans débrider, la ville étant vide de monde, pleine de poussière et plus d'à moitié démolie, et nous nous dirigeons sur Bade en train direct. Tout marcha bien jusqu'à Commercy, mais c'était là probablement que le destin nous couchait en joue. Il ne restait qu'une place dans notre wagon, devant moi; j'y avais mis nos couvertures et nos châles, et je comptais bien les y laisser jusqu'au bout. Au dernier moment, entre le coup de sonnette et le coup de sifflet, le terre-plein de la gare est envahi par une bande joyeuse : douze ou quinze officiers en uniforme, tant cavaliers que fantassins, faisaient escorte à un officier en habit bourgeois. Toute cette jeunesse menait grand bruit et parlait haut, comme au sortir de table. La portière de notre voiture s'ouvrit, je vis une embrassade générale et précipitée, j'entendis un chœur d'adieu mon cher, — adieu, mon bon, — adieu, mon vieux, — et un jeune homme de vingt-cinq à trente ans, beau comme le jour, tomba littéralement du ciel sur mes pauvres couvertures.

Il s'excusa le plus gentiment du monde, et jeta son cigare avec horreur dès qu'il se vit en notre compagnie. C'était bien malgré lui qu'il venait combler l'étouffement d'un wagon où l'on ne respirait déjà pas trop à l'aise; mais il était forcé de rallier son corps à tout prix, trop heureux si son escapade avait passé inaperçue. Du reste, il nous promit de chercher une autre place à Toul, et au pis aller le terme de son voyage était Nancy. Le pauvre enfant ne descendit pas à Toul, et pour cause : nous étions en conversation réglée, et croyez que personne n'avait pu se défendre contre le charme de son esprit. J'en suis encore à me demander si cette gaieté pétulante était puisée dans l'eau de la Meuse; cependant il ne dit pas un seul mot où la critique la plus sévère pût trouver prise. Son langage est original et d'une couleur franchement militaire; mais, s'il avait senti la caserne, il n'eût séduit ni ma fille ni moi. C'est véritablement un jeune homme accompli, beau sans fatuité, brave sans forfanterie, spirituel sans méchanceté, fou sans écart. Vous devez le reconnaître à ce portrait.

— J'en reconnais plus d'un, chère madame; mais nous trouverons celui qui vous tient au cœur.

— Moi, je le distinguerais entre mille. Dans le principe, il partageait ses attentions entre toutes ses compagnes de voyage, et nous étions quatre ; mais insensiblement il les concentra sur ma fille et sur moi, et Antoinette parut l'écouter avec une curiosité sympathique. Vous jureriez que le bon Dieu les a créés l'un pour l'autre, et peut-être cette idée leur est-elle venue en même temps qu'à moi. Il est de haute taille, elle est grande ; il est brun, elle est blonde; ils ont un peu le même genre de beauté. Je me disais, chemin faisant, que, si l'amour tombe quelquefois sur deux cœurs, comme un coup de foudre, il serait bien maladroit de manquer cette occasion-là. Vous devinez que, moi aussi, j'étais ensorcelée, car une mère est toujours avare de son bien, et notre premier mouvement est de traiter en larron l'homme qui plaît à nos filles.

Celui-là s'avançait tambour battant dans l'intimité

d'Antoinette; il galopait en pays conquis. Ma fille n'est pas seulement élevée dans les meilleurs principes, elle est timide par sa nature, par son éducation solitaire et par l'embarras de sa taille un peu plus haute que la moyenne. Croiriez-vous qu'elle se mit bientôt à bavarder avec ce jeune homme comme avec un ami de dix ans? Je ne la reconnaissais plus, et je m'ébaudissais de la voir miraculeusement dégourdie. Ce qu'ils disaient entre eux, les anges auraient pu l'entendre; mais on sentait courir sous les paroles cette fourmilière de bonnes et jolies petites choses qui sont les malices de l'amour naissant. Ils furent bien surpris de se trouver à la gare de Nancy, preuve qu'ils n'avaient pas compté les kilomètres. L'officier prit congé de nous en honnête garçon, par quelques mots où il y avait de tout, du cœur, de la bonhomie, de la discrétion. Je ne me rappelle pas le texte, mais cela voulait dire que le voyage est un drôle d'élément, où l'on s'accroche par mille atomes comme si l'on ne devait pas se quitter, et à la première station, bonsoir la compagnie! Chacun s'en va de son côté avec un petit souvenir en poche, et l'on ne se reverra jamais!

Je fus d'avis qu'il avait bien raison, quand je repensai froidement à l'affaire; car enfin, lorsqu'on n'a qu'une enfant, on rêve de la marier auprès de soi, et le plus brave, le plus charmant des officiers m'apparaissait comme le ravisseur d'Antoinette. Tout compte fait, j'aimais autant qu'elle oubliât cette rencontre, et je constatai avec plaisir qu'elle n'en parlait plus. Nous avions rendez-vous à Bade avec plusieurs familles de notre connaissance : on s'amusa beaucoup et l'on fit de belles parties. Les jeunes gens à la mode ne se faisaient pas prier pour en être : non-seulement ma fille est agréable de sa personne, mais on lui connaît soixante mille francs de rente en bonnes terres, et les écus sont le vrai miroir aux alouettes là-bas comme ici. Vous pouvez croire que les épouseurs n'ont pas manqué; il en restait même pour moi, bonté divine! Bref, on nous fit toutes les honnêtetés imaginables, mais mademoiselle acceptait cela comme un dû et ne savait gré de rien à personne. Je lui tâtais le pouls de temps à autre; je lui disais : « Que penses-tu de celui-ci? Comment trouves-tu celui-là? » Elle me répondait invariablement : « Ni bien, ni mal. » Pas d'hésitation, jamais la moindre apparence de trouble, une vraie cuirasse d'indifférence. Les choses allaient ainsi depuis un mois, lorsqu'un soir, ayant marché sur une épingle de filigrane qui valait bien trente sous, elle se mit à pleurer tant et tant que ses yeux avaient l'air de fondre. Une mère ne se trompe pas sur ces douleurs disproportionnées ; aux grands effets il faut de grandes causes. J'interroge, je prie, je pleure aussi, je fais ce que vous auriez fait à ma place, madame, car tous les cœurs de mères sont coulés dans le même moule, et enfin la pauvre chérie livre son secret. Moi, je n'y pensais plus, à ce jeune homme, et pendant trente jours Antoinette n'avait rêvé qu'à lui. L'amour avait poussé tout doucement, sans bruit, dans cette âme innocente, qui était un terrain admirablement préparé. Ah! maintenant on n'aura plus besoin de m'expliquer comment un petit grain peut devenir un grand arbre! L'enfant me déclara qu'elle aimait pour la vie, qu'elle avait rencontré son idéal, qu'elle n'épouserait jamais un autre homme, et que, si j'avais la barbarie de lui refuser son inconnu, je lui porterais le coup de la mort. Hélas! il n'en fallait pas tant pour me persuader. Ces êtres-là tiennent notre âme au bout d'un fil et la mènent où bon leur semble. J'ai fait toutes mes réflexions, madame, et je commence à croire que ma petite Antoinette a choisi pour le mieux. L'épaulette n'est qu'une passementerie aux yeux des badauds; pour les parents qui savent raisonner, c'est une garantie. Elle indique un certain degré d'instruction solide, de bonne éducation, de courtoisie, de chevalerie, de courage, de désintéressement, et un absolu de loyauté, car on sait qu'un officier de demi-délicatesse ne serait pas souffert dans l'armée. Le terrible, c'est qu'ils traînent nos filles avec eux, de ville en ville; mais, en y pensant bien, je me dis qu'ils ne peuvent les emmener à la guerre, que je reprendrais mes droits toutes les fois qu'il ferait campagne, qu'à tout le moins on me laisserait les enfants, car ces pauvres petits êtres ne sont pas des colis à promener partout. Qui sait d'ailleurs s'il ne donnera pas sa démission quand il aura de la famille? A tout événement, ma résolution est arrêtée; ce jeune homme sera mon gendre, fût-il de la naissance la plus modeste et de la dernière pauvreté. Nous sommes riches pour lui et pour nous, et je n'ai jamais souhaité que ma fille devînt marquise; c'est déjà une jolie noblesse que d'être la femme d'un officier. Reste à savoir si ce bel inconnu n'est pas coureur, ou joueur, ou buveur d'absinthe. Si le malheur voulait qu'il eût un seul de ces trois vices!... Non, je m'en tiens aux deux derniers; c'est à la femme de fixer le cœur de son mari. S'il jouait, dis-je, ou s'il avait la malheureuse habitude de boire, je romprais tout, au risque de désespérer Antoinette : j'aime mieux la tuer d'un coup que de la voir mourir à petit feu. »

Sur cette péroraison, qui n'avait pas coulé sans quelques larmes, Mlle Blanche Vautrin plaqua de formidables accords.

La femme du colonel était un esprit paresseux doublé d'un cœur tendre. L'effort qu'elle avait fait pour suivre le récit de Mme Humblot et la sympathie qui s'était éveillée en elle remuaient violemment cette honnête masse de chair et la faisaient suer à grosses gouttes. Elle se recueillit un moment, épongea son visage et le dos de ses mains, et s'écria :

« S'il était marié?

— S'il est marié, ma fille est sauvée. Il y a un proverbe qui dit : « L'impossible arrange tout. »

— Et si c'était un de ces fils de famille qui... que... dont les prétentions sont énormes? Nous en avons quelques-uns, de ceux-là.

— Comme argent, je ne peux donner que ce que j'ai, c'est certain ; mais trouve-t-on beaucoup de dots comme la nôtre? Quant au nom, nous portons un nom d'honnêtes gens. Il n'y a jamais eu ni traîtres, ni pillards, ni conspirateurs, ni concussionnaires, ni favorites dans la famille Humblot : connaissez-vous dix maisons de première noblesse qui puissent en dire autant? Et qu'importe le nom de la fille, puisqu'il s'éclipse à tout jamais devant le nom du mari?

— C'est parfaitement raisonné, madame ; il ne nous reste plus qu'à trouver le jeune homme en question. Puisque vous êtes sûr de le reconnaître au premier coup d'œil...

— Oui ! cent fois oui !

— La recherche ne sera ni longue ni difficile. La garnison de Nancy se compose de notre régiment, de deux escadrons de cavalerie, de quelques officiers de cavalerie et du génie, et du grand quartier général. Comme je vous l'ai dit, je connais peu les officiers de M. Vautrin ; mais ma fille les a tous réunis dans un album de photographie. Nous allons commencer notre enquête par là. Si votre gendre n'est pas chez nous, nous ferons une croix sur le régiment et nous verrons ailleurs. Il est fâcheux que ce monsieur n'ait pas été en permission régulière le jour où vous l'avez rencontré : rien qu'avec la date du voyage, nous mettrions la main sur lui : mais c'est une question de temps.

— Nous avons le moyen d'attendre. Je croyais, et ma fille aussi, que Nancy était une petite ville. Voilà trois jours que nous y sommes ; nous avons parcouru les rues, les promenades, les environs ; nous avons écouté la musique à la Pépinière et dévisagé les jeunes officiers, qui nous le rendaient bien, mais tout cela, chère madame, en pure perte. C'est ce matin qu'une inspiration du ciel m'a poussée vers vous. Merci de votre aimable accueil et de vos bonnes promesses ! Que Dieu rende à votre chère enfant le bonheur que vous allez donner à la mienne !

Les deux bonnes femmes s'embrassèrent en larmoyant, et Mme Vautrin dit à sa fille :

« Blanchette!... mon cher baby!... mon amour!...
Eh! Blanchette! »

Plus la mère élevait la voix, plus la chère petite
Blanche frappait fort. Vous auriez dit que son piano
avait commis un crime et qu'elle l'assommait sur
place. Lorsqu'elle daigna prêter l'oreille, Mme Vautrin poursuivit :

« Pardonne-moi de te déranger, ma chérie, et va
nous chercher, s'il te plaît, l'album du régiment.

— Mon album?

— Oui, ton album du régiment.

— J'y vole. »

Elle sortit en traînant les pieds, s'arrêta devant
une glace et se tira la langue à elle-même. Sa
chambre était au bout d'une enfilade assez longue;
à peine entrée, elle poussa le verrou, prit un album
de chagrin rouge à filets d'ivoire, l'ouvrit par le
milieu, et chercha les lieutenants du 2e bataillon.
Un, deux, trois, quatre, cinq. Au-dessous du portrait,
on lisait Astier (Paul), en belle écriture de sergent-
major. « C'est lui! dit-elle en faisant la grimace, cela
ne peut être que lui! » Elle fit glisser la photographie
hors de son cadre, la déchira menu et mit les
morceaux dans sa poche; puis elle réfléchit que ce
vide pourrait prêter au commentaire. Elle détacha
donc le cadre lui-même, qui formait une page montée sur onglet. Lorsqu'elle en eut caché les débris,
son petit visage chiffonné s'illumina d'une joie satanique, et elle murmura entre ses dents :

« Maintenant, je me suis vengée d'un insolent : je
suis femme! »

Et elle courut porter l'album aux deux mamans.

Mme Vautrin la baisa au front et lui dit :

« Tu peux rester avec nous, ma gentille, nous n'avons plus de secrets à conter. »

Si le cœur de Mme Humblot battait violemment, on l'imagine. Elle ne regarda que par politesse le colonel et les gros bonnets du régiment; mais lorsque les capitaines commencèrent à défiler, elle ouvrit l'œil. Ce ne fut pas sans un certain orgueil qu'elle trouva ces messieurs moins beaux, moins grands, moins sveltes, moins distingués que son gendre futur. Le régiment ne manquait pourtant pas de jolis garçons ni de beaux hommes ; mais le précieux inconnu était toujours mieux fait que celui-ci et plus élégant que celui-là.

Blanchette ricanait en écoutant ces commentaires et disait à la veuve Humblot :

« Si ces messieurs vous entendaient, madame, ils chercheraient querelle au prince qui les éclipse tous. »

Lorsqu'on fut aux dernières pages de l'album, la gamine devint plus mauvaise et plus harcelante que jamais.

« Nous n'en avons plus que quatre, disait-elle. L'espérance est au fond de la boîte. Tout vient à point à qui sait attendre. J'ai dans l'idée que voici le héros du roman!... Quoi! vous ne voulez pas du lieutenant Bouleau? C'est pourtant un rude guerrier. Fils de ses œuvres, vingt-sept ans de service, dix-huit campagnes, la médaille militaire et la croix! Tout le monde n'a pas la croix. Voyez donc la jolie balafre entre les sourcils!

— C'en est fait! dit Mme Humblot. Il n'est pas du

régiment, et je suis la plus malheureuse des mères! »

La femme du colonel répondit :

« Pourquoi donc? S'il n'est pas du régiment, cela prouve qu'il est dans la cavalerie, ou dans l'artillerie, ou dans le génie, ou dans l'état-major du maréchal. Etes-vous bien pressée d'en avoir le cœur net?

— Ah! dame, oui. Pensez donc! il y a un pauvre ange qui compte les minutes à l'hôtel.

— Eh bien! je prends mon châle et mon chapeau. Blanchette gardera la maison et elle sera sage. »

Quand les deux mères furent dehors, Mlle Blanche Vautrin croisa ses deux grands bras maigres comme une héroïne de drame, et se promena de long en large dans le salon paternel.

Le théâtre représentait une grande salle meublée vers la fin du dix-huitième siècle et passablement flétrie par les hommes du dix-neuvième. Depuis cinquante ou soixante ans, les colonels de la garnison de Nancy s'étaient transmis de main en main cette tenture de soie à médaillons décolorés et les rideaux assortis. Plusieurs générations de guerriers s'étaient carrées dans les fauteuils; quelques milliers de verres, vides de punch ou de sirop, avaient dessiné des ronds sur le marbre de la cheminée et sur deux vastes consoles d'un style riche, noble et lourd. Le militaire a cet ennui de retrouver dans tous ses gîtes la trace de cent autres militaires. Les quelques meubles qu'il transporte avec lui se noient fatalement dans la banalité du fonds. Mme Vautrin était femme d'intérieur; comme telle, elle brodait à la tâche des tapisseries dont Pénélope eût été jalouse, mais ses poufs, ses écrans, ses divans, ses ouvrages de longue haleine, étaient perdus dans le vieux mobilier banal, comme l'opposition pensante dans une majorité sans caractère et sans couleur.

Au milieu du décor tel que vous le voyez, Blanche, Blanchette, se démenait comme une petite panthère en cage. Elle était laide sans avoir rien de laid : on trouve également des créatures qui semblent belles, quoique leurs traits, pris un à un, soient à peine passables. Cette jeune fille portait à l'exagération, si j'ose le dire, les caractères physiques et moraux de l'âge ingrat. Ses jambes et ses bras étaient modelés dans le même style que les baguettes de tambour; elle avait de longs pieds, assez bien faits, et des mains interminables; elle se tenait mal, et son teint rappelait l'Afrique aux Africains du régiment. Le nez, les yeux, le front s'adaptaient à la diable et n'allaient pas ensemble, quoique le nez fût droit, le front bien modelé et les yeux d'une couleur et d'un dessin corrects. Tout cela ne manquait peut-être que d'harmonie, mais l'harmonie est tout dans la femme. Le passant qui la rencontrait à la promenade ne gardait que l'idée d'un livide gamin.

Il n'y a pas une bambine de dix ans qui ne se soit dit en admirant une belle personne : voilà comme je voudrais être, ou même : voilà comme je serai, quand je serai grande; mais la nature, cette mère implacable, prend plaisir à déjouer de telles ambitions. Elle relève d'un coup de pouce brutal un pauvre petit nez qui comptait être grec; elle fend jusqu'aux oreilles une bouche innocente qui ne demandait pas à grandir ; des cheveux de couleur indécise, qui promettaient de tourner au blond doré, noircissent un beau jour, ou se décolorent en filasse. On ne peut rien contre cela, mais on enrage de bon cœur, et quelquefois on devient méchante. Blanche Vautrin n'avait pas besoin de beauté pour attirer les hommages ou conquérir un mari. La fille d'un colonel ne manque pas de flatteurs, et il y a toujours des maris pour une laide bien dotée ; mais n'importe : elle se dépitait à casser les miroirs ; elle aurait voulu être jolie pour elle-même.

Presque tous les officiers de son père la traitaient en jeune fille et lui rendaient les mêmes hommages que si elle eût été Vénus en personne. Elle recevait mal les fadeurs, et répondait neuf fois sur dix par des boutades ; mais malheur à celui qui ne la prenait pas au sérieux ! Elle n'entendait point qu'on la traitât en fillette ; elle voulait être quelqu'un et faire respecter sa petite personne. Ce jeune esprit chagrin avait des subtilités despotiques qui semblaient renouvelées de Caligula. Son plaisir favori, dans le salon maternel, était de pêcher les flatteries comme à la ligne. Les pauvres officiers qui la servaient à souhait étaient cotés plats courtisans ; ceux qui refusaient le tribut étaient notés comme rebelles.

Le plus exécré des rebelles s'appelait Paul Astier. C'était un beau, brave et honnête garçon qui ne devait rien qu'à lui-même. Lorsqu'on est le septième fils d'un garde forestier des Ardennes, vous pensez bien qu'on porte son patrimoine au bout des bras. L'enfant n'était ni sot ni fainéant ; il suivit l'école du village voisin, s'y distingua bientôt et entra comme externe boursier au collége de la ville. Il faisait deux lieues et demie tous les matins et autant tous les soirs, avec ses livres dans une main, ses souliers dans l'autre, et un morceau de pain noir en poche. A dix-huit ans, il s'engagea, partit pour la Crimée et fit toute la campagne sans attraper un rhume de cerveau. Une mine éclata sous lui à l'attaque de Malakof; il retomba sur ses pieds en riant comme un fou. Lorsqu'il revint, en 1856, il avait trois citations et l'épaulette. En 1859, au début de la guerre d'Italie, son régiment n'était pas désigné pour faire campagne, mais il obtint de permuter avec un sous-lieutenant maladif, et c'est ainsi qu'il passa sous les ordres du colonel Vautrin. Il retrouva dans la compagnie un camarade de son âge et de son pays qu'il avait connu dès l'enfance et tutoyé de tout temps. Ce soldat, nommé Bodin, s'attacha aussitôt à lui comme ordonnance et le servit avec une véritable amitié : il ne savait ni lire ni écrire, mais il aurait su se faire tuer pour le supérieur qui le traitait en camarade. La campagne de 1859 fut écourtée, comme chacun sait, toutefois Astier trouva le temps d'y gagner un grade, et le fidèle Bodin, qui avait pris le quart d'un drapeau, rapporta la médaille militaire. La paix signée, le régiment fut dirigé sur Nancy; c'est là que Paul Astier fit connaissance avec la femme et la fille de son colonel.

D'entrée de jeu, Blanchette lui déplut; et comme il n'était diplomate ni peu ni prou, il n'eut garde de se mettre en frais de galanterie pour elle. La petite fut d'autant plus choquée de sa froideur qu'elle le trouvait plus agréable à voir que le commun des hommes. Elle fit violence à son attention et l'agaça tant qu'elle put, mais maladroitement : la coquetterie est un art qui ne s'acquiert pas sans étude. Plus elle le piquait, plus il s'accoutumait à la regarder comme un taon, un moustique ou toute autre mouche importune. Le jeune homme avait trop de sang dans les veines pour tenir, une heure durant, les écheveaux d'un petit laideron. Lorsque Blanche l'appelait à haute voix devant cinquante personnes sans avoir rien à lui dire, il ne répondait pas toujours patiemment à ses questions saugrenues. Plus elle se sentait sotte avec lui, plus elle revenait à la charge, comme un joueur qui lutte contre la veine sans se dissimuler qu'il y perdra son dernier sou. L'affaire, étant mal engagée, alla tout naturellement de mal en pis; les taquineries s'aggravèrent.

Un jour Blanche avait dit au lieutenant :

« Monsieur Astier, ces messieurs prétendent que vous dessinez gentiment ; envoyez-moi donc quelques images ! »

Astier s'en fut tout droit chez le papetier à la mode et rapporta plusieurs douzaines de niaiseries enluminées.

« La plaisanterie est bien de mauvais goût, dit-elle.

— Mademoiselle, j'ai choisi celles qu'on donne dans les couvents aux petites filles bien sages. Si vous ne vous en trouvez pas digne, je pourrai les rendre au marchand. »

Une autre fois elle l'attaqua ainsi devant plus de quinze témoins :

« Monsieur Astier, quand vous étiez soldat,... car vous avez porté le sac, n'est-il pas vrai ?

— Comment donc! je l'ai même porté très-loin.

— Eh bien! quand vous étiez un simple troubadour, couchant à la chambrée et mangeant à la gamelle, dans quel monde alliez-vous, s'il vous plaît!

— Dans le monde des bonnes gens, mademoiselle ; mais vous avez trop d'esprit pour comprendre jamais ça. »

Lorsqu'elle croyait tenir un fait à la charge de son ennemi, elle en faisait l'objet d'une interpellation publique :

« Monsieur Astier, avez-vous encore vos parents?

— Grâce à Dieu, oui, mademoiselle.

— Et que fait monsieur votre père ?

— Il garde les fagots du gouvernement.

— Ah ! Ah ! Et Mme Astier, votre mère ?

— Elle fait la soupe au père Astier.

— Mais c'est patriarcal! Dites donc, ces honnêtes forestiers seront joliment fiers de vous quand vous aurez la croix !

— Il n'ont pas attendu si longtemps, mademoiselle. »

Les paroles de ces dialogues sont peu de chose sans la musique. Il aurait fallu voir les adversaires en présence, entendre la voix grêle et traînante de Mlle Vautrin, le timbre mâle du lieutenant et son ton bref. L'avantage ne restait pas souvent à Blanchette, et, comme il n'y a rien de plus cruel que la faiblesse, elle en vint aux dernières atrocités.

« Monsieur Astier, est-ce que vous avez fait des campagnes?

— Autant qu'il y en a eu de mon temps, mademoiselle.

— Et sous quels cieux avez-vous guerroyé, je vous prie?

— En Crimée, en Afrique, en Italie

— Mais avez-vous rencontré des ennemis sur votre route ?

— Quelques-uns.

— Qu'est-ce qu'ils vous ont fait, ces méchants-là ?

— Ils ont fait mon avancement.

— Ils ne vous ont jamais blessé?

— Ni tué, non. Pardonnez-leur : ils ne savaient pas ce qu'ils faisaient.

— Comment s'y prend-on, à la guerre, pour éviter les mauvais coups?

— C'est bien simple, on est heureux.

— Ou prudent.

— Je suis sensible à cet éloge, mademoiselle, car monsieur votre père me l'avait toujours refusé.

— Il me semble qu'on devrait se faire blesser par simple coquetterie. Un officier intact me fait l'effet d'un être inachevé.

— A la première occasion, mademoiselle, je me mettrai en mesure de vous envoyer un de mes bras ou une de mes jambes

— Des jambes et des bras? que voulez-vous que j'en fasse? j'en ai.

— Oh! si peu. »

Les moindres allusions à sa maigreur la mettaient hors d'elle. Sur ce chapitre et sur celui du teint, elle était d'une susceptibilité farouche. Aussi prit-elle en haine l'ordonnance de Paul Astier, le fidèle Bodin, qui avait mis en circulation un mot populaire.

Bodin taquinait souvent le sapeur Schumacker, qui avait pour ainsi dire allaité Mlle Vautrin :

« Dites donc voir un peu, l'ancien ; quand ils ont baptisé votre petite, ils ne savaient approximativement pas de quelle couleur elle se proposait d'être. Mlle Blanche, elle n'est pas blanche du tout.

— Ça, c'est *frai*.

— Comment, c'est frais?

— Non! *Che tis* : c'est *frai*, *Planche* est *prune*.

— Planche et prune! Ah! joli. C'est toi qui l'as nommée, vieillard à tous crins, et le nom lui restera! Planche et prune! Mais que c'est un coup de pinceau qui vous la peinturlure en deux temps depuis la guêtre jusqu'au plumet! Planche et prune! J'en ferai confidence à tout le régiment; merci, mon vieux! »

II

La haine a des intuitions qui tiennent du miracle. Dès que Mme Humblot s'était mise à raconter son aventure, Blanche Vautrin avait pensé au lieutenant Astier. Elle ne savait pourtant pas qu'il eût fait le mois précédent une fugue de vingt-quatre heures; elle n'avait jamais entendu dire qu'il fût lié particulièrement avec les officiers de Commercy. Par quelle contradiction reconnut-elle aussitôt dans un portrait tout en rose un homme que depuis deux ans elle voyait tout en noir? L'esprit avait pensé si vite, la main avait agi si lestement, que son petit mauvais coup s'était fait pour ainsi dire tout seul, et qu'elle-même en fut surprise.

L'ivresse du premier moment fit place à la réflexion, quand les deux mères furent sorties. Elle se demanda ce qui arriverait si ces dames, en mettant le pied dans la rue, se rencontraient face à face avec Astier. Reconnaissance, attendrissement, stupéfaction ; Mᵐᵉ Humblot, évanouie, tombait dans les bras du lieutenant; on s'expliquait, on s'entendait; Mˡˡᵉ Antoinette entrait en scène, et bientôt... Blanche ne se sentait aucune sympathie pour cette grande Antoinette.

Rien au monde ne pouvait empêcher ou retarder le dénoûment dès que la rencontre aurait lieu. La réputation du lieutenant était bonne, ses chefs le signalaient comme un officier d'avenir. Son origine modeste et sa pauvreté semblaient admises d'avance par les Humblot. Quant à lui, nul doute qu'il n'acceptât l'aubaine avec enthousiasme. Il avait le cœur libre de tout engagement; on ne lui savait point de parti pris contre le mariage en général, il aimait ses parents, il regrettait de ne pouvoir les aider, c'était un homme de famille. Sa fierté bien connue et son désintéressement avéré l'auraient porté sans doute à refuser une fille riche, si elle était laide, ou compromise, ou de naissance inavouable; mais ces Humblot, en somme, avaient l'air de braves gens, et la sensible Antoinette ne devait pas être mal, pour peu qu'elle tînt de sa mère.

Il l'épouserait donc ; mais après ou même avant la cérémonie il s'expliquerait avec elle sur toutes les circonstances du roman. Mᵐᵉ Humblot ne manquerait pas de dire qu'elle avait feuilleté l'album sans y trouver son gendre; on voudrait savoir le pourquoi de ce petit mécompte, et alors que penserait-on? Que dirait Mme Vautrin? Blanche tenait infiniment à l'estime de sa mère, qui était une bonne femme sans énergie, mais de sens juste et de cœur droit. Elle avait presque peur de son père; il n'entendait point raillerie en matière de conscience et d'honneur, et ce qu'elle redoutait par-dessus tout, c'était le jugement du monde. La suppression de ce portrait ne semblerait pas seulement odieuse; le petit crime devenait ridicule, puisqu'il n'avait rien empêché. Si la malice des Nancéiens ne voyait en tout cela qu'un coup de main maladroit, l'effort d'une haine impuissante, passe encore, ce n'était que demi-mal; mais si l'on se permettait d'y chercher autre chose, par exemple le contraire de la haine! Ah! plutôt les derniers supplices que la honte d'avoir distingué avant l'âge un homme qui aime ailleurs!

Or, il semblait à peu près impossible de soustraire le lieutenant aux recherches de Mme Humblot. La chère dame avait de bons yeux; sa fille, à coup sûr, les avait meilleurs encore, et si l'amour est aveugle, comme on dit, c'est lorsqu'il trouve son compte à se tromper lui-même. Nancy est grand, mais un homme ne s'y perd pas dans la foule, comme à Paris; un officier surtout, et l'uniforme est de rigueur dans les garnisons de province. Les lieux de réunion sont connus, le nombre des promenades est limité, toutes les personnes d'un certain monde sont sûres de se rencontrer une ou deux fois au moins par semaine. Le théâtre était fermé par bonheur, mais dans une ville si vivante et si alerte au plaisir on se voit ailleurs qu'au théâtre. Le maréchal recevait quelquefois, le général et le colonel avaient chacun leur jour. La préfecture, la recette générale et plusieurs autres maisons pouvaient offrir à Mme Humblot la collection complète du corps d'officiers. En ce moment, les deux mères étaient en visite chez les femmes les plus répandues et les plus spirituelles de la garnison. On allait éveiller leur curiosité, les intéresser toutes au succès de cette chasse à l'homme. Elles raconteraient l'histoire à leurs maris; les soixante mille francs de rente offerts en dot à un bel inconnu feraient le tour de la ville en vingt-quatre heures ; il en serait parlé dans toutes les pensions et dans tous les cafés militaires : si Paul Astier n'était pas reconnu par ses camarades, il saurait bel et bien se dénoncer lui-même.

« Allons, pensa le jeune diable, il faut que M. Paul Astier disparaisse. »

C'était, en petit, le raisonnement des voleurs qui tuent pour plus de sûreté les témoins de leur crime; mais on n'escamote pas un grand gaillard de lieutenant comme une simple muscade. Blanchette tint conseil avec elle-même, et discuta cinq ou six combinaisons insensées avant de s'arrêter à la bonne.

Elle s'était procuré, non sans peine, un dessin du lieutenant. C'était une caricature assez plaisante de M. Moinot, commandant du 2e bataillon. Paul avait dessiné un moineau becquetant une cerise, et le tout, vu à quelque distance, représentait admirablement le chef de bataillon et son nez. Ce pauvre commandant, vieil Africain et bon soldat, s'était fait un nez flamboyant par sa faute. A part ce ridicule et ce défaut, il était très-considéré et dans les meilleurs termes avec tout le monde. Il prisait fort Astier, qui le lui rendait bien, et qui pour rien au monde n'eût voulu lui causer de l'ennui ; mais on est jeune, on aime à rire, on se laisse aller aux entraînements de la malice, et, lorsqu'on croit tenir une bonne plaisanterie, on n'a pas la sagesse de la garder pour soi. Ce dessin, rehaussé de quelques touches à l'aquarelle, fut porté à la pension des lieutenants un soir qu'on recevait des officiers de passage. Tout le monde s'en amusa ; quelques jeunes gens en gaieté y mirent un mot de commentaire. Après ces jeux innocents, on parla d'autre chose, puis on alla au café, et la charge du commandant Moinot, un peu froissée, un peu tachée, resta sur un coin de la table. Un camarade de Paul Astier, le lieutenant Foucault, plia la feuille en quatre et la porta, sans penser à mal, à Mlle Vautrin. Huit jours après, la jeune fille dit fièrement à son ennemi : « J'ai un dessin de vous malgré vous ; » mais elle ne dit pas lequel. A ses yeux, le choix du sujet n'avait alors aucune importance.

Aujourd'hui c'est une autre affaire. Elle retourne à sa chambre, ouvre un carton, prend la caricature, la signe du nom de Paul Astier en majuscules, la met sous enveloppe, écrit l'adresse du commandant, toujours en majuscules, et appelle le planton :

« Mon vieux Schumacker, lui dit-elle, va jeter cette lettre à la poste, et ne laisse voir l'adresse à personne. Quant à toi, je sais que tu ne **la liras point**, ton éducation s'y oppose.

Ce second trait chargea peu sa petite conscience. D'abord elle se croyait excusée par la nécessité, ensuite elle savait qu'une querelle est impossible de lieutenant à chef de bataillon. « Tout compte fait, pensa-t-elle, maître Astier en sera quitte pour quelques jours d'arrêts forcés, huit au moins, quinze au plus ; cela n'est pas la mort d'un homme. Dans huit jours, la veuve Humblot et sa fille seront lasses d'user leurs bottines sur le pavé pointu de Nancy. On leur prouvera qu'elles ont rêvé, et elles retourneront à leurs récoltes. Pourvu qu'elles ne s'avisent pas d'attendre l'inspection générale ! non, elles comprendront sous peu que l'insistance serait ridicule, et le général-inspecteur n'arrive que dans trois semaines : tout est sauvé ! »

Elle se remit à son piano et s'étourdit de musique en attendant le retour des deux mères. Mme Vautrin entra seule, fort lasse et visiblement dépitée.

« Eh bien ! maman ?

— J'en perds la tête. Nous avons feuilleté la cavalerie, dévisagé l'artillerie, interrogé le génie et passé en revue le grand quartier général. Toutes ces dames ont été d'une complaisance ! Elles se sont mises à notre disposition ; la maréchale elle-même s'intéresse à cette pauvre Mme Humblot. Et rien ! rien ! rien ! J'en ai le crâne fendu. Tu n'as pas une idée, toi ?

— Si, maman.

— Dis donc vite !

— J'imagine que les deux innocentes se sont laissé duper par un aimable petit plaisant qui n'est pas plus militaire que moi.

— Enfant! crois-tu possible qu'un homme ose se dire officier sans l'être?

— Pourquoi pas? Je lis tous les jours des procès où l'on prend non-seulement le titre d'officier, mais l'uniforme, la croix et les médailles pour escroquer les gens.

— Mais on ne trompe ainsi que les badauds, jamais les militaires! Figure-toi qu'à Commercy...

— Je sais. Cependant un civil peut fort bien avoir déjeuné par hasard avec les officiers de Commercy. C'était un honnête garçon, soit ; mais il avait la tête un peu montée, et il aura trouvé charmant de berner Mme Humblot.

— A quel propos?

— Parce qu'il y a des physionomies qui appellent la mystification, comme il y a des arbres qui attirent la foudre. Si tu ne veux absolument pas que ces dames aient été dupes d'un commis voyageur en goguette, j'admets que le garçon soit militaire à la rigueur. C'est peut-être un sous-officier de cavalerie, étonnamment bien né, un vrai fils de famille emprisonné pour dettes dans l'uniforme des guerriers français. Cherchez-le, vous avez le temps; mais, maman, si tu veux m'en croire, tu n'engageras pas tes amies à mettre leur bonheur et leurs économies entre les mains d'un monsieur qui s'est surfait lui-même pour commencer.

— Pourtant, s'il était officier, ce jeune homme?

— Comment veux-tu? Au fait, c'est peut être un capitaine d'aventure, qui commande incognito une compagnie de routiers sans uniforme. C'est Fra Diavolo, tiens! Es-tu contente? La légende le peint sous des traits agréables, et peut-être cette demoiselle de la Charente-Inférieure n'en ferait-elle pas fi.

— Méchante !

— Ange !

— Ces dames viendront ce soir prendre le thé ; ne les décourage pas au moins.

— A Dieu ne plaise ! mais si Mme Humblot a seulement un atome d'esprit, elle a dû laisser l'espérance à la porte de son auberge. »

A dîner, Mme Vautrin conta le gros de l'affaire à son mari.

« Ma chère amie, dit le colonel, je regrette que ce bon numéro ne soit pas échu à un de nos jeunes officiers. Les lieutenants seraient plus à l'aise, s'ils pouvaient ajouter soixante mille livres de rente aux cent soixante-cinq francs qu'ils touchent le premier du mois.

— Mais, papa, demanda Blanchette, admets-tu qu'un officier coure les champs pendant vingt-quatre heures sans que son colonel ait vent de l'escapade ?

— Cela peut arriver dans certaines garnisons par la négligence des chefs de corps. Dans mon régiment, pareille chose ne s'est jamais vue et ne se verra jamais, j'ose le dire.

— Oh ! papa, tu peux être tranquille. Cet officier, s'il existe, n'appartient pas au régiment. »

Mme Humblot et sa fille n'eurent garde de manquer au rendez-vous. Lorsque Blanche Vautrin vit entrer Antoinette, elle reçut comme un coup de poignard dans le cœur. Figurez-vous la rage d'une enfant qui se sait laide, qui a passionnément souhaité d'être belle, qui s'est proposé à elle-même un idéal de noblesse et de beauté. Tout à coup, sans préparation, elle se voit entrer dans un salon, telle qu'elle a toujours rêvé d'être! Et cette taille majestueuse, cette souplesse de corps, cette plénitude de formes, cette pureté des lignes, cette blancheur de teint, ce rayonnement de santé, cette grâce sereine et douce que la nature lui a refusée, elle voit tout cela au pouvoir d'une autre! Il semble qu'on lui ait volé sa personne entière, et qu'on lui ait jeté par miséricorde une guenille de rebut!

La petite avait une certaine force d'âme. Elle sut réprimer son premier mouvement, qui était d'arracher les yeux à Mlle Antoinette. On se serra les mains, on sourit, on échangea sans effort apparent les petites politesses d'usage. Les confidences, dûment provoquées, ne se firent pas attendre. Rien n'égalait la candeur et l'expansion de la victime. Elle ne doutait pas de la sincérité de ce jeune homme, elle ne voulut pas admettre un seul moment qu'il eût usurpé la moindre chose. Son sentiment était que les deux mères avaient vu les albums trop vite, ou qu'un des portraits n'était qu'à moitié ressemblant : le soleil est un astre capricieux, pourquoi donc serait-il un artiste infaillible?

Blanche feignit de donner dans cette illusion. Elle entraîna la belle étrangère hors du salon, comme pour la mettre à l'abri des curiosités indiscrètes, et dans un petit coin, en tête-à-tête, elle lui mit le régiment entre les mains, sous les yeux, pour l'étudier tout à l'aise. Quand l'examen fut achevé, la perverse embrassa Mlle Humblot et lui dit : « Ne vous affectez point, il n'y a pas un officier digne de vous dans le régiment de mon père ; je le savais, nous verrons ailleurs ; on se charge de tout : c'est dans l'état-major que nous trouverons l'heureux jeune homme. Dès demain je me mets en campagne avec vous. En attendant, retournons là-bas ; maman a fait savoir qu'elle restait chez elle, la réunion sera nombreuse, votre arrivée est un événement, tout le monde veut vous connaître : qui sait s'*il* n'est pas là et si vous n'allez pas le rencontrer face à face ? »

Il y avait foule au salon quand elles y entrèrent. Toutes les femmes de la garnison étaient venues pour voir, et la plupart des célibataires pour se montrer. Plus d'un gaillard s'était dit en donnant le fin coup de brosse aux parements de sa tunique. « Si le ciel a permis qu'une brillante héritière jetât son dévolu sur la garnison de Nancy, il poussera peut-être l'originalité jusqu'à me recommander personnellement aux yeux de la belle. » Dans cet espoir, chacun mettait en relief ses petits avantages ; on posait pour le pied, pour le torse, pour la jambe, pour la tête ; l'un relevait sa moustache, l'autre pirouettait sur les talons pour montrer la rondeur et la finesse de sa taille. Entre tant de jolis garçons, Paul Astier ne brillait que par son absence. Depuis qu'il était mal reçu dans la maison du colonel, il n'y venait que sur invitation directe ou en visite de stricte obligation.

Si Mlle Humblot n'aperçut point celui qu'elle cherchait, Blanche eut la satisfaction de voir le commandant Moinot causer en particulier avec M. Vautrin en gesticulant à force. Voici ce qui s'était passé vers la fin de la journée.

Comme Astier dépliait sa serviette à la pension, il fut mandé d'urgence chez son chef de bataillon. Il y courut gaiement, dans l'espoir que le papa Moinot avait besoin de quelque service, et charmé de se rendre utile à un bonhomme qu'il aimait.

Dès qu'il fut en présence du vieil officier, il s'aperçut que le baromètre marquait tempête. Au milieu d'un visage singulièrement pâle, le nez rouge flamboyait.

« Lieutenant, dit M. Moinot, avez-vous jamais eu à vous plaindre de moi dans le service ?

— Jamais, mon commandant.

— Et hors du service ?

— Pas davantage.

— Est-il à votre connaissance que j'aie cessé de mériter l'estime des hommes et le respect des jeunes gens ?

— Tout le monde vous estime, vous respecte et vous aime, mon commandant.

— Vous n'auriez pas perdu la tête par hasard ?

— Pas que je sache.

— Vous ne vous êtes pas grisé aujourd'hui ?

— Ça, non.

— Alors pourquoi m'insultez-vous, sacrebleu ?

— Moi, commandant !

— Qui donc ? C'est moi peut-être qui me suis adressé cette turpitude à moi-même ? La reconnaissez-vous ? »

Paul reconnut son vieux dessin, qu'il croyait anéanti depuis longtemps et qu'il avait oublié.

« Mon commandant, dit-il, en dessinant cette mauvaise charge, l'an dernier, j'ai fait une sottise et une inconvenance; mais celui qui l'a volée, conservée, signée de mon nom et mise à la poste a fait une infamie. Je vous demande pardon d'une légèreté qui serait vénielle, si vous n'en aviez pas eu connaissance. Quant au drôle qui a pris soin de tourner la plaisanterie en affront, je me charge de le retrouver et de le punir.

— En attendant, monsieur, comme on n'aurait pas pu m'envoyer cette œuvre d'art, si vous ne l'aviez pas commise, faites-moi le plaisir de rentrer chez vous et de garder les arrêts de rigueur jusqu'à nouvel ordre. »

Le lieutenant s'inclina sans répondre et obéit.

Pour un simple citoyen, rester chez soi, et même y rester seul, fût-ce durant une semaine ou deux, ne serait pas une peine; pour le jeune officier, c'est un supplice. Le logement garni n'est pas un domicile; on y est chez son propriétaire, chez ses prédécesseurs, chez tout le monde, hormis chez soi. Non-seulement le cœur ne s'attache à rien dans ces gîtes, mais l'esprit y est inquiet, voletant, suspendu sans savoir où se poser. De là vient cette impatience des étrangers dans la plus confortable et la plus riche auberge et ce besoin d'en sortir, vraie nostalgie qui chasse les habitants du Grand-Hôtel et de l'hôtel Meurice vers les théâtres et les lieux publics. Le malaise est mille fois plus intolérable dans ces appartements meublés sans meubles, dans ces garnis dégarnis que l'officier loue en moyenne vingt francs par mois. Le logeur ne peut pas donner mieux à ce prix-là, et les logés ne sauraient guère y mettre davantage. Paul Astier, comme tous les lieutenants d'infanterie, payait vingt francs de chambre, soixante-cinq francs de pension et quinze d'extra pour les réceptions obligées ; son ordonnance lui coûtait douze francs, plus cinq à l'ordinaire du corps pour dispense de service. Il donnait quinze francs par mois au tailleur, cinq au bottier pour l'entretien et le renouvellement de sa garde-robe, douze à la blanchisseuse, cinq à la cantinière pour la nourriture de son chien. Le total de ces dépenses, dont une seule, le chien, n'était pas indispensable, s'élevait à cent cinquante-quatre francs par mois. Il restait onze francs pour l'imprévu, le café, les cigares, l'achat et la location des livres, les fournitures de bureau, le permis et les munitions de chasse, les déplacements, les caprices et les munificences. Le café seul, aux officiers les plus sobres, coûte environ trente francs par mois ; mais pourquoi vont-ils au café ? D'abord parce que c'est l'usage, et que dans l'armée plus qu'ailleurs chacun doit vivre comme tout le monde. Ajoutez que l'État n'a jamais voulu leur donner un lieu de réunion où l'on pût s'asseoir et causer sans obligation de boire.

Paul occupait une chambrette des plus modestes dans le vieux quartier de Nancy, rue du Maure-qui-Trompe. Une couchette de fer, une commode, une table, une malle et trois chaises, voilà l'inventaire au complet. Un fusil Lefaucheux, gagné au tir, et une demi-douzaine de pipes décoraient la paroi principale. Dans ce réduit, le jeune homme dormait depuis deux ans, et il y avait fait les plus beaux rêves du monde. La vie lui souriait, il aimait son métier ; ses chefs, ses camarades, ses soldats l'estimaient à qui mieux mieux. Simple engagé volontaire, il se trouvait aussi avancé à vingt-six ans que les élèves de Saint-Cyr. Depuis trois ans, à chaque inspection générale, il était porté pour la croix, on parlait de le présenter au choix pour le grade de capitaine. Si les affaires marchaient toujours du même train, il était presque sûr d'arriver général avant la retraite. En attendant, il portait légèrement sa pauvreté, qui, pour le fils d'un simple garde, était une opulence relative. Sa chambre lui paraissait luxueuse et les *beefsteaks* ratatinés de la pension très-succulents. Quoiqu'il se refusât toute dépense inutile, on peut dire que jamais il n'avait chômé de plaisir. On le mettait de toutes les parties ; il montait à cheval avec les officiers de dragons ; il chassait en hiver chez les jeunes gens riches, il conduisait le cotillon au bal de la préfecture. Les grisettes le voyaient d'un œil favorable ; bref, en langage militaire, il était des bons, c'est-à-dire des heureux.

Le soir où il rentra chez lui par ordre du commandant Moinot, il lui sembla que son étoile s'était éclipsée tout à coup, et la petite chambre prit un aspect sinistre. Le fidèle Bodin lui apporta son dîner parfaitement froid ; il y toucha du bout des dents et se plongea dans une méditation décourageante. Il était mécontent de lui-même et des autres ; il venait d'offenser sans le vouloir un excellent homme, presque un vieillard ; ce petit événement ne manquerait pas de se résoudre en mauvaises notes ; l'inspection générale approchait ; pour une faute dont en somme il n'était qu'à moitié coupable il risquait de manquer la croix. C'était sa troisième proposition. La première faute, au lendemain de Solferino, avait échoué parce qu'en guerre les blessés passent avant tout. La deuxième datait d'un an; elle fut biffée par l'inspecteur lui-même, qui ajouta aux notes d'Astier : « Trop familier avec les inférieurs; manque de tenue. » C'était Blanche Vautrin, qui le soir, dans un salon, avait dit au général :

« Voyez-vous ce grand officier, là-bas, qui a la tournure d'un roi? Il se fait tutoyer par son ordonnance, sous prétexte qu'ils ont gardé les animaux ensemble dans leur pays. »

Le général avait vérifié le fait et lavé la tête au bon Astier. Pour cette fois, l'affaire semblait autrement grave, mais Paul était peut-être moins sensible au dépit de perdre son dû qu'à la honte d'accuser un camarade. Il flairait une basse trahison, et il ne pouvait se faire à l'idée qu'un officier français en fût l'auteur. La première sensation du mal physique fait pousser les hauts cris à l'enfant nouveauné; le jeune homme ressent quelque chose de semblable lorsqu'il naît à l'expérience en découvrant que le mal moral existe et que tout le monde n'est pas honnête et bon comme lui. Paul se jeta tout habillé sur sa couchette et pleura.

III

Il resta quinze jours à se ronger les poings, dans une solitude absolue, sans visites, sans nouvelles, sans autre distraction que le spectacle de la rue, le service de Bodin et les romans crasseux d'un mauvais cabinet de lecture. Cinq ou six fois la honte le prit; il voulut secouer sa torpeur et commencer un livre sur l'avenir de l'art militaire. L'occasion semblait bonne pour mettre au jour les idées neuves qui fermentaient en lui depuis longtemps; mais il vit avec douleur que son cerveau refusait le service; la pensée se brisait les ailes contre les murs de cette chambre. Il comprit que la liberté d'aller et de venir est indispensable aux enfantements de l'esprit, et que les jours de captivité, comme les jours de navigation, sont à retrancher de la vie.

Tandis qu'il sommeillait à demi, tristement replié sur lui-même, Mme Humblot et sa fille reprirent le chemin de Marans. La bonne dame était vexée comme un chasseur bredouille, qui tuerait des pigeons et des poules, plutôt que de rapporter son carnier vide au logis. Sur la fin du séjour, elle signalait tantôt un officier, tantôt un autre à sa fille, et elle semblait lui dire : « Puisque le vrai phénix est envolé, accepte celui-ci ou celui-là, tandis que nous y sommes. »

Mais Antoinette avait le cœur bien pris. Cette course haletante à travers un monde nouveau pour elle, ces consolations, ces respects, cette curiosité, ces hommages, un fonds de superstition qui reparait chez la femme dans les gros moments de la vie, tout contribuait à l'exalter.

« Si Dieu veut que je me marie, disait-elle, il me fera retrouver celui qu'il avait jeté sur ma route. S'il me refuse ce bonheur, eh bien! je comprendrai qu'il préfère m'avoir à lui. »

Blanche Vautrin jouissait de ce désespoir comme un vrai petit diable. Elle ne quittait point sa martyre, elle la promenait, elle l'avait parquée comme les fourmis âcres parquent les pucerons qui sont tout miel. Elle s'abreuvait froidement de larmes innocentes, elle les dégustait goutte à goutte, en gourmet féroce; et tout à coup, sans motif apparent, elle éclatait en sanglots, se prenait aux cheveux et se frappait la tête, embrassant la pauvre Antoinette avec rage et la repoussant à tour de bras, puis se jetant à ses pieds pour lui demander grâce. L'autre admirait de bonne foi ces élans généreux, et ne savait plus comment exprimer sa reconnaissance.

« Que je vous aime et que vous êtes bonne !

— Détestez-moi plutôt, j'ai l'âme noire ! Je suis un monstre dans la nature ! »

Par trois ou quatre fois, elle eut la bouche ouverte pour tout dire et réparer le mal qu'elle avait fait. Quelque chose la retint. Ce n'était ni la jalousie, ni la crainte du blâme, ni le remords d'avoir menti ; mais une sorte de fierté pudique.

« J'avouerais, si j'avais seize ans; par malheur je n'en ai pas quinze ! Le monde est stupide et méchant. Il confesse par-ci par-là que le cœur n'a pas d'âge, mais ce principe est monopolisé au profit des vieilles folles de quarante ans. »

Le jour où Mlle Humblot prit congé d'elle avec mille protestations, elle lui répondit :

« Je ne me recommande pas à votre amitié, mais à vos prières. La plus malade de nous deux, quoi que vous en pensiez, c'est moi. Ma conscience est comme un champ de bataille couvert de morts et de blessés. J'ai fait pour vous servir tout ce qui était humainement possible ; si vous ne vous en allez pas contente, il y en a d'autres qui sont plus à plaindre que vous. »

Personne ne chercha le fin mot de ces incohérences. Les propos les plus insensés, les exagérations les plus inexplicables n'étonnent pas dans la bouche d'une fille de quatorze à quinze ans.

Les dames de Marans avaient quitté Nancy depuis quarante-huit heures quand Paul Astier reparut à la pension des lieutenants. Ses camarades lui firent fête, quelques-uns lui sautèrent au cou. L'autorité n'avait pas jugé convenable de publier les motifs de sa punition; on savait en tout et pour tout qu'il avait manqué grièvement au chef de bataillon. Son nom était rayé de la liste des propositions; le lieutenant Foucault, de la 3ᵉ du 2ᵉ, était mis à sa place, et le brave garçon s'en excusait le plus cordialement du monde. Astier reçut très-poliment les condoléances de ses amis, mais sans abandon et sans grâce : son cœur ne s'ouvrait plus qu'à moitié. Lorsqu'au dessert on déboucha le vin de Champagne en son honneur, il prévint le toast en disant :

« Un instant, messieurs. Vous souvient-il que l'an dernier, autour de cette table, un jour de réception, j'ai fait passer certaine charge du commandant Moinot? »

Les convives, debout, le verre en main, se regardaient sans comprendre. Il n'attendit pas leur réponse et poursuivit d'un ton bref :

« Le dîner s'acheva si gaiement que je ne songeai pas à reprendre ce chiffon de papier. Quelqu'un de vous l'a-t-il recueilli par hasard?

— Moi, dit Foucault.

— Ah! c'est vous? La coïncidence est fâcheuse.
— Comment?
— Avez-vous conservé l'objet en question?
— Non; je n'y attachais pas d'importance, et je l'ai donné à quelqu'un.
— Donné ou envoyé?
— Donné de la main à la main.
— Foucault, je vous ordonne de me dire sur l'heure à qui vous l'avez donné.
— Astier, je ne reçois d'ordres que de mes chefs.
— Si vous ne recevez pas mes ordres, vous recevrez toujours bien mon verre au visage! »

Le geste suivit la menace; les camarades s'interposèrent pour empêcher une rixe, et rendez-vous fut pris. Le colonel ne put défendre là rencontre, il y avait eu voies de fait. Le lendemain matin à six heures, on se battit au sabre d'ordonnance, et Paul Astier reçut un coup droit en pleine poitrine. Il fut deux mois à l'hôpital entre la vie et la mort.

Blanche Vautrin fit à la même époque une de ces maladies qu'on explique par la croissance. Elle eut la fièvre, le délire, des suffocations, des spasmes et quelque peu de catalepsie. On la crut morte plusieurs fois, elle perdit ses cheveux, fit peau neuve, et guérit enfin ; mais sa convalescence fut celle d'une ombre. Ses meilleures amies, si tant est qu'elle en eût, ne reconnaissaient pas la petite Vautrin dans cette grande jeune fille transparente et penchée, le front ceint d'un bandeau blanc, comme une carmélite. Ses parents la promenaient en calèche aux rayons du soleil d'automne, qui est souvent admirable à Nancy. Elle avait de grands yeux noirs qui menaçaient d'envahir toute la figure, un nez droit effilé, de forme antique ; ses lèvres pâles dessinaient un petit arc très-pur et très-correct. L'ensemble de ses traits n'offrait plus rien de heurté ; vous auriez dit que la douleur avait tout remanié, tout pétri à nouveau dans ses mains terribles.

Le fond même semblait amendé ; la voix avait acquis certaines inflexions d'une douceur suave ; l'esprit, moins vif et moins caustique, jugeait plus humainement de toutes choses ; le cœur s'attendrissait pour un rien, prêt à fondre. Elle éprouvait des admirations extatiques et des langueurs pâmées à la vue d'un insecte dans l'herbe, au parfum d'une violette de l'arrière-saison. Tout est neuf aux convalescents, ils s'imaginent qu'on vient de recommencer à leur profit la nature entière.

Elle reprit lentement ses forces, et la gaieté ne lui revenait pas. Le médecin jugea que l'hiver de Lorraine était trop rude pour elle ; il l'envoya se rétablir à Palerme ; Mme Vautrin l'y conduisit. Le jour de leur départ, à la fin de novembre, elles rencontrèrent devant la gare un grand officier pâle qui marchait lentement, appuyé d'une main sur sa canne et de l'autre sur le bras du fusilier Bodin. Il salua militairement son colonel, qui était aussi dans la voiture, puis il tourna sur ses talons avec une indéfinissable expression de mépris. Blanche comprit sans autre commentaire qu'il s'était expliqué après coup avec M. Foucault, et qu'il connaissait maintenant l'auteur de ses disgrâces.

Mme Vautrin, toujours bonne et sans malice, dit à sa fille :

« Voilà un pauvre garçon qui aurait grand besoin de venir en Sicile avec nous.

— Par malheur, répondit le colonel, il n'a que sa solde. »

Blanche ne put se défendre de penser que sans elle le jeune homme serait riche, heureux et bien portant.

Ce remords la suivit jusqu'au pays des oranges. Pour une âme qui n'est pas absolument perdue, c'est un rude fardeau qu'une mauvaise action. Il se passa peu de journées sans que Blanche se souvînt de Paul Astier, sans qu'elle se demandât : « Où est-il ? que devient-il ? Il doit sentir cruellement le froid, tandis que j'ouvre mon ombrelle au soleil. S'il avait éprouvé une rechute ? s'il mourait ? Je n'en saurais rien, personne n'aurait l'idée de m'en écrire. Et moi, malheureuse, je n'ai pas même le droit de m'en informer ! »

Elle avait un petit commerce de lettres avec Mlle Humblot, et les nouvelles qui lui arrivaient de Marans n'étaient pas faites pour rassurer sa conscience. Antoinette lui annonça qu'elle allait tâter du couvent comme pensionnaire, sans engager sa liberté. Une espérance absurde, mais obstinée, soutenait la pauvre fille. « Encore un brave cœur qui souffre par moi, disait Blanche, et pour qui ? Quel fruit me revient-il de ses tortures ? Je fais des malheureux, et il n'y a pas sur la terre un être plus misérable que moi ! »

Pendant qu'elle passait la vie à s'accuser et se lamenter tour à tour, le climat, le grand air, l'exercice, la jeunesse surtout, poursuivaient leur tâche et métamorphosaient à qui mieux mieux sa petite personne. Sa figure maigrelette se remplit, son corps se développa, sa taille s'arrondit, ses corsages devinrent trop étroits, les os saillants de ses bras disparurent comme les rochers à la marée montante ; quelques fossettes se dessinèrent çà et là. Son teint avait passé du brun sale au blanc fade de la cire. Il se réchauffa peu à peu et s'arrêta décidément à cette demi-blancheur, rose au fond et bronzée à la surface, que l'on admire chez les créoles. Le monde de Palerme et des environs la trouvait belle ; quant à la pauvre Mme Vautrin, elle vivait à genoux, en contemplation devant la merveille. Il est certain que le plomb vil s'était changé en bon argent et que la femme du colonel, après six mois d'absence, ramena en Lorraine une Blanchette très-appétissante. Sa beauté n'était pas absolument régulière ; de la laideur effacée il restait je ne sais quoi d'étrange ; mais l'étrange n'est pas à dédaigner, et je sais des femmes superbes qui le payeraient cher, s'il se vendait en boutique.

« Mon lieutenant, dit un jour le fidèle Bodin, j'ai une nouvelle à t'a... à vous annoncer. C'est que la demoiselle du colonel a fini son semestre aux pays chauds, et que c'est comme si maman l'avait bourrée de mie de pain et trempée dans du lait. Autrement dit, qu'elle n'est plus ni *planche* ni *prune*.

— Tant mieux pour elle ! Quand tu n'auras rien de plus intéressant à me dire, tu n'auras pas besoin de te déranger.

— Suffit. »

Paul Astier était rétabli. Non-seulement il avait

repris son service, mais depuis près de deux mois il travaillait chez lui sans relâche. Il n'aurait pas pris une heure de repos par semaine sans l'obligation de paraître aux lundis du général.

Cette nécessité le mit cinq ou six fois en présence de M{^{lle}} Vautrin ; il affecta obstinément de ne la point connaître. Belle ou laide, elle n'était ni plus ni moins monstrueuse à ses yeux. Toutefois, en bonne justice, il s'avoua qu'elle était belle.

Un soir qu'il approchait du buffet, elle le devina, quoiqu'elle eût le dos tourné, et, faisant volte-face, elle lui dit :

« Je suis donc bien changée, monsieur Astier, que vous ne me reconnaissez pas ? »

Il répondit froidement :

« En tout temps, en tout lieu, mademoiselle, et quelque changement que la nature opère en vous, soyez sûre de ma... reconnaissance.

— Sans jouer sur les mots, pourquoi ne me saluez-vous jamais ?

— Parce que j'ai mauvaise opinion de vous, mademoiselle.

— Je suis une honnête fille, pourtant.

— Je l'espère pour vos parents, mais vous ne serez jamais un honnête homme. »

Cela dit, il tourna le dos, gagna le vestibule, alluma un cigare et retourna en fredonnant à la petite chambre où son cher travail l'attendait.

Il avait fait un raisonnement qui semble juste à première vue, et qui l'est dans tous les pays moins routiniers que le nôtre. « Si ma bonne conduite, mes campagnes et quelques actions d'éclat n'ont pas suffi à mériter ce scélérat de ruban rouge ; si l'on fait passer sur mon corps toutes les médiocrités de l'armée tantôt par un motif et tantôt par un autre, le seul parti qui me reste à prendre est de frapper un grand coup. Je veux prouver à nos mamamouchis que je ne suis pas un officier à la douzaine, et que je raisonne mon affaire un peu mieux que Dupont, Lombard ou Foucault…. A ce livre ! et du nerf ! »

En ce temps-là, les vices et les absurdités de notre organisation militaire commençaient à frapper les meilleurs esprits de l'armée. Il n'y avait pas un régiment qui ne comptât parmi ses jeunes officiers quelque réformateur obscur, modeste et convaincu. Ces rêveurs sensés et pratiques ne s'étaient pas donné le mot, aucun fil ne les reliait, ils ne conspiraient pas ensemble à la refonte d'une institution vieillie ; ce qu'ils avaient de commun, c'est que la même évidence les avait tous frappés en même temps. Ils condamnaient l'exonération par voie administrative comme une fabrique de vieux prétoriens calculateurs et viveurs ; ils disaient tout haut que la garde, outre qu'elle pèse lourdement sur le budget, blesse le sentiment d'égalité, qui est le fond de l'armée française, en créant une aristocratie de faveur et de hasard. Ils souhaitaient que l'avancement sur l'arme remplaçât partout l'avancement au corps, que l'intrigue des protecteurs, si forte et si funeste sous un gouvernement personnel, fût détrônée par un système d'épreuves orales et écrites constatant les aptitudes et les études de chaque sujet, que l'âge de la retraite fût avancé d'au moins dix ans pour l'officier sans avenir, et qu'on le remplaçât ;

jeune encore, vers quarante ans, dans les emplois civils. Cette méthode, disaient ils, aurait le double avantage de prévenir l'envieillissement de l'armée et de chasser des ministères une multitude de jeunes gens qui se vouent dès l'adolescence au désœuvrement des bureaux. Le zèle de nos jeunes censeurs touchait à tout ; il supprimait certains emplois indispensables avant 1789 et parfaitement inutiles aujourd'hui ; il augmentait la solde de quelques grades, qui est restée au même chiffre depuis la Révolution, quoique le prix de toutes choses ait doublé ; il renvoyait impitoyablement tout un olympe de généraux inutiles, souvent incapables, toujours routiniers, qui sont plutôt les éteignoirs que les lumières de l'armée. L'armement de notre infanterie était mis au rebut ; on prônait hardiment le fusil à tir rapide et répété, se chargeant par la culasse ; on réfutait les sempiternelles objections de la commission des armes portatives ; on se colletait moralement avec ces estimables sourds qui nous ménageaient le plaisir d'assister en spectateurs désintéressés au drame de Sadowa. Paul Astier avait pris sous son patronage un système de transformation très-simple et très-économique inventé par un contrôleur d'armes de l'arsenal de Metz. Il ne proposait pas d'innovations déterminées dans l'uniforme du soldat, mais il le déclarait aussi détestable en campagne qu'agréable à contempler aux revues du Champ-de-Mars.

Il demandait pourquoi le gouvernement, qui met la construction des opéras au concours, n'en fait pas autant pour l'uniforme des soldats, et il n'avait pas de peine à prouver qu'un prix de cent mille francs donné à l'inventeur d'un uniforme définitif épargnerait plus de cent millions aux contribuables. Il serait long de résumer ici le volume in-octavo qu'il écrivit tout d'une haleine sur ces questions et cent autres, son projet de bataillons à sept compagnies dont une de tirailleurs, la réduction des divers corps de cavalerie en deux spécialités, cavalerie légère et grosse cavalerie, hussards pour éclairer et ramasser, dragons pour charger l'ennemi. L'auteur voyait éclore dans un avenir prochain un art nouveau, la guerre des grandes armées, procédant par masses énormes, évitant les siéges, laissant les places de côté et marchant droit aux capitales. En conséquence, il conseillait le désarmement de nos forteresses, désormais inutiles et de plus en plus ruineuses; il reportait toute la défense sur les lignes de fer, désignant vingt-deux points où il jugeait à propos d'établir des camps retranchés.

Ce livre assurément n'était pas un chef-d'œuvre indiscutable, on pouvait le critiquer par-ci, le corriger par-là ; mais c'était l'ouvrage d'un bon citoyen et d'un officier hors ligne. Toute la partie historique témoignait d'une érudition laborieuse et forte, les chapitres utopiques fourmillaient d'idées saines que les faits ont vérifiées depuis, et qui n'ont pas été perdues pour tout le monde ; mais Paul Astier avait raison trop tôt, sa montre avançait de quelques années sur les horloges officielles. Parmi les camarades auxquels il lut son manuscrit par fragments, quelques-uns firent cause commune avec lui et embrassèrent passionnément ses rêveries ; d'autres, moins imprudents, l'avertirent que cette dépense de talent lui serait plus nuisible qu'utile en haut lieu. Malheureusement la fièvre d'invention, ce mal étrange qui s'appelle génie ou folio, suivant le jour et l'heure, lui avait tourné la tête. Il se sentait tellement sûr d'avoir raison qu'il porta son manuscrit à l'imprimerie Vincent, avant de solliciter l'autorisation du ministre. Le livre, tiré à quinze cents exemplaires, avec une carte, trois plans et vingt-deux tableaux d'une mise en pages compliquée, coûta six mille francs, dont il n'avait pas le premier sou. Toutefois il ne doutait pas du succès; il envoya dix exemplaires aux bureaux de la rue Saint-Dominique, persuadé que non-seulement on permettrait la publication, mais qu'on achèterait la première édition pour la répandre dans toute l'armée.

Neuf exemplaires sur les dix furent jetés au rebut avant lecture; le dixième tomba sur un vieil automate de bureau qui l'ouvrit pour tuer le temps, et bondit d'indignation aux premiers mots de la première page. Bouleverser l'ordre établi! Porter la main sur une institution si belle, si parfaite qu'elle allait nous donner, en moins de vingt-cinq ans, le quatrième rang en Europe! Dans quel cerveau malade une idée si révolutionnaire avait-elle germé? On aurait pu la pardonner à un général de division; elle eût été blâmée poliment chez un colonel. Chez un simple lieutenant, le cas parut damnable. Sur un rapport sévère du vieux monsieur, le ministre fit écrire à Paul Astier une lettre foudroyante qui l'invitait à effacer dans le plus bref délai les moindres traces de cette incartade, s'il ne voulait pas se heurter jusqu'à la fin de sa carrière à l'épithète de frondeur.

Dans cette étrange nation qui s'appelle l'armée, entendre et obéir ne font qu'un. Nul n'a raison contre ses chefs ; le bon sens et le bon droit sont des questions de simple hiérarchie. Lorsque deux hommes de ce pays-là ne sont pas du même avis, il serait ridicule de peser leurs arguments respectifs; il suffit de compter les galons de leur casquette. Le lieutenant fut régulièrement informé qu'il avait tort, et il se le tint pour dit, en homme qui sait la vie. Il distribua son livre à vingt camarades et à trois ou quatre amis ; le grenier de l'imprimerie demeura dépositaire du reste.

Ce n'était que demi-mal, si l'affaire avait pu s'arrêter là; mais il fallut payer l'impression et le papier de ce livre inutile. L'imprimeur prenait patience, il connaissait Astier, et partant s'intéressait à lui ; mais le marchand de papier logeait à cent cinquante lieues de Nancy, il exigea rigoureusement son dû, et comme le débiteur ne dissimulait point sa misère, cet homme, qui n'était pas riche, fut obligé d'écrire au colonel. Si l'imprimeur l'avait laissé réclamer seul, il aurait vu sa créance primée par une autre ; il se mit donc de la partie, à contre-cœur. Le lieutenant avait d'ailleurs quelques dettes courantes, comme tous les lieutenants sans fortune; il est entendu que l'officier le plus raisonnable doit recourir au crédit tant qu'il n'est pas au moins capitaine. Toutes ces réclamations, provoquées l'une par l'autre, formèrent un bloc de huit mille francs. A supposer qu'on retînt chaque mois un cinquième de la solde pour désintéresser les créanciers, le règlement de ce petit compte se serait fait en dix-neuf ans et quelques jours. En pareille occasion, l'autorité militaire prend un biais qu'on ne saurait trop admirer. Elle met le débiteur en retrait d'emploi, c'est-à-dire qu'elle le réduit à la demi-solde. Paul Astier s'éveilla un beau matin sous le coup d'une quasi-destitution qui lui laissait environ quatre-vingts francs par mois. Son colonel le prit à part et lui dit avec toute la courtoisie et toute la bienveillance imaginables :

« Mon pauvre enfant, je n'y peux rien; nous sommes tous les esclaves de la loi. Le régiment vous regrettera; vous avez non-seulement des aptitudes remarquables, mais toutes sortes de qualités excellentes. Comptez sur moi pour vous recommander à l'autorité supérieure, et soyez sûr que nous vous replacerons dès que vos dettes seront payées. Choisissez la résidence qu'il vous plaira. »

Paul répondit qu'il resterait à Nancy, mais qu'il n'espérait pas arriver à payer ses dettes.

« Eh! que diable! pourquoi vous avisez-vous d'écrire et d'imprimer ? Vous aviez si bien commencé, mon pauvre ami ! Voilà deux ans, oui, ma foi ! que vous avez empaumé la déveine. Cela date de votre affaire avec Moinot. Je ne suis pas superstitieux, Dieu merci, mais je me suis demandé quelquefois si l'on ne vous avait pas jeté un sort.

— Il se pourrait, mon colonel. »

Le lendemain, il quitta son service et se mit à chercher des leçons par la ville. Comme il avait de bons amis et de belles connaissances, les élèves lui vinrent de tous côtés. Il enseignait le dessin aux uns, et aux autres les mathématiques. On ne le vit plus au café ; il fit des prodiges d'économie, réduisit ses dépenses à cent francs par mois et se mit à payer des à-compte. On vint lui demander un matin s'il pouvait enseigner l'aquarelle à une jeune fille.

« Pourquoi pas ?

— Mais prenez garde de tomber amoureux de votre élève ! c'est Mlle Vautrin.

— Ah !... vous avez raison ; elle est beaucoup trop jolie. Du reste, tout mon temps est pris. »

Blanche était informée de ses moindres actions. Elle faisait causer Schumacker, qui faisait boire Bodin, qui servait son ancien lieutenant gratis. La jeune fille éprouvait une sincère admiration pour ce jeune homme si naturel dans la mauvaise fortune ; elle le voyait lutter contre l'impossible sans la moindre affectation d'héroïsme et pousser son petit rocher de Sisyphe aussi naïvement qu'un terrassier pousse la brouette. Pour la première fois de sa vie, elle eut la conscience de la vraie grandeur, qui ne va point sans la simplicité ; mais à mesure qu'elle rendait justice à l'ennemi, elle se condamnait rigoureusement elle-même. Par une triste journée d'octobre, elle aperçut de sa fenêtre un grand garçon qui courait sous une pluie battante, abritant de son mieux quelques livres et quelques papiers. C'était lui. « Le voilà donc, pensa-t-elle, celui qui éclipsait tous les officiers du régiment par sa gaieté, son esprit et sa bonne mine ! Et c'est moi seule qui l'ai mis en si piteux état ! »

Comme elle se livrait à ces réflexions, Paul Astier leva la tête, reconnut la fille de son ancien colonel et se découvrit poliment sans ralentir le pas. Elle se jeta vers lui avec une sorte d'emportement, comme une aveugle, une folle, une fille qui ne sait plus où elle en est. Ses deux bras s'étendirent en avant, elle heurta les mains à la fenêtre, recula comme saisie de honte et vint tomber dans un fauteuil où elle éclata en sanglots.

Le jeune homme, si pressé qu'il fût, saisit quelques détails de cette pantomime et rentra tout songeur dans son taudis.

« J'ai mal vu, pensait-il, ou mal compris; et quand même elle se repentirait de ses noirceurs, le remords ne serait qu'une contradiction de plus dans cette âme déréglée. »

Toutefois cet incident futile lui laissa je ne sais quelle impression de bien-être. L'homme est éminemment sociable; l'idée que nous sommes haïs, même à cent lieues de nous, par les personnes les moins dignes de notre amitié, nous attriste. Une injure anonyme empoisonne la journée d'un stoïque. Paul Astier trouva tout à coup le ciel moins noir et sa chambre moins vide. Sa conscience était comme soulagée d'un fardeau, quoiqu'il ne se fût jamais rien reproché dans cette petite guerre.

Il songea plus souvent et plus volontiers qu'autrefois à l'inexplicable créature qui semblait lui vouloir quelque bien après lui avoir fait tant de mal. Ce revirement imprévu chatouillait sa curiosité comme un problème à résoudre. Il fut conduit naturellement à passer de temps à autre devant la maison du colonel, qu'il évitait autrefois; il rencontra de nouveau les yeux de Mlle Vautrin et il put s'assurer qu'elle le regardait sans haine. Comme il était très-pauvre et très-malheureux malgré tout, et comme il lui devait le plus clair de ses peines, il la donnait encore à tous les diables, mais sans conviction : « C'est un monstre odieux ; qui sait si elle n'a pas un atome de cœur, tout au fond? En tout cas, c'est un bien joli monstre. »

S'il était allé dans le monde, comme autrefois, Blanche aurait trouvé le courage de marcher droit à lui et de signer la paix entre deux contredanses. Elle se sentait assez forte pour lui confesser tous ses torts et enlever l'absolution de haute lutte. Mais où et comment aborder ce mercenaire qui battait le pavé dès six heures du matin et rentrait dans son trou à huit heures du soir? En bonne foi, Blanche ne pouvait pas courir après lui dans la rue.

Six longs mois s'écoulèrent, longs pour Astier, qui travaillait dur, plus longs pour elle, qui se consumait dans le vide. Un matin, elle reçut une lettre timbrée de Marans. Elle n'osa pas l'ouvrir et courut chez sa mère en criant : « Lis, j'ai trop peur ! Je suis sûre qu'Antoinette Humblot se marie ! »

Son instinct ne l'avait pas trompée. Antoinette lui annonçait tristement son prochain sacrifice. Après avoir essayé deux fois du couvent sans s'y faire, la pauvre fille se dévouait au bonheur de Mme Humblot. Elle épousait un voisin de campagne, veuf, encore assez jeune, et qu'elle estimait sans l'aimer. Les noces se célébraient dans quinze jours, sauf miracle; on espérait que Mme et Mlle Vautrin ne refuseraient pas de les animer de leur présence, mais on ne promettait pas de leur montrer des visages très-gais. Le *post-scriptum* était d'une sincérité charmante. « Ma chère Blanche, je sens encore au plus profond de mon cœur un souvenir qui n'y peut pas rester sans crime. Je l'arrache et je vous l'envoie ; quand vous aurez brûlé ma lettre, il n'en existera plus rien. C'est fait ; pleurez pour moi. »

Blanche fit mieux que pleurer ; elle cria, elle pria, elle demanda pardon à Dieu, à sa mère, à la pauvre Antoinette immolée. « Non ! dit-elle, je ne brûlerai pas un souvenir si touchant et si pur. Bonne, brave, honnête fille, c'est pour lui qu'elle était créée ; ils sont dignes l'un de l'autre. Ah çà ! mais tout le monde vaut donc quelque chose ici-bas excepté moi ? Je deviendrai comme eux, coûte que coûte ! Je déferai mon détestable ouvrage, et tout le mal sera réparé. « Sauf miracle, » dis-tu, pauvre ange. Eh bien ! le miracle se fera ; je le veux ! »

Mme Vautrin demeurait stupéfaite devant cette explosion, et sanglotait sans savoir pourquoi. « Mais explique-toi donc, disait-elle ; où as-tu mal ? qu'est-ce qui arrive ? Mon Dieu ! mon Dieu ! ma fille a-t-elle perdu l'esprit ?

— Non, maman, je serai calme, je serai forte, tu sauras tout ; mais d'abord fais chercher papa, je veux qu'il y soit. »

Lorsqu'elle fut en présence de ses juges, elle dressa son réquisitoire contre elle-même, et ne se ménagea point. L'histoire de l'album épouvanta Mme Vautrin, qui ne pouvait croire à tant de dissimulation chez sa fille ; le colonel n'en fut point particulièrement affecté, peut-être ne comprit-il la chose qu'à demi. Mais lorsqu'il sut que Blanche avait mis la signature d'Astier et l'adresse du commandant sur cette fatale caricature, il pâlit et se dressa en pied, la main levée :

« Malheureuse ! cria-t-il, je t'écraserais là, si tu étais un homme ; mais tu n'es qu'une fille, grâce à Dieu ! tu ne vivras pas sous mon nom... »

Elle ne plia point sous ce blâme terrible, au contraire. Elle marcha sur son père et lui dit :

« Tue-moi, papa ; tu me rendras service, car je suis bien malheureuse, va ! »

Lorsqu'elle eut tout avoué, le colonel lui dit :

« Tu sais ce qui nous reste à faire ? Astier va venir, je lui raconterai devant toi toutes tes infamies, je le remettrai sur la voie de la fortune et du bonheur dont ta scélératesse l'avait écarté, et comme tu n'es qu'un être inférieur, irresponsable, c'est moi qui lui demanderai pardon du mal que tu lui as fait. »

Il envoya chercher Paul, qui par hasard était au logis. Lorsqu'il se vit en présence des deux femmes, il comprit qu'il ne s'agissait pas du service ; mais c'est tout ce qu'il devina. Mme Vautrin s'essuyait les yeux, Blanche se cramponnait aux bras de son fauteuil comme s'il y avait eu un abîme devant elle ; le colonel était rouge, il desserrait son col, tordait sa moustache et lançait un peu partout des regards furieux.

« Mon cher Astier, dit-il, vous serez père un jour,... bientôt, j'espère. Que le ciel vous préserve de connaître la honte qui m'étrangle dans ce moment-ci ! Vous rappelez-vous qu'il y a six mois je vous ai demandé si l'on ne vous avait pas jeté un sort ? Mon ami, voici la sorcière !

— Colonel, je vous en prie, ménagez mademoiselle ; elle n'était qu'une enfant lorsqu'elle a fait les.... niches que vous lui reprochez.

— Comment ! vous savez donc....

— L'histoire de M. Moinot ? Depuis longtemps.

— Et vous n'avez rien dit ? et vous vous êtes laissé faire ? et vous avez failli mourir sur le terrain ?... S'il était mort, vois-tu, je t'aurais tuée ! »

Blanche haussa les épaules et son visage sembla dire :

« Il est convenu que cela m'aurait été bien égal.

— Mais si vous savez tout, reprit le colonel, pourquoi n'avez-vous pas épousé Mlle Humblot ? »

A ce nom, la stupéfaction de Paul montra clairement qu'il ne savait pas tout. Le colonel lui conta l'affaire *ab ovo*, comme il venait de l'apprendre. Il fit sonner bien haut la beauté, la fortune et les nombreux mérites d'Antoinette ; mais le lieutenant avait l'air d'un homme moins ébloui qu'intrigué. Il cherchait sur le visage de Blanche un commentaire explicatif du récit paternel. Blanche, se sentant observée, tremblait sous ce regard sérieux, scrutateur et doux. Les yeux cléments de Paul Astier la troublaient plus que les éclats de son père. Jamais le lieutenant n'avait laissé paraître tant de bonté devant elle, et jamais, non jamais, dans cette longue guerre, elle n'avait eu si grand'peur de lui.

Le colonel acheva son discours en disant :

« Mon ami, je vais vous faire délivrer une feuille de route pour Marans. Comme il ne convient pas que vous laissiez des dettes à Nancy, j'espère que vous me ferez l'honneur de puiser dans ma bourse. Cette lettre de votre future (prenez, prenez !) vous prouve que, sans être attendu ni même espéré, vous serez le bienvenu là-bas. Je m'invite au mariage. D'ici là je me fais fort de vous réconcilier avec le ministère et de vous ménager une rentrée triomphale dans mon régiment. La distinction qui vous était due et que mademoiselle vous a confisquée par un trait diabolique, ne vous manquera pas longtemps, je le jure. Je ne promets pas de vous la porter en présent de noces, mais je dirai à Mlle Humblot quel homme vous êtes, ce que vous valez, de quel train je vous ai vu courir au feu, et, ce qui est peut-être plus rare et plus beau, avec quelle grandeur vous avez porté la misère. Je lui dirai que tout père de famille, si haut que la fortune l'ait placé, serait fier de vous nommer son gendre. »

Cette éloquence aurait, sans doute, transporté un autre homme que Paul. Il en parut à peine effleuré et laissa tomber négligemment la précieuse lettre. Son attention se partageait entre les trois visages de la famille Vautrin ; il avait l'air de chercher un sens caché sous les paroles du colonel; il interrogeait d'un œil pensif et inquiet la physionomie des deux femmes.

Il se résolut à la fin et dit :

« Monsieur Vautrin, voulez-vous sortir un instant avec moi ? j'aurais encore trois mots à vous confier. »

Lorsqu'ils furent dans le salon d'attente, il poursuivit :

« Mon colonel, il n'y pas au monde un meilleur homme que vous; vous n'avez fait de mal qu'aux ennemis de la France; encore est-il certain que vous auriez ménagé leur peau, si l'affaire avait pu s'arranger autrement. Mme Vautrin est votre digne femme; la doublure vaut l'étoffe en qualité. A mon sens, il est moralement impossible que l'association de deux biens produise un mal; je nie donc en principe que Mlle Vautrin m'ait fait du tort pour le plaisir de nuire.

— Par quel motif alors ?

— Dame! je ne prévoyais pas en commençant que parler fût si difficile. Il faut pourtant que tout s'explique. Vous avez eu le temps de m'étudier; vous savez donc que je ne suis ni un fat ni un coureur de dots; vous comprendrez aussi que je ne suis pas homme à chagriner les gens que je connais pour me jeter à la tête des inconnus. Ce qui me reste à dire a l'air d'être d'un fou; vous penserez ce qu'il vous plaira, mais tant pis! Mon colonel, j'ai l'honneur de vous demander la main de mademoiselle votre fille, et je me sauve pour que vous ne me chassiez pas de la maison comme autrefois du régiment! »

Cela dit, il entr'ouvrit la porte de l'antichambre, se glissa dehors comme une anguille et laissa le colonel abasourdi.

« Blanche! Augustine! ma fille! ma femme! nous avons fait un malheur, mes chers enfants! Ce pauvre diable a la tête fêlée. Croiriez-vous qu'en réponse à tout ce que j'ai dit, il me demande la main de Blanchette?

La jeune fille, à son tour, poussa un grand cri, mais de joie :

« Moi qui ai tant mérité d'être punie! Ah! maman, le bon Dieu est cent fois meilleur qu'on ne le dit! »

IV

ÉTIENNE

IV

ÉTIENNE

HISTOIRE D'UN COQ EN PATE

Il ne s'appelait pas Étienne ; ce n'était ni son nom ni son prénom. Peut-être a-t-il signé de ce modeste pseudonyme un vaudeville, une bluette, une série de petits articles malins, quelque péché de sa jeunesse. C'est lui-même qui m'a donné ce vague renseignement lorsque j'eus accepté la tâche dont je m'acquitte aujourd'hui.

« J'ai peu de temps à vivre, disait-il, et je ne veux pas que ma mémoire reste ici-bas comme une énigme. Nous devons quelques pages d'explications à ceux qui ont envié ma fortune ou blâmé ma conduite. Il importe aussi d'avertir les imprudents qui pourraient être induits à m'imiter. »

Comme je lui faisais observer qu'il n'était pas seul en cause dans cette histoire, et que l'éclat de son nom désignerait surabondamment les auteurs de toutes ses misères, il répondit :

« Eh ! ne me nommez pas. Écrivez l'histoire du fameux Jacques, ou du célèbre Pierre, ou d'Étienne...

Oui! je me suis appelé Étienne pendant un mois ou deux. Mes amis me reconnaîtront toujours assez, et vous savez que je suis peu sensible à l'opinion du vulgaire. Évitons le scandale, mais si vous avez eu quelque estime et quelque amitié pour moi, faites que l'expérience dont je meurs ne soit pas perdue pour tout le monde. »

Il mourut dans la quinzaine qui suivit notre entretien, sans laisser de volontés écrites. On peut donc considérer le récit qui va suivre comme le testament de cet esprit d'élite et de cette âme de bien.

I

Mes premières relations avec Étienne remontent au deuxième samedi de janvier 185... Je fis sa connaissance à dîner, chez ce pauvre Alfred Tattet, qui adorait la poésie et la peinture, et qui a gagné le gros lot de l'immortalité en méritant une dédicace de Musset. On respirait la renommée à pleins poumons autour de cette table hospitalière. Jugez des émotions qui durent agiter un pauvre conscrit de lettres, lorsque j'entendis annoncer coup sur coup Dumas fils, Ponsard, Meissonier, Jadin, Decamps, et dix autres personnages presque aussi célèbres en divers genres! Mes oreilles, mes yeux ne m'appartenaient plus : je dévorais les physionomies, je buvais les paroles, j'avais l'air d'un jeune paysan de Béotie introduit par méprise au banquet des dieux.

Entre tous ces illustres, Étienne — puisque nous

sommes convenus de l'appeler ainsi — me captiva de prime abord. Je me sentis non-seulement attiré, mais fasciné. Quand je cherche aujourd'hui les causes de cette première impression, je n'en trouve qu'une : c'est qu'il représentait le type du brillant écrivain tel qu'on se le figure *a priori*. Il était grand, il était brun, il était svelte et de tournure martiale; sa barbe vierge et ses cheveux un peu longs se massaient librement, mais sans négligence, dans un désordre bien ordonné. Sa toilette pouvait passer pour un chef-d'œuvre, tant les lois qui régissent notre uniforme bourgeois étaient coquettement éludées. La coupe de l'habit, le nœud de la cravate blanche, l'échancrure du gilet, que sais-je encore? tout, jusqu'à la chaîne de montre, était original, voulu, prémédité au plus grand avantage de la personne; aucun détail ne semblait livré au hasard ou à la routine des tailleurs, et pourtant rien ne rappelait les hautes fantaisies de 1830. On n'aurait pas su dire en quoi cette tenue péchait contre la mode du jour. Il y avait de la recherche sans affectation, de l'aisance sans débraillé et une pointe de crânerie sans fanfaronnade dans ce dandysme cavalier qui m'éblouit.

Étienne avait alors plus de trente et moins de quarante ans; on comprendra la réserve qui m'interdit de préciser son âge. Ses parents, bons bourgeois, plus qu'aisés, presque riches, l'avaient mis au collége, et après de brillantes études il était entré de plain-pied dans les lettres. Ses débuts furent heureux; il plut des encouragements, et de très-haut, sur sa jeune tête. Balzac déclara qu'il avait des idées; Stendhal, qu'il raisonnait juste, et Mérimée, qu'il écrivait bien. Les grands poètes du siècle répondirent en vers à ses vers; Sainte-Beuve lui consacra une étude magistrale ; David d'Angers fit son buste et M. Ingres son crayon. Lorsque j'eus l'honneur de lier connaissance avec lui, on commençait à demander pourquoi il ne visait point à l'Académie.

Son bagage se composait de vingt-cinq à trente volumes, poésies, voyages, critiques, nouvelles, romans surtout. Plus heureux que Balzac, il avait réussi quatre ou cinq fois au théâtre; mais on pensait généralement qu'il n'avait pas encore développé tous ses moyens ni donné sa mesure. Le vieux Prévost, de la Comédie-Française, si bonhomme et si fin, disait: « M. Étienne a un *Mariage de Figaro* dans sa poche. » Un célèbre éditeur, qui avait publié la plupart de ses livres, lui demandait souvent : « Quand commencerez-vous le Roman du dix-neuvième siècle ? c'est une tâche qui vous revient. » Il répondait en haussant les épaules : « Attendez que j'aie jeté mon feu; je ne sais ni ce que je fais ni comment je vis. Je porte là, sur les épaules, une cuve en fermentation : qui peut dire ce qui en jaillira au soutirage? piquette ou chambertin ? »

Il avait gaspillé beaucoup de son talent et son patrimoine tout entier. La chronique, qui ne s'imprimait guère alors, mais qui se racontait à l'oreille, lui prêtait cent cinquante ou deux cent mille francs de dettes, quoiqu'il habitât un appartement somptueux, encombré de tableaux hors ligne et de meubles introuvables. Son œuvre, dont il était resté propriétaire, mais qu'il exploitait mal, était fort mélangé : pour neuf ou dix volumes dignes de vivre, on en comptait beaucoup qu'il aurait pu se dispenser d'écrire et qu'il avait faits sans savoir pourquoi, en somnambule. Tantôt la fièvre de production le clouait devant sa table et il abattait cinq ou six volumes à la file ; tantôt il trouvait plaisant de faire le grand seigneur et de vivre des rentes qu'il n'avait plus. Puis, le jour où les créanciers devenaient importuns, il prenait son parti en honnête garçon et s'attelait à quelque besogne aussi ingrate que lucrative, sauf à n'y point mettre son nom. Ces déréglements de travail, de finance et de conduite, quelques duels, quelques succès dans le monde des femmes faciles, enfin le renom de parfait galant homme appuyaient les rares séductions de sa personne. Son regard étincelait, sa voix mâle, voilée par moments, était une des plus sympathiques que j'eusse entendues.

Beau convive, d'ailleurs, et bon vivant. Il buvait son vin pur et par rasades, à la vieille mode de France, mais il s'abstenait du café, des liqueurs et du cigare, et il ne dépassait en rien la juste mesure. Il restait homme de bonne compagnie jusque dans ses gaietés les plus étourdissantes et ne se grisait pas même de ses paroles, quoiqu'il en fît grande débauche quelquefois.

La seule chose qui me déconcerta ce soir-là fut de le voir épuiser le meilleur de sa verve contre la noble carrière des lettres où j'étais si fier de débuter. A l'entendre, le métier d'écrire était le dernier de tous ; il fallait n'avoir pas un oncle dans la cordonnerie ou un parrain dans les droits réunis pour accepter un sort si misérable.

« Nous avons pour ennemis, non-seulement nos confrères, grands et petits, c'est-à-dire tout ce qui a le talent ou la prétention de tenir une plume, mais le public lui-même et le bourgeois illettré qui ne nous pardonne pas d'être supérieurs à lui. Quoi que nous fassions, on nous blâme : si j'écris beaucoup, on dira que je me livre au commerce et que je tire à la ligne ; si j'écris peu, on prétendra que je suis au bout de mon rouleau et qu'il ne me reste plus rien à dire ; si je n'écris ni peu ni beaucoup, on imaginera que je ménage mon petit fonds pour faire feu qui dure. Chaque succès nous rend le suivant plus difficile, car on devient plus exigeant à mesure que nous donnons une plus haute idée de notre mérite ; la moindre chute fait dire aux quatre coins du monde que nous sommes de vieux chevaux couronnés, qui ne se relèveront plus. Il s'agirait tout bêtement de produire un chef-d'œuvre à tout coup ; mais Homère, Virgile, Dante, Milton, Arioste, le Tasse, Rabelais, Montaigne, Cervantes, Daniel Foe, La Fontaine, La Bruyère, Le Sage, combien nous en ont-ils donné, des chefs-d'œuvre ? Un par tête ! deux au maximum. Faire un chef-d'œuvre, mes amis, c'est concentrer tout soi dans un seul livre. Supposez que je commette cette imprudence aujourd'hui, je mourrai de faim l'année prochaine. Le public me servira-t-il des rentes ? Prouvez donc à ce glouton sans goût que la qualité a plus de prix que la quantité ! Nous sommes des galériens condamnés à toujours produire, lors même que nous n'avons rien de nouveau à conter ; il faut se remâcher soi-même incessamment, badigeonner à neuf ses impressions d'autrefois, ressasser jusqu'à l'âge le plus mûr les trois ou quatre idées originales qu'on a pu rencontrer dans sa jeunesse! Oh! si le genre humain pouvait perdre la sotte habitude de lire! ou si tout simplement un honnête usurier de Versailles ou de Château-Thierry me couchait sur son testament pour douze mille livres de rente, c'est moi qui ferais vœu de ne toucher papier ni plume jusqu'à l'heure du jugement dernier! Que la vie serait bonne! que la lumière du soleil serait douce et que les Parisiens eux-mêmes me paraîtraient jolis, si j'avais le droit de dire tous les matins, en chaussant mes pantoufles : « Pas une ligne à tracer aujourd'hui. »

Il parla longtemps sur ce ton avec une verve que je ne saurais rendre, mais dont je fus un peu consterné. Mon voisin devina sans doute ce que j'éprouvais, car il me dit à l'oreille :

« Ne faites pas attention, il est toujours ainsi lorsqu'il travaille pour vivre, et le pauvre garçon ne fait pas autre chose depuis six mois. »

Cette révélation me fit prendre le dix-neuvième siècle en mépris. Un tel homme manquait de pain! L'auteur de tant d'œuvres exquises était réduit à gagner sa vie au jour le jour! Son brillant appétit, qui m'avait d'abord égayé, m'attrista : s'il dîne si bien, c'est peut-être qu'il n'a pas déjeuné! Mais une heure après le repas, quand les invités réunis au salon assiégèrent la table de jeu, je le vis tirer de sa poche une poignée d'or et de billets avec quelque menue monnaie. Il tint tête aux plus forts, risqua les gros coups, prit la banque, perdit presque tout sans témoigner le moindre ennui, puis regagna son argent et une centaine de louis par-dessus le marché sans laisser voir qu'il en fût aise. Il était homme à batailler ainsi jusqu'au matin, et je ne trouvais pas le temps long à le regarder faire ; mais la maîtresse de maison nous mit tous à la porte une demi-heure après minuit.

Avant de se disperser, les convives échangèrent force poignées de mains sur le trottoir de la rue Grange-Batelière. Je ne pus me tenir de parler à M. Étienne et de lui dire combien je ressentais d'admiration pour son talent et de sympathie pour sa personne. Il me prit le bras, et répondit avec une familiarité surprenante en m'entraînant vers la rue Drouot :

« Mon enfant, tu as été très-gentil ; tu as écouté, tu as observé et tu n'as pas touché aux cartes. Je n'ai pas lu tes petites affaires ; est-ce qu'on lit dans notre affreux métier ? Mais il paraît que tu vas bien et que tu as le respect de la langue. J'aimerais mieux te voir un bon état ; tu es encore en âge d'apprendre à tourner des bâtons de chaises ; mais l'homme ne choisit pas sa destinée. Viens me voir, et si je peux te rendre un service... »

Cette bienveillance quasi-paternelle d'un homme qui n'était pas mon aîné de quinze ans m'enhardit. J'osai lui demander une lettre d'introduction pour le directeur d'une revue importante.

« Tu tombes mal, dit-il en me tutoyant de plus belle. Je suis en guerre depuis plusieurs années avec ce gaillard-là ; mais n'importe, tu auras ta lettre.

— Cependant si vous êtes son ennemi...

— Il comprendra que je ne le suis plus en voyant que je lui demande un service. Le diable m'emporte au reste si je me rappelle un seul mot de ma querelle avec lui?

— Se peut-il que l'on se brouille et l'on se raccommode ainsi entre écrivains de premier ordre?

— Attends que tu sois quelque chose, et tu verras! Mais je t'emmène sans savoir si nous faisons la même route. Où vas-tu ?

— Me coucher.

— Comme ça? bravement? quand il n'est pas une heure du matin? Il n'y a donc plus de jeunesse? Moi, je ne veux pas dormir, parce que j'ai un article à livrer demain matin, avant dix heures. Je vais au bal de l'Opéra, toi aussi; nous souperons avec des princesses, tu me reconduiras chez moi, et je te signerai ton passeport pour la revue, tandis que tu regarderas lever l'aurore. J'ai dit; marchons. »

Je le suivis sans résistance; ce diable d'homme me dominait si bien que je ne m'appartenais plus. Nous n'avions de billets ni l'un ni l'autre; il entra fièrement, et dit aux employés du contrôle :

« Avez-vous une loge pour moi? »

On s'empressa de nous conduire et de nous installer le mieux du monde.

« Retiens le numéro, me dit-il, pour le cas où tu me perdrais. Nous nous retrouverons ici à deux heures et demie. Jusque-là, liberté complète; reste ou sors, tu es chez nous. »

Cela dit, il me laissa, et je me mis à regarder la salle, persuadé que la discrétion me défendait de le suivre.

Peu après, m'étant risqué dans les couloirs, je le rencontrai debout devant une colonne, à deux pas du foyer. Cinq ou six dominos le harcelaient à qui mieux mieux, et il leur répondait à tous en même temps avec une désinvolture admirable. Les hommes faisaient cercle pour l'écouter, et les petits journalistes, qui l'appelaient cher maître, ramassaient les miettes de son esprit. C'était la première fois que j'assistais à pareille fête, et je fus prodigieusement étonné lorsqu'il tira sa montre en m'appelant du coin de l'œil : il était bel et bien deux heures et demie ; je croyais que nous venions d'arriver !

Il m'entraîna dans la direction du café Anglais, et comme je lui faisais observer que nous n'avions faim ni l'un ni l'autre, il me dit :

« Qu'est-ce que cela prouve ? on ne soupe pas pour se nourrir, mais pour se désennuyer. Nous avons le prince Guéloutine, Hautepierre, vice-président du Jockey, et Oporto, le plus drôle des agents de change ; plus cinq bayadères anonymes que j'ai recrutées à l'aveugle, mais qui ne sont ni laides ni sottes.

— Comment le savez-vous ?

— D'abord parce que j'ai causé avec elles, ensuite parce qu'elles ont les yeux bien enchâssés. Le masque n'a guère de secrets pour l'homme qui sait voir : deux yeux irréprochablement sertis annoncent une femme jeune et presque toujours belle. C'est un Arménien de Constantinople qui m'a révélé cette loi, et je l'ai vérifiée cent fois en dix années au bal de l'Opéra. »

L'événement me prouva qu'il ne s'était pas trompé de beaucoup. Lorsque nous fûmes au complet dans le grand salon d'angle qu'il avait retenu, les dominos se démasquèrent, et le plus modeste des cinq était encore une créature assez agréable. Étienne leur fit les honneurs du souper avec une élégante fatuité qui sentait sa régence d'une lieue; trop dédaigneux pour en courtiser une, trop poli pour leur laisser voir un sentiment que nous devinions tous. Évidemment il n'avait rassemblé ces petits animaux inférieurs que pour égayer la fête et pour faire une étude de mœurs; mais l'habitude de parler, d'agir et d'occuper la scène était si forte chez lui qu'il prit le dé de la conversation sans y songer et nous éblouit tous par un véritable feu d'artifice. Les paradoxes pétillaient sur ses lèvres, les mots heureux éclataient à l'improviste comme des bombes; quelquefois une idée noble et poétique s'enlevait jusqu'au ciel en fusée et retombait en grosse gaieté rabelaisienne. Ce jeu lui plut jusqu'à six heures du matin, puis tout à coup il se rappela qu'il avait à travailler et il sortit pour payer la carte. Le gros agent de change était ivre, le vice-président du club s'endormait, le prince russe, allumé comme un phare, mettait ses roubles et ses mougiks aux pieds d'une choriste de Bobino; quant à moi, je sentais ma tête se craqueler et j'éprouvais un violent besoin de respirer le grand air.

Étienne, toujours frais et souriant, mit son monde en voiture avec les belles façons et les grands airs d'un châtelain, glissant un mot aimable à celui-ci, une pincée d'or à celle-là.

« Quant à toi, me dit-il, tu viens à la maison chercher ta lettre. »

Et nous voilà piétinant côte à côte jusqu'au milieu

de la Chaussée-d'Antin. Je ne pus m'empêcher de lui dire :

« Eh ! mon pauvre grand homme, tu veux donc émigrer vers les mondes meilleurs ? La vie que tu mènes est un suicide continu ; il n'y a pas de vigueur physique ou morale qui puisse y résister six mois. »

C'était lui qui m'avait enjoint de le tutoyer, et je lui obéissais non sans gêne.

Il me répondit en riant :

« N'est-ce pas ? Je me le dis tous les jours à moi-même depuis dix ans et plus ; mais que faire ? Je n'ai pas le choix ; il faut que l'homme suive sa destinée jusqu'au bout. Crois-tu qu'au fond du cœur je n'aimerais pas mieux planter des betteraves dans un village, entre une honnête petite femme et une demi-douzaine de marmots ? Mais planter des betteraves est un luxe que mes moyens ne me permettront pas de longtemps. Jusqu'ici je n'ai cultivé que les dettes, et je ne tarderai pas, selon toute apparence, à récolter des recors. Ma personne est hypothéquée, je ne travaille plus pour moi ; le bourgeois qui me confierait le bonheur de sa fille serait nommé du coup maire de Charenton.

— Cependant on en voit assez, des bourgeois enrichis qui jettent leurs filles et leurs millions à de petits vicomtes criblés de dettes. Votre nom,... ton nom, veux-je dire, a cent fois plus d'éclat que tous ceux qu'on paye si cher. Qui pourrait hésiter entre un gentilhomme de hasard et un prince de la littérature ?

— **On n'hésite pas, je t'en réponds ; le gentillâtre,**

vrai ou faux, sera toujours élu, sans ballottage. Le pire de ces vauriens-là est mieux coté à la bourse des familles que le meilleur d'entre nous.

— Mais si les hommes ont des préjugés, les femmes n'en ont pas et il y en a beaucoup qui ne dépendent que d'elles-mêmes. Celles-là vous connaissent, elles vous ont lu, elles ont passé des heures délicieuses sur vos livres, vous les avez fait rêver, et ce prestige de l'auteur aimé, cette séduction à distance qui vous a préparé tant de succès dans le monde, pourrait tout aussi bien....

— Tais-toi donc, grand enfant ! Mes succès ! D'abord, je n'y vais pas dix fois par an, dans le monde, et quand cela m'arrive je m'ennuie d'être dévisagé comme un animal curieux et je me dérobe au plus vite. J'ai rencontré, il est vrai, quelques semblants d'aventures ; il y a des âmes collectionneuses qui rassemblent dans un album secret tous les hommes dont on parle un peu. On m'a écrit des aveux bien tournés, j'ai répondu, j'ai dépensé la matière de cinq ou six romans dans ces travaux épistolaires, mais chaque fois qu'il a fallu rencontrer face à face une de ces adorables correspondantes, je l'ai trouvée d'un âge et d'un visage à faire fuir l'armée russe, et mes vraiment bonnes fortunes, entends-tu ? sont celles dont j'ai pu me libérer avant la faute. Mais voici ma tanière. »

Un camérier très-correct, qui avait passé la nuit en cravate blanche sur une banquette de l'antichambre, nous ouvrit avant le coup de sonnette. En un clin d'œil, Étienne fut déchaussé, déshabillé, et drapé dans les larges plis de je ne sais quelle soierie orientale.

Vingt bougies s'allumèrent comme par enchantement dans son cabinet, vrai bazar, où les raretés de tous les temps et de tous les pays formaient une décoration fantastique. J'avais à peine commencé la revue de ces merveilles lorsqu'il me cria :

« Laisse le bric-à-brac et viens voir mon seul meuble de prix ! »

En même temps il me tendait un énorme cahier, ou pour mieux dire une demi-rame de papier cousu dans une couverture rouge qui portait en gros caractères : *Jean Moreau.*

« Qu'est cela ? dis-je tout étonné.

— Mon chef-d'œuvre.

— Inédit, à coup sûr, car voici la première nouvelle....

— Mieux qu'inédit : ouvre et juge !

— Du papier blanc !

— Tout est encore à faire, sauf le titre et le plan ; en cherchant bien, tu trouverais les sommaires détaillés de vingt chapitres. Ce que tu tiens, mon cher, est la carcasse d'une belle chose qui n'existera peut-être jamais. Il y a dans chaque demi-siècle l'étoffe d'un livre net, brillant et profond, comme le *Gil Blas* de Le Sage. Jean Moreau, s'il vient au monde, doit être mon Gil Blas, à moi. Les uns m'ont supplié, les autres m'ont défié de construire ce monument ; double raison de l'entreprendre ! J'amasse des matériaux, j'en ai la tête encombrée comme un chantier mal en ordre. Mais la première pierre, posée depuis sept ans, attendra peut-être éternellement la deuxième.

— Pourquoi ?

—Eh! parce qu'il faut se nourrir. Les chefs-d'œuvre, mon bon, ne font vivre que les libraires; quant à nous, nous en mourons. Rien de tel que les articles de pacotille comme celui que je vais lâcher dans un moment. Ça n'engage ni le talent ni la réputation de l'auteur, et ça se paye dix louis, rubis sur l'ongle. Je fais, entre autres choses utiles et désagréables, la chronique des théâtres, dans un journal d'opposition dynastique. La semaine a été pauvre, tu sais? Pas le plus petit morceau de drame ou de comédie; rien qu'une féerie inepte, et que d'ailleurs je n'ai pas vue, *le Topinambour enchanté*, par cinq ou six messieurs dont le plus spirituel et le plus lettré ferait à peine un concierge acceptable. Je vais écrire douze colonnes sur... je me trompe... à côté de cette rapsodie foraine.

— Comment! n'étiez-vous pas à la première représentation? J'y étais, moi.

— C'est bien assez d'avoir à rendre compte de pareilles turpitudes; s'il fallait encore les subir, je donnerais ma démission. Mais, j'y songe! puisque tu as été témoin de la petite fête, tu vas faire mon feuilleton.

— Moi! écrire un article de vous!

— Je n'y vois nul inconvénient, et j'y trouve un grand avantage.

— Et vous pourriez signer ma prose de votre nom ?

— Sans scrupule: cette littérature alimentaire ne tire pas à conséquence. Je te réponds que sur les six auteurs de la pièce, il y en a bien cinq qui n'ont pas écrit un seul mot.

— Mais le public qui connaît votre style...

— Le public n'est pas plus connaisseur en copie qu'en vin ou en peinture ; il juge tout sur l'étiquette. Allons, fils, mets-toi là, travaille et tâche d'avoir fini quand je sortirai de mon bain. A bientôt! »

Il faut que je l'avoue, j'aurais mieux aimé me mettre au lit. L'heure me semblait mal choisie pour exécuter des variations sur le thème du *Topinambour enchanté ;* mais j'étais jeune soldat, c'est-à-dire homme à surmonter la fatigue et la crainte pour faire mes preuves devant un chef. Je me lançai dans le compte rendu, tête baissée, et comme il y a des grâces d'état pour l'inexpérience et la témérité, j'avais fini avant neuf heures, lorsqu'Étienne reparut.

«Nous y sommes? dit-il en s'étendant sur une peau d'ours blanc. Lis, je t'écoute. »

Ses interruptions bienveillantes me prouvèrent que j'avais réussi; il entrecoupa ma lecture de : bien! très-bien! bravo! comme le discours d'un ministre dans les colonnes du *Moniteur*, il applaudit le dernier paragraphe, en protestant que de la vie il ne s'était connu tant d'esprit. Seulement il regretta que je n'eusse point débuté par quelques considérations générales sur le bel art de la féerie, dont l'industrie moderne a fait une chose abjecte et méprisable.

« Eh! quoi! voilà des hommes à qui l'on permet tout, on laisse entre leurs mains des ressources et des pouvoirs discrétionnaires. Le passé, le présent, l'avenir, le vrai, le faux, le pathétique, le comique, tout est de leur domaine ; on leur livre à profusion tout ce qui peut charmer les yeux et les oreilles, lumières, peintures, machines, femmes, étoffes, paillons, danse, musique; on les affranchit, par privilége, de toutes les règles de l'art dramatique, et en échange de tant de concessions on ne leur demande rien que de nous transporter, quatre heures durant, dans un monde un peu moins plat que le nôtre. Que font-ils? Ils nous traînent dans des vulgarités plus fangeuses que le ruisseau de la rue Mouffetard! »

Tout en parlant, il m'avait mis une plume dans la main, et j'écrivais sous sa dictée. Lorsqu'il eut épuisé son thème, il parla de Shakspeare et du *Songe d'une nuit d'été;* il expliqua comment la prose et les vers doivent alterner dans la féerie, selon que le poète s'élève aux nues ou vient friser le sol. Quatre lignes sur la donnée et sur le plan sénile du *Topinambour enchanté* le conduisirent sans autre transition à un magnifique paysage de Thierry, qui illustrait le premier acte. Il traduisit ce décor à coups de plume; c'était un effet d'hiver; il peignit en traits charmants l'hiver sous bois et ses harmonies intimes, les montagnes estompées de brouillard, les brindilles hérissées de givre, le silence épais, étoffé, solide, qui pèse sur la campagne, le filet de fumée bleuâtre qui s'élève en droite ligne sur la maison du forestier, le rouge-gorge frappant aux fenêtres, le chevreuil affamé qui se dresse contre les arbres pour brouter le sombre feuillage du lierre. A propos du ballet, qui avait la prétention d'être antique, il disserta gaiement, légèrement, avec autant de goût que de savoir, et sans ombre de pédanterie, sur la danse des Grecs anciens et modernes. Un couplet politique, dont j'avais cité le trait final, lui fournit l'occasion de flageller à petits coups secs la poésie de cantate et la littérature de commande. Il finit par une description, vrai morceau de bravoure, où, sous prétexte de peindre les exercices d'un nouveau clown, il étalait un style plus bariolé, plus disloqué, plus raide, plus souple, plus humoristique et plus impertinent que tous les clowns de l'Angleterre. J'étais émerveillé et navré, car de mon pauvre article il ne restait pas un seul mot; mais Étienne continuait à me remercier comme si véritablement j'avais fait toute sa besogne.

Il sonna; le domestique vint prendre le manuscrit en apportant quelques lettres.

A la première qu'il ouvrit, il s'écria :

« Parbleu! en voici une qui tombe à point. Impossible de mieux entrer dans la situation. Lettre de femme, mon cher, et de femme du monde; au moins, c'est elle qui le dit. Sauf quelques variantes, ceci rentre dans le modèle numéro 7, car j'ai soumis au classement ces élucubrations sentimentales. On est veuve, on est riche et de bonne famille, mais on se garde d'indiquer si l'on est jeune ou vieille, laide ou jolie; nous pénétrons trop aisément, hélas! les causes de cette discrétion. On a lu mes romans, rencontré mon portrait, déploré mes petits malheurs et blâmé tendrement mon inconduite; mais on ne dit pas si l'on veut se faire épouser, ou simplement rire un peu, ou soutirer au bon Étienne une demi-douzaine d'autographes. Connu, ma chère! vous arrivez trop tard; je ne mords plus à cet hameçon-là. »

Il jeta la lettre au panier, puis se ravisant tout à coup, il la reprit pour me la donner à lire

« Étudie, mon enfant, et profites, si tu en es capable. Peut-être un jour recevras-tu quelques poulets de la même couvée ; c'est pourquoi je t'invite à lier connaissance avec le modèle numéro 7. »

Voici ce que je lus pendant qu'il achevait de dépouiller sa correspondance :

« Sur le salut de votre âme, monsieur Étienne, je vous adjure de ne point juger trop promptement l'imprudente qui trace en tremblant ces quelques lignes. Mon esprit et mon cœur vous appartiennent depuis le jour où Dieu m'a rendu la libre disposition de moi-même ; jusque-là je m'étais interdit de penser à vous, j'avais même cessé de lire vos chers livres, y trouvant un plaisir si vif que je ne pouvais m'en absoudre. Pendant ces dix-huit mois, j'ai osé m'enquérir de vous, prudemment, sans donner l'éveil à ceux dont la surveillance est arbitraire autant qu'importune. Je connais votre figure, et si bien, qu'il me serait facile de vous désigner au premier coup d'œil dans une foule de mille personnes ; me pardonnerez-vous l'indiscrète, mais tendre curiosité qui m'a mise sur la trace de vos embarras actuels et des généreuses folies qui en sont cause ? Mon vœu le plus cher serait de vous ramener à une vie heureuse et réglée, si vous me faisiez la grâce de vous confier à moi. La fortune dont je jouis est plus que suffisante pour deux personnes qui seraient seulement à moitié raisonnables ; quant à l'affection, j'en ai des trésors à dépenser. Le ciel me doit ma part de bonheur, et Dieu sait que je l'ai bien gagnée; mais je ne veux la tenir que de vous. Si vous aviez quelque attachement ou si je vous déplaisais à première vue, j'aurais bientôt fini de prendre le voile, comme la famille me l'a déjà conseillé; mais comment saurons-nous si nous sommes créés l'un pour l'autre? Après mûre délibération, ne pouvant prendre conseil que de moi-même, voici ce que j'ai imaginé. Vous viendrez dimanche à la messe de onze heures, dans la petite église de la Trinité, rue de Clichy. J'y serai de bonne heure et je me placerai, s'il est possible, à droite; vous me reconnaîtrez à ma robe et à mon chapeau de velours bleu foncé; la plume du chapeau est noire et moi je suis blonde. Un homme peut aller et venir dans une église pendant le service divin sans se faire trop remarquer. Vous suivrez une première fois le couloir de droite entre les chaises jusqu'à ce que vous m'ayez vue; vous vous en retournerez sans faire aucun signe et vous vous livrerez à vos réflexions; puis un moment après l'oraison dominicale, vous reviendrez par la même route, et si je vous ai plu, vous passerez votre mouchoir sur votre front. Quel que soit votre avis sur mon humble personne, ne m'attendez pas à la sortie, ne m'offrez pas l'eau bénite, gardez-vous de me saluer et de me suivre, même de loin! Je suis accompagnée partout et rigoureusement observée Attendez que je vous écrive et que je trouve le moyen de recevoir vos lettres ou vos visites sans m'exposer Ce n'est pas de vous que je me méfie, ô Dieu, non! E la preuve, monsieur Étienne, c'est que je signe cette lettre qui met à votre merci mon honneur et mon repos.

« Hortense BERSAC, née de GARENNES. »

Les vingt premières lignes étaient parfaitement lisibles ; la fin, beaucoup plus hâtée et écrite d'une encre assez pâle, ne se déchiffrait pas si bien. Le papier in-quarto, d'un blanc bleuâtre, ressemblait à celui qu'on donne aux voyageurs dans les hôtels de second ordre ; on avait déchiré le coin supérieur de gauche, qui sans doute portait une indication imprimée. Pas d'enveloppe ; la lettre, pliée à l'ancienne mode, fermée d'un pain à cacheter et vierge de timbre-poste, était adressée à M. Étienne, chez M. Bondidier, éditeur.

« Eh bien! demanda-t-il de son ton le plus goguenard, qu'en dis-tu?

— Je dis, mon cher, que le futur auteur de Jean Moreau a manqué de discernement pour la première fois de sa vie. Cette lettre est d'une jeune et jolie veuve, provinciale, riche, dévote, mais nullement sotte, qui vient à Paris tout exprès pour demander ta main.

— Ah! parbleu! Je voudrais savoir où tu as pris ces renseignements. Pars du pied gauche, Zadig, et prouve-moi par A plus B que je suis une bête!

— D'abord, Mme Bersac est jeune; son écriture le dit assez.

— L'écriture des femmes, comme leurs épaules, a le privilége de rester jeune quand tout le reste a vieilli.

— Soit, mais une personne qui n'est pas sûre de sa

jeunesse et de sa beauté ne se montre pas d'emblée ; elle commence par échanger cinq ou six lettres pour amadouer son juge et sauver le premier coup d'œil.

— Voilà qui est un peu mieux raisonné. Continue. Tu n'as pas besoin de prouver qu'elle est dévote et provinciale. Veuve ? sa signature me l'a dit. Riche ? elle le prétend, je veux le croire, et peu m'importe ; mais où diable vois-tu qu'elle pense au mariage et que son ambition ne s'arrête pas à mi-chemin ?

— La preuve qu'elle veut t'épouser, mon cher Étienne, c'est qu'elle ne le dit même pas. Elle indique simplement qu'elle t'aime et qu'elle veut se charger de ton bonheur, car elle est de celles qui ne comprennent pas l'amour, sinon honnête, le bonheur, sinon légitime. Chaque ligne de sa lettre respire la droiture et la sincérité.

— Pourquoi donc ces détours, ce mystère et ces défiances ? De qui se cache-t-elle ? Quel est l'homme qui l'accompagne et qui l'observe ? Il a des droits bien absolus sur elle, ce monsieur ! Devines-tu par quels motifs cette chaste provinciale, qui ne craint pas de signer son billet doux, me défend de la saluer dans la rue ? Veuve ou non, à coup sûr elle est moins libre qu'elle ne le dit.

— Si tu veux que je te réfute par des faits, je ne m'en charge pas, Mme Bersac ne m'ayant point honoré de ses confidences ; mais si tu voulais te contenter d'une bonne hypothèse bien plausible, je te dirais : « Cette jeune femme est gardée à vue par la famille de son ancien mari. » Dans quel intérêt ? je l'ignore, mais nous pourrons le savoir en cherchant bien. Remarque qu'elle s'appelait Mlle de Garennes, c'est-à-dire qu'elle appartenait à la petite noblesse de sa province ; elle a cru déroger en épousant le vieux Bersac, et la preuve c'est qu'elle signe son nom de famille à la suite de l'autre. Pourquoi dis-je le *vieux* Bersac? C'est elle-même qui m'y autorise en écrivant : « Le ciel me doit ma part de bonheur, et Dieu sait que je l'ai bien gagnée. » Donc Besac avait soixante-dix ans, et je t'en félicite. Dans quel pays as-tu vu qu'une jeune fille bien née épousât un veillard de cet âge si elle était bien dotée ? Donc cette jeune et jolie Hortense n'avait rien. Elle te dit maintenant qu'elle est riche ; la fortune vient donc du mari. Bersac a fait une folie au grand dépit de ses héritiers, et il a constitué, comme il convient, de beaux avantages à sa femme. Comprends-tu maintenant quelle est cette famille qui lui conseille d'entrer au couvent ? Ce n'est pas la famille d'Hortense, c'est celle du défunt ; elle nous l'apprend elle-même, si nous savons lire : *la* famille, dit-elle, et non *ma* famille. Ces gens-là seraient trop heureux de se débarrasser d'elle, parce que tout ou partie de son douaire doit faire retour aux collatéraux. Je ne puis pas deviner tout, mais je vois clairement qu'on en veut à son bien, qu'on fait le guet autour de sa personne, de peur qu'elle ne s'échappe par la tangente du mariage. C'est elle qui a voulu venir à Paris ; les Bersac l'y ont accompagnée, ils l'ont logée dans un hôtel de leur choix, chez des gens dont ils croient être sûrs. Elle a dû se cacher pour écrire cette lettre et on ne lui a pas même laissé le temps de l'achever du premier coup : cette encre-là est de dix jours et celle-ci de vingt-quatre heures. L'absence du timbre-poste nous montre que le poulet, caché peut-être sous la doublure du manchon, a été furtivement jeté à la boîte. La chose est-elle assez claire, ô saint Thomas ?

— Ce serait beaucoup dire ; mais je vois poindre une lueur de vraisemblance.

— Eh ! sceptique, il ne tient qu'à toi d'envisager la vérité face à face. Il est onze heures moins dix minutes et la belle Hortense s'achemine en compagnie de tous les Bersac, vers l'église de la Trinité.

— Parbleu ! dit-il, j'en aurai le cœur net. Je n'y crois pas, tu sais ; tu pourras témoigner que je n'ai pas été dupe un seul moment. Bersac ! un nom de comédie ! Nous ne rencontrerons personne au rendez-vous, à moins pourtant que je découvre une vieille pomme de reinette, dorée par quarante-cinq automnes.... Mais baste ! nous rirons. Tu m'accompagnes, tu entends la messe : si cette lettre ne doit pas contribuer à mon bonheur, elle servira du moins à ton salut. Nous déjeunons ensuite au cabaret du coin, tout près d'ici, chez cet illustre empoisonneur qui vend un canard vingt-cinq francs, et qui vous dit d'un ton sublime : « Monsieur, vous ne payerez ce prix-là que chez moi ! » Sais-tu, fils, que le monde est un plaisant théâtre et qu'on y voit des pièces plus drôles qu'à l'Odéon ? Mais tu bâilles, profane !

— C'est de sommeil.

— Te voilà bien malade pour une nuit de plaisir et d'étude ! Haut le pied, jeune homme ! Sois fort : prends exemple sur ton ancien. C'est peut-être ma destinée, bonne ou mauvaise, qui roule en ce moment comme la bille du croupier. Rouge ou noire ?

Le jeu est fait, et l'on n'est pas plus ému que s'il s'agissait d'un florin ! »

On n'était pas ému, je veux le croire, mais on était nerveux, et chaque fois qu'on passait devant certain miroir Louis XIV, on s'ajustait un peu sans y songer. Je le vois encore allongé dans son fauteuil à la Voltaire, tandis que le valet de chambre le chaussait à genoux ; je le vois arpentant à grandes enjambées le trottoir de la Chaussée-d'Antin : un pied de Parisienne et un jarret de montagnard ! Et je pourrais le peindre à l'entrée de cette église de cartonnage que les démolisseurs ont balayée depuis deux ou trois ans ! Il portait un pantalon et un gilet gris de fer avec une redingote bleue qui s'ajustait spontanément et dessinait la taille sans fermer. Un soupçon de ruban rouge illuminait sa boutonnière ; le paletot était jeté sur le bras gauche et la main droite tenait le chapeau. Col rabattu, cravate longue, gants de Suède ; pas un atome de bijouterie. Rien de plus simple et de plus bourgeois que cette tenue matinale, et pourtant je vous jure que François Ier et Henri VIII au camp du Drap d'or n'avaient pas plus grand air à eux deux que lui seul.

Il se tint immobile et comme recueilli pendant quelques minutes, puis il se jeta résolûment dans le petit sentier de droite et traversa l'église tout du long. Il fit alors volte-face et revint à pas lents, promenant ses regards sur la foule, en homme qui serait chargé du dénombrement des chapeaux bleus. Lorsqu'il me rejoignit, je n'eus pas à l'interroger ; son visage exprimait la mauvaise humeur et le dédain. « J'en étais sûr, dit-il. Viens déjeuner.

— Personne ?

— Absolument.

— J'en appelle ! Tu as mal cherché.

— Vois-y toi-même ! »

Je ne me fis pas prier pour recommencer l'épreuve, et je n'eus pas de peine à trouver Mme Bersac. Elle était au milieu du premier rang de chaises, dans la toilette qu'elle nous avait annoncée, et j'ajoute que ce velours bleu lui seyait fort bien. Sa personne me parut des plus appétissantes, une jolie poularde au blanc. La figure rondelette avait la couleur et la fermeté du biscuit de Sèvres, avec ce modelé friand qui donne tant de ragoût aux nymphes de Clodion. Les cheveux d'un beau blond cendré faisaient un contraste adorable avec des sourcils châtains et des yeux noirs. La main, trop strictement gantée, à la mode de province, était petite, et les dents belles. Voilà tout ce que je pus noter en un moment d'examen rapide et contrarié, comme un officier lève un plan sous le feu d'une citadelle. La jeune veuve, à qui sa meilleure ennemie n'eût pas donné plus de vingt-six ans, était assise entre deux dragons fantastiques, échappés de je ne sais quel conte de Topffer. Imaginez un petit homme de soixante-quinze ans, sec, aplati, déteint comme une fleur d'herbier, et une vieille virago effroyable de barbe et monstrueuse de graisse. Impossible de voir un tel couple sans penser à ces ménages d'araignées où la femelle dévore son mari après les noces. Au demeurant, la meilleure harmonie semblait régner entre ces phénomènes ; ils faisaient le guet tour à tour en suivant la messe sur leurs livres : dès que l'homme baissait les yeux, la femme levait la tête, et lorsqu'elle reprenait ses prières, il reprenait sa faction.

Je rejoignis Étienne en hâte et je lui rendis compte de ce que j'avais vu, sans cacher mon admiration pour la belle et touchante victime. Aux premiers mots de mon récit, le scepticisme, le dandysme, les airs glacés firent place à une émotion sincère ; il pâlit et s'appuya sur moi. Je ne pus obtenir qu'il attendît le moment indiqué pour retourner au fond de l'église ; il partit comme un trait, renversa plusieurs chaises, bourra plusieurs chrétiens, et revint tout rayonnant, son chapeau dans la main gauche et son mouchoir dans la droite. « Tu as raison, me dit-il, elle est tout simplement adorable. Nous nous aimons, je l'épouse, je t'invite ; mais sortons d'ici, j'ai besoin d'air. » Il avait l'imagination tellement échauffée que sans moi il oubliait d'endosser son paletot par un froid de cinq à six degrés. Pendant un bon quart d'heure, il piétina, sans y prendre garde, dans cette poussière noire et gluante qui est la neige de Paris. Moi-même j'oubliais de grelotter, quoique rien ne vous fige le sang comme une nuit blanche ; j'éprouvais une étrange ivresse à entendre déraisonner ce grand enfant barbu.

La sortie de la messe et la dispersion des fidèles s'opérèrent sous nos yeux. Hortense quitta l'église au bras du petit vieillard sec et flanquée de la géante ; le trio s'engagea dans la rue de Tivoli. La jeune femme ne nous vit pas, ou si elle aperçut Étienne, elle ne laissa rien paraître, mais ses deux compagnons se retournèrent plusieurs fois, à tour de rôle, l'un éclairant la route, tandis que l'autre assurait les derrières. Étienne s'enrageait à les suivre ; je le retins en lui prouvant qu'il risquait de tout compromettre, et nous prîmes le chemin du déjeuner.

Ah ! l'heureux homme ! De quel appétit il dévorait le temps et l'espace, sans préjudice du poulet à la marengo ! Les obstacles, les rivalités, les complots de la famille Bersac disparaissaient devant lui comme les côtelettes ; il dégustait en connaisseur le vin de Musigny et le bonheur d'être aimé. Il mangea douze ou quinze écrevisses royales en faisant tout autant de projets plus que royaux C'était double plaisir que de le voir et de l'entendre. Il montait sa maison, discutait les livrées, peuplait les écuries, galopait dans les contre-allées du bois de Boulogne sur son cheval favori, dessinait pour Hortense des costumes de fantaisie comme les princesses n'en ont pas ; il ouvrait ses salons à l'élite du talent, tandis que les grands seigneurs faisaient queue à la porte. Tout à coup, il plongeait au fin fond de la province et commençait une de ces idylles qu'on rêve à dix-huit ans, cueillant les violettes par charretées et construisant des arcs de triomphe en bluets.

> Le loup se forge une félicité
> Qui le fait pleurer de tendresse.

Le monde l'excédait ; il voulait être tout à sa femme afin de l'avoir toute à lui. S'il la trouvait encore un peu bourgeoise (et rien de plus excusable, pauvre enfant !), il la pétrirait à nouveau de ses propres mains.

« Cela n'est pas plus difficile en somme que de créer une héroïne de toutes pièces, comme nous faisons chaque jour dans nos romans. J'ai fabriqué plus de vingt femmes, vraies et vivantes, pour les plaisirs de mon public : j'en veux parfaire une meilleure et plus charmante à mon usage. Chacun pour soi, morbleu ! N'est-il pas juste et naturel que le pauvre romancier, une fois dans sa vie, se donne le luxe d'un Romain ? »

Je lui fis observer qu'il manquait une pièce importante à son château en Espagne.

« Laquelle ?

— Le cabinet de travail.

— Mon cher ami, répondit-il d'un ton plus grave, tu sais ce que j'ai su produire au milieu du brouhaha de Paris. Le boulevard, le lansquenet, les maîtresses, les camarades, les créanciers, les coulisses, les soupers, les duels, les journaux, le papier timbré, m'ont laissé le temps d'écrire deux ou trois livres *pour de vrai*. Tu as vu ce matin que j'improvise encore assez gaillardement avec deux bouteilles de vin de Champagne dans la tête. Juge par là de ce que je pourrai faire quand le repos, la sécurité, le bonheur et l'amour honnête m'auront rendu à moi-même et régénéré à fond ! Je pondrai des chefs-d'œuvre !

— *Jean Moreau* ?

— *Jean Moreau* d'abord, et cent autres après. Qu'est-ce qu'un volume in-18 ? Sept ou huit mille lignes d'impression. J'en peux dicter cinq cents en moins de deux heures, tu l'as vu ; une journée de l'homme heureux et libre représente au bas prix dix heures de travail, c'est-à-dire cinq mille lignes. A ce compte, on ferait un volume tous les deux jours, cent quatre-vingts à l'année, et l'on aurait du temps de reste. Si les gros chiffres te font peur, réduis les miens à la moitié, au quart, au dixième ! c'est encore une production de dix-huit volumes par an. M'accordes-tu trente ans de vie ? J'ai cinq cent quarante volumes sur la planche, au minimum. Si je meurs à la fleur de l'âge, dans quinze ans d'ici, je laisserai encore aux éditeurs un stock plus imposant que celui de Voltaire. On sait pourquoi les écrivains de notre époque sont tous stériles, ou à peu près : c'est qu'ils dépensent les neuf dixièmes de leur temps et de leur encre à solliciter les bonnes grâces d'une figurante, la clémence d'un tailleur et les renouvellements d'un huissier. Il se perd journellement à Paris un million de lignes au détriment de la province et de la postérité. Prends tous les hommes de talent, j'en connais bien deux cent cinquante, marie-les à des femmes comme Hortense, donne-leur à chacun deux cents louis par mois, et les siècles de Périclès, d'Auguste et de Louis XIV ne seront que de la Saint-Jean au prix du nôtre ! »

Il déraisonna sur ce ton jusqu'à deux heures après midi, puis il m'envoya me coucher sans la lettre de recommandation qu'il m'avait promise. Je ne me réveillai que le lendemain à neuf heures.

II

Cinq ou six jours après cette débauche, je m'avisai qu'il était temps de faire une visite à mon nouvel ami. Son concierge me répondit que M. Étienne n'y était pas, et je laissai ma carte. Je tentai l'aventure une seconde fois, la semaine suivante, et pour plus de sûreté je m'en fus droit chez lui sans rien demander à la porte. Le valet de chambre correct me reconnut, il ne me prit ni pour un créancier ni pour un emprunteur; cependant il ne put ou ne voulut jamais me dire à quelle heure on trouvait son maître au logis. Tout ce que j'en obtins fut une plume et du papier sur la table de l'antichambre. J'écrivis à l'homme bien gardé, et je le priai amicalement de m'assigner un rendez-vous. La demande resta sans réponse. Un grand mois s'était écoulé depuis notre dîner chez Tattet, lorsqu'un des convives m'arrêta sur le boulevard et me dit : « Qu'avez-vous fait d'Étienne? On vous accuse de l'avoir supprimé; personne ne l'a revu. »

Je répondis qu'il était invisible aux petits comme aux grands, et que sans doute il se faisait céler pour écrire sans distractions, car sa prose commençait à déborder dans les journaux.

Le fait est qu'il noircit alors plus de papier en trois ou quatre mois que dans l'année la plus féconde de sa vie. Il fit de tout en quantité prodigieuse, et tint plus de place à lui seul que dix auteurs de premier et de second ordre. Tout ce qu'il publia dans cette période d'élucubration fébrile ne fut pas, on le devine, à la hauteur de son nom. Pour une belle page de forme absolument pure et classique, il en laissait aller dix ou quinze au courant de la plume. Les récits, les bluettes et les fantaisies qu'il semait à la volée rayonnaient quelquefois du sourire de l'homme heureux, et montraient plus souvent la grimace du manœuvre surmené. Ses lecteurs assidus, les fidèles qui le suivaient d'une attention bienveillante jusque dans ses écarts excusaient ce déréglement par la nécessité de vivre; mais ils sentaient qu'à ce métier le plus grand écrivain du monde doit forcément se gâter la main.

Vers le milieu de mars, je le rencontrai, ou du moins je l'aperçus au Théâtre-Italien. Il se tenait debout à l'entrée de l'orchestre et lorgnait obstinément une loge de face que je n'avais point remarquée. Mon attention s'éveilla, je me mis à chercher le but qu'il visait sans relâche, et je reconnus Mme Bersac en grande toilette, toute rayonnante de diamants. Le gros phénomène rustique était assis à côté d'elle, et le petit monsieur desséché se démenait au second plan. Hortense ne me parut nullement déplacée dans le beau monde de Paris; je fus presque étonné de voir que sa personne et sa toilette soutenaient les comparaisons les plus écrasantes. Une provinciale à moitié belle et à peu près élégante qui risquerait cette épreuve devant l'homme qu'elle aime serait perdue sans rémission. Étienne semblait fort épris et tout fier d'assister au triomphe de ses amours. Quelques signaux furtifs échangés à distance me prouvèrent qu'on était d'accord, mais que l'on persistait à se cacher des deux grotesques. Un intérêt plus vif que la simple curiosité me portait à demander la suite d'un roman commencé sous mes yeux. J'attirai le regard d'Étienne, il me fit un geste amical suivi d'une pantomime rapide qui indiquait le *bien aller,* comme on dit en langue de chasse, puis il rentra dans le couloir, et j'eus beau le chercher après le spectacle : les Bersac avaient disparu comme lui.

Les semaines s'écoulèrent, le printemps égaya Paris, on rencontra des voitures de fleurs au détour de toutes les rues; mais personne n'aperçut Étienne. Il était comme rivé à son bureau, et ne donnait signe de vie que par trois romans-feuilletons qu'il délayait au jour le jour. J'en conclus qu'il avait à cœur de mettre tous ses comptes en règle avant d'épouser Mme Bersac. Les romans qu'il expédiait sous jambe étaient sans doute promis par traités et peut-être payés d'avance. Vers la fin de mai, les affiches, les annonces et les réclames firent savoir à tous les amateurs que la célèbre collection de M. É..., consistant en tableaux, dessins, gravures, bronzes, marbres, majoliques, armes, tapisseries et meubles anciens, allait être exposée pendant deux jours à l'hôtel des ventes. Quelques naïfs s'attendrirent sur le sort du célèbre écrivain qui avait fait des prodiges de travail sans parvenir à racheter la folie de sa jeunesse, et qui se dépouillait de ses biens les plus chers pour satisfaire d'avides créanciers. Quant à moi, je crus deviner que le mariage était proche, et qu'Étienne, en honnête garçon, se faisait un point d'honneur de payer ses dettes lui-même.

Sa vente attira non-seulement les collectionneurs et les marchands, mais les artistes et les écrivains de tout étage. Étienne seul n'y parut point. Plusieurs personnes remarquèrent à la droite du commissaire-priseur un tout petit vieillard en habit râpé et en cravate blanche. Dans ce gnome mystérieux, qui poussait vivement les enchères et les abandonnait toujours à point, je reconnus l'homme de la Trinité et du Théâtre-Italien, le garde du corps de Mme Bersac. Sa présence et son zèle me prouvèrent deux choses : Hortense s'était déclarée en faveur d'Étienne, et la famille du premier mari, au lieu de rompre en visière à la veuve, prenait en main les intérêts de l'intrus.

Cette dernière révélation ruinait tout simplement mon hypothèse. Si le petit monsieur épousait la cause d'Étienne, les passions, les calculs, le rôle ingrat que je lui avais prêté, toutes les pièces de mon argumentation tombaient à terre. Je me trouvais en présence d'un innocent vieillard, dévoué à Mme Bersac, de son père peut-être! de son père, que j'avais horriblement jugé sur la foi d'une lettre mal lue et mal comprise! Ma conscience n'était pas des plus rassurées, et pour comble d'ennui je pensais que le bon Étienne ne pouvait oublier ces propos désobligeants. Il n'était pas de ceux qui aiment à demi; me pardonnerait-il d'avoir calomnié par passe-temps, dans un stupide jeu d'esprit, une famille qui devenait la sienne?

A travers les scrupules qui m'obsédaient, les circonstances les plus insignifiantes prirent bientôt une couleur sinistre. Je me persuadai que, si je n'avais pu forcer la porte du grand écrivain, c'est qu'il m'avait personnellement exclu de sa présence; s'il s'était échappé du Théâtre-Italien avant la fin du spectacle, c'était pour me fuir. La lettre qu'il m'avait promise, je l'attendais toujours! Tant de froideur après une sympathie si brusquement déclarée!

Plus de doute, mon commentaire ingénieux sur le texte de Mme Bersac me coûtait un ami.

J'en étais là de mes réflexions, quinze ou vingt jours après la vente, quand je reçus par la poste un paquet volumineux. C'était une enveloppe contenant sept lettres d'Étienne, dont une seule à mon adresse, la voici :

« Mon cher ami, je te devais un mot de recommandation, j'ai tardé, je m'exécute et je t'en expédie une demi-douzaine; tu n'auras rien perdu pour attendre. Hâte-toi de frapper aux bonnes portes; jamais l'occasion ne fut meilleure, ma retraite fait de la place.

« Oui, les *jeunes* qui m'accusaient de barrer toutes les avenues vont pouvoir circuler, si tant est qu'ils aient des jambes. J'ai suspendu la plume au croc, le public n'entendra plus parler de moi; c'est chose dite et jurée; tu peux en faire part aux amis et aux ennemis.

« Depuis notre dernière et notre première rencontre, j'ai été le plus heureux des hommes et le plus accablé des forçats, j'ai achevé une existence de labeur, commencé une vie d'amour, épuisé plus de soucis et plus de joie qu'il n'en faudrait pour tuer un hercule. Au demeurant, je me porte bien.

« Hortense est la plus belle, la meilleure, la plus angélique des femmes. Béni sois-tu, toi qui l'as devinée du premier coup d'œil! Nous nous aimons comme on ne s'est jamais aimé sur terre; si je savais un homme plus follement épris que moi, j'irais lui chercher querelle à l'instant. Après mille traverses dont le récit serait trop long, tout s'est accommodé pour le mieux; je l'épouse mardi prochain, à...; c'est sa ville natale. Je ne t'invite pas, ni toi, ni personne; elle veut que je rompe avec Paris; il lui faut un Étienne tout neuf, elle l'aura.

« Nous sommes ridiculement riches, j'en ai rougi jusqu'aux oreilles à la lecture du contrat. Ma femme a cent vingt mille francs de rente en usufruit et vingt mille en toute propriété. Tout cela vient du vieux Bersac, de Bersac aîné, comme on l'appelle dans la famille. Cet excellent ami, qui a trépassé en ma faveur, faisait un grand commerce de vins et d'eaux-de-vie; son souvenir est populaire dans les départements du Sud-Ouest. Mon apport, à moi, se réduit à la propriété de mes livres. Bondidier, qui les exploite, a pris la louable habitude de me donner quatre ou cinq mille écus, bon an, mal an. Ce revenu ne doit plus rien à personne; ma vente a tout soldé, jusqu'à la corbeille, qui est digne d'Hortense et de moi. Nous avons donc cent cinquante et quelques mille francs de revenu, plus un hôtel en ville et le château de Bellombre, qu'on dit splendide et royalement meublé. Garde ces détails pour toi, ou n'en imprime que ce qui te paraîtra essentiel, au cas où le public témoignerait une curiosité trop vive.

« Je ne t'ai pas encore dit le plus beau de l'affaire : nous tenons un intendant admirable, unique, habile, honnête, parfait, il ne nous coûte rien. Quelle aubaine pour Hortense et pour moi, qui sommes de vrais Hurons en arithmétique! L'homme providentiel, tu l'as aperçu, mais tu ne l'as point deviné : C'est Bersac jeune, notaire honoraire et malin comme un vieux diable, mais bon diable s'il en fut. Sa fortune est des plus modestes; tandis que le grand frère pêchait les millions en vin clairet, Célestin (c'est son nom) courtisait les muses rebelles, imprimait un poème sur Clovis, faisait siffler une tragédie gallo-franque sur un théâtre d'arrondissement, débutait dans les Agamemnons sous une grêle de pommes, essayait un journal légitimiste intitulé *le Doigt de Dieu*, échouait sur les rives inhospitalières du notariat, petit clerc à trente ans, épousait une paysanne,... tu l'as vue! et ce sacrifice au-dessus de mes forces et des tiennes était payé dix mille écus tout secs. Il achète une mauvaise étude de canton, prend la clientèle d'assaut, triple la valeur de sa charge et s'enlève à la force du poignet jusqu'au chef-lieu du département. Là ses mérites en tout genre et sa probité bien connue lui ont concilié l'estime universelle; on l'aime, on le respecte, il commande à l'opinion. C'est Hortense qui m'a donné ces détails : sa tendresse pour lui n'est pas aveugle, il nous a rudement taquinés durant trois mois; mais elle rend justice à ses vertus, et jure qu'on ne saurait lui rompre en visière sans ameuter tout le pays.

« Soyons justes; voilà un homme qui a lutté toute sa vie pour gagner dix mille francs de rente, c'est tout son bien. Il comptait à bon droit sur l'héritage de son frère; il voit Bersac aîné prendre une jeune femme et lui laisser tous ses revenus après deux ans de mariage. Il y avait un seul moyen de réparer cette injustice : le fils de Célestin est un garçon de mon âge, il commande un bataillon de chasseurs à pied; mais Hortense se cabre dès les premières ouvertures, elle répond qu'un Bersac lui suffit, qu'un autre serait de trop dans sa vie : la chère enfant avait déjà l'âme occupée de ton ami. Célestin, qui n'est pas un sot, devine que sa belle-sœur lui échappera plus tôt que plus tard, et pourtant il ne lui tient pas rigueur; loin de là, il prend en main les intérêts de la pauvrette, soigne ses baux, améliore ses terres, touche ses rentes, place ses économies : connais-tu deux bourgeois assez nobles pour en faire autant? Il la suit à Paris et l'observe d'assez près, parce qu'il la sait jeune et confiante; mais du jour où elle a jeté son dévolu sur un honnête homme de quelque valeur, il l'approuve sans réserve, me tend la main sans rancune, et consacre tout son temps à l'arrangement de mes affaires. Ils m'ont comme adopté, ces Bersac. Croirais-tu que la bonne vieille m'appelle son beau-frère ? Des sentiments de l'âge d'or !

« Tu me connais un peu, quoique nous n'ayons guère mangé plus d'un gramme de sel ensemble, et tu devines que ces braves gens n'ont pas affaire à un ingrat. Le bonheur ne m'a pas faussé le sens moral, je sens que cette fortune gagnée par le travail d'autrui n'est pas mienne. Il ne tiendrait qu'à moi de manger tout l'héritage; Bersac me l'a prouvé pièces en main : les trois quarts du capital sont en titres au porteur, et la veuve est formellement dispensée de caution et d'inventaire. Cette confiance nous n'en userons même pas, et je veux tranformer en titres nominatifs au profit de ces pauvres diables les valeurs dont Hortense a l'usufruit. Quant à la petite fortune qu'elle possède en toute propriété, nous la gardons pour nos enfants, si tant est qu'il nous en vienne. Ils auront vingt mille francs de rente de leur mère, douze ou quinze mille de mes livres et de mon théâtre, et tout ce que nous aurons épargné pour eux, car je suis homme à liarder par devoir; mais, si nous mourons sans postérité, j'entends que tout ce qui vient des Bersac retourne aux Bersac; c'est justice : ni ma femme ni moi nous n'avons de proches parents.

« C'est en ce sens, mon bon, que j'ai fait dresser le contrat par un notaire sûr, qui connaît un peu la famille, mais qui m'a promis le secret. Le pauvre Célestin n'a pas voulu tremper le bout du doigt dans nos conventions, tant sa délicatesse est grande! Juge de sa surprise et de sa reconnaissance lorsqu'il se verra si largement avantagé par un homme dont la conduite et la profession lui faisaient une peur d'enfer!

« Tu n'imagines pas les préjugés saugrenus qui ont cours en province! Le plus intelligent et le meilleur de ces bourgeois exotiques fait peu de différence entre un Peau-Rouge et un écrivain de Paris. Bersac jeune a laissé voir une stupéfaction naïve en apprenant que je ne buvais pas d'absinthe et que je ne fumais pas nuit et jour. Il me demande sérieusement si les auteurs et les acteurs de la Comédie-Française ne vivent plus pêle-mêle dans le même grenier? L'autre soir il est venu me trouver en grand mystère, et après un long préambule sur ses sentiments monarchiques et religieux il m'a confessé que sa femme, et ma future, et lui-même, et tous ses amis seraient péniblement affectés, si j'écrivais dans l'*Impartial*. Il paraît que l'*Impartial* de mon futur département est une feuille diabolique. J'ai bien ri ; me vois-tu collaborateur de l'*Impartial* du cru?

« — Eh! cher monsieur, lui ai-je dit, j'ai de tous les journaux par-dessus les oreilles, et vous me rendriez un signalé service, si vous me fournissiez le moyen de n'en lire aucun.

« Il m'embrassa sur les deux joues et reprit d'un ton résigné : « Je sais que vos idées et vos croyances sont malheureusement différentes des nôtres ; la royauté que nous rappelons de nos vœux n'a pas vos sympathies ; vos ouvrages, que j'ai tous lus pour apprendre à vous connaître, trahissent en plus d'un endroit la hardiesse du libre penseur.

« — Eh bien?

« — Eh bien! ayez pitié de nous, c'est Hortense qui vous en prie. Souvenez-vous de temps en temps que nos illusions nous sont chères, et qu'il serait cruel de les heurter de front.

« — Mais c'est le premier élément des bienséances! M'avez-vous jamais vu, dans la conversation...?

« — A Dieu ne plaise! Vous êtes le mieux appris de tous les hommes! Je pense seulement aux livres que vous écrirez, mon digne ami, à ces beaux livres, à tous ces livres dont nous serons un peu responsables là-bas, car la famille est solidaire en province, et ces brillants ouvrages que sans doute vous allez.....

« — Quels ouvrages? quels livres? A qui en avez-vous? N'ai-je donc pas assez produit? Pensez-vous que je me marie pour continuer ce labeur abrutissant? Personne ne saura les efforts que j'ai faits, depuis trois mois et plus, pour tirer une dernière mouture de mon sac. Je suis courbatu, épuisé, écœuré. Le peu que j'avais à dire, je l'ai rabâché dix fois pour une : le public se noie dans ma prose. Je lui donne ma démission; qu'il cherche ses plaisirs ailleurs, qu'il appelle des rieurs moins las et des amuseurs moins ennuyés!

« — Quoi! vous n'écrirez plus?

« — Non.

« — Sérieusement, vous ne voulez plus rien mettre sous presse?

« — Excepté les lettres de part que nous expédierons dans huit jours.

« — Votre parole d'honneur?

« — Mon cher monsieur, la parole d'un honnête homme est toujours parole d'honneur.

« — J'en prends acte, mon digne ami!

« Que ne puis-je te dessiner les mille grimaces de contentement qui ridaient sa petite figure? J'ai fait un heureux marché, car, entre nous, je n'attendais qu'une occasion pour donner la littérature au diable. Quand je retourne la tête vers mon passé, je ne vois que sottises en action, en parole et en écriture. Et dire que je me suis cru poussé vers cette ornière par une espèce de vocation! Mon cher, il n'y a qu'un chemin dans la vie qui ne soit pas un casse-cou, c'est celui où je compte me promener trente ans de suite dans une calèche à huit ressorts avec Hortense. Aimer, être aimé, vivre en joie, lorgner philosophiquement les vices et les ridicules d'autrui, voilà le seul lot enviable. Tu n'en crois rien? attends. Tu es jeune, l'ergot te démange, tu hérisses la crête en aiguisant ton bec : va, mon bonhomme, jette ton feu; mais si l'occasion se rencontre à mi-route, fais comme moi, suis l'exemple de celui qui, pouvant devenir un fameux coq de combat, a choisi d'être un coq en pâte.

« Etienne. »

Cette lettre aurait dû me réjouir à plus d'un titre : elle m'ouvrait les portes les mieux closes, elle me rassurait sur les sentiments d'un ami, elle rendait justice à mon diagnostic, elle m'instituait en quelque sorte le légataire spirituel d'un vivant, puisque seul à Paris je pouvais annoncer et commenter la retraite d'Étienne. Cependant j'en fus atterré.

Peu m'importait de le savoir circonvenu et même dépouillé par ce vieux malin de Bersac : les affaires ne sont que les affaires, c'est-à-dire un détail de troisième ordre dans la vie des êtres pensants; mais qu'un homme d'avenir eût abdiqué son art, soit volontairement par dégoût, soit par faiblesse pour lever les scrupules d'une famille inepte, voilà ce qui me crevait le cœur. Si personne ne lui avait fait une condition de ce renoncement, il était véritablement à plaindre. C'était sans doute la fatigue des derniers mois qui le portait à se croire épuisé; mais que penser de lui, s'il avait sacrifié l'art aux exigences des Bersac, échangé tous ses droits à la gloire des lentilles de Bellombre? L'amour même n'excusait qu'à demi la honte d'un tel marché; je me demandai sérieusement si Étienne déserteur des lettres et traître à son propre talent, méritait encore l'estime.

Le temps et la réflexion me rassurèrent un peu. Comment la veuve s'est-elle éprise du brillant écrivain? A force de le lire. Puisqu'elle aime ce beau talent, elle ne peut pas sans une contradiction monstrueuse en exiger le sacrifice. Le petit Célestin lui-même, tout marguiller qu'il est, ne doit pas souhaiter qu'un homme comme Étienne se coiffe de l'éteignoir. L'ex-notaire, l'ex-journaliste, l'ex-poétereau, l'ex-Bagotin, a conservé au fond du cœur un certain respect pour les lettres. Et quand même la femme, la famille et la province uniraient tous leurs efforts pour étouffer un esprit supérieur, quand il se prêterait docilement à ce meurtre, est-il maître de rester stérile et de ne point produire les chefs-d'œuvre qui sont en lui? Non, les fruits du génie, comme les fruits du corps humain, éclosent malgré tout lorsqu'ils sont arrivés à terme : livres, enfants, naissent au jour marqué par la nature; ni l'auteur ni la mère ne sauraient retarder d'une minute cette heureuse fatalité. Les grands hommes blasés qui nous disent : «J'ai le cerveau plein de chefs-d'œuvre, et je tiens la porte fermée,» pourraient laisser la porte ouverte impunément.

Je fis publier les détails qu'Étienne m'avait confiés à cet usage, mais je me gardai de répandre le bruit de son abdication. Tout Paris admira le bon goût et l'esprit de cette provinciale qui se donnait le luxe d'enrichir un homme supérieur. Les journaux prophétisèrent que le grand producteur, libre enfin de tout souci, allait se concentrer dans quelques œuvres capitales; mais la rédaction des lettres de part étonna les confrères et les amis du marié. En voici la teneur exacte :

« M. Étienne a l'honneur de vous faire part de son mariage avec Mme Hortense de Garennes, veuve de M. Bersac aîné. »

« M. et Mme Bersac jeune ont l'honneur de vous faire part du mariage de Mme Hortense de Garennes, veuve de M. Bersac aîné, ancien juge au tribunal de commerce, ancien membre du conseil d'arrondissement, leur belle-sœur, avec M. Étienne, propriétaire et rentier en cette ville. »

III

Étienne débarqua le lundi matin vers cinq heures dans la grande petite ville où il pensait finir ses jours. Le mariage civil et religieux était fixé au lendemain; Hortense arrivait le soir même par le train-poste sous l'escorte des deux Bersac. Ces pontifes avaient décidé qu'un futur ne peut voyager avec sa fiancée, et l'écrivain prit les devants en vertu de ce principe, qu'un galant homme doit toujours être le premier sur le terrain.

L'omnibus du chemin de fer le conduisit avec ses bagages à l'hôtel des *Ambassadeurs*. En moins de dix minutes, l'illustre Parisien fut installé dans un bel appartement au premier étage, sur la grand'rue, et couché dans un lit moelleux, élastique, parfumé d'une honnête et franche odeur de lessive provinciale. Deux heures de repos par-dessus le solide àcompte qu'il avait pris dans son coupé lui rafraîchirent le corps et l'esprit ; il rêva qu'il était papillon dans une prairie, qu'il cueillait les fleurs les plus belles et que son bouquet printanier, noué d'une faveur bleue, ressemblait à Mlle Jouassin, de la Comédie-Française. La joie ou la surprise l'éveilla ; il vit une chambre inconnue, un rayon de soleil où dansaient des millions d'atomes, et trois ou quatre malles entassées dans un coin. Peu à peu ses idées se fixèrent; il se rappela qu'il était un voyageur détaché de tout ce qu'il avait connu, pratiqué, aimé, et en route pour une vie nouvelle. « Tout ce que je possède est ici, je ne laisse rien derrière moi, pas même un créancier. » A cette sensation de liberté absolue succéda la pensée d'Hortense et de l'engagement irrévocable qu'il allait prendre : « Dans vingt et quelques heures ; je ne m'appartiendrai plus. » Il ne s'effraya point de cette perspective ; l'abandon de lui-même entraînait une réciprocité qui lui parut consolante. Posséder une jeune et jolie femme qu'on adore, n'est-ce pas le bonheur dans son plein, la fin dernière de tous les romans? Mais jouir par surcroît du bien-être, de l'abondance, du luxe, de l'éclat, de la considération, du loisir, voilà une réalité qui corse agréablement l'idéal; la poésie se double et s'étoffe de bonne prose bien solide.

Étienne s'élança hors du lit sur un air d'opéra bouffe.

> Ne rien faire,
> **Qu'aimer et plaire!**

A son premier coup de sonnette, il vit accourir un garçon qui l'admirait sans doute par ouï-dire, mais dont les yeux en boule et l'empressement effaré ne laissèrent pas que de flatter son amour-propre. Chaque mot, chaque geste de cet indigène, et même ses maladresses les plus lourdes, semblaient dire : « Ah! monsieur! quel honneur pour nous! »

Il n'est si grand seigneur qui ne flaire de bon appétit l'encens des patauds. Étienne ne s'offensa point de la curiosité qui s'éveillait partout sur son passage. Tout en flânant par les rues, à la mode de Paris, il ruminait ce vers d'Horace : « Il est doux de se voir montré au doigt et d'entendre dire : « C'est lui! » Sa gloire l'avait précédé ; on l'attendait, on le guettait, le libraire de la rue Impériale s'était comme pavoisé en étalant *Silva, Marius et Marie, le Prisonnier, le Fiel de Colombe, Hippolyte II, les Soirées de Scutari, Ivan, Jacqueline*, les bons livres d'Étienne et ses drames applaudis. Son portrait était au premier plan chez les papetiers de tous étages, quelques passants le saluèrent ; un mendiant lui dit : « Monsieur Étienne! » et gagna de ce coup une pièce de cinq francs. Il semblait que cette préfecture de trente-cinq mille âmes attendît un messie, et que ce messie fût lui.

Au sortir de l'auberge, il avait refusé de prendre un guide : coquetterie de touriste! C'est ainsi qu'il s'était jeté à corps perdu dans les villes les plus inextricables de l'Europe, Rome, Séville, Prague et Constantinople. Il ne lui fallut pas un quart d'heure pour trouver la rue des Murs, ce petit faubourg Saint-Germain où Hortense avait son hôtel, et Célestin son ermitage. L'hôtel Bersac était un des plus beaux de la ville, bâti dans les derniers temps du Roi Bien-Aimé par l'intendant de la province. Un nombreux domestique lessivait les fenêtres, époussetait les meubles, accrochait les rideaux. Sous le portail, un cocher d'aspect vénérable achevait la toilette d'un landau presque neuf, tandis que deux chevaux du Mecklembourg, graves et solennels comme des conseillers auliques, revenaient de leur promenade du matin. En bonne conscience, Étienne s'avoua qu'il ne pouvait guère rêver mieux. Même à Paris, vers la rue de Varennes, il eût fallu marcher longtemps pour compter vingt hôtels de plus grand air et de plus digne apparence. La façade était large et les étages élevés. Point de jardin pourtant, mais une vaste cour plantée de robiniers séculaires. Pour peu que le château de Bellombre se rapportât à la maison de ville, le plus exigeant des poètes avait deux logis à souhait pour ses hivers et ses étés.

Il put rêver et circuler à l'aise autour de ce petit palais qui appartenait en propre à sa femme, et dont un bon contrat lui assurait l'usufruit. Nul importun ne vint traverser sa méditation ; le faubourg Saint-Germain est discret, même en province. « Décidément, pensait-il, j'aborde au port de la véritable vie après un long voyage sur des océans de papier peint. » Lorsqu'il se transportait en imagination au milieu de ce grand Paris qu'il avait quitté la veille, il n'y voyait qu'un tohu-bohu de choses ruineuses et méprisables, un troupeau de viveurs cosmopolites tondu par une horde de nomades affamés, un combat de vanités stupides, d'avidités sans pudeur, d'ambitions sans principes ; point de repos, point de bonheur, point d'amour et presque plus d'esprit ; la conversation éteinte faute de loisir, les salons désertés pour l'écurie, le tripot et le fumoir ; les femmes presque aussi affairées que les hommes, les mondes mélangés et confondus, les duchesses et les drôlesses parlant le même argot et affublées des mêmes chiffons, les bourgeois eux-mêmes corrompus par la rage de paraître, l'universalité des gens entraînée à manger son capital avec ses revenus ; les épargnes du passé et les réserves de l'avenir fondues, volatilisées, anéanties dans ce creuset surchauffé où l'on jette bon an mal an dix milliards, la grande moitié du revenu national. C'est la province qui produit et Paris qui consomme ; on ne travaille, on ne pense, on ne cause, on n'aime, on ne vit qu'à cent lieues de ce foyer destructeur. Heureux les peuples qui n'ont pas de capitale ! Quand reviendra le temps où les villes de dix mille âmes se suffisaient le plus agréablement du monde, où une société polie, lettrée, galante et gaie vivait sur elle-même dans chaque petit coin, et n'attendait ni ses idées, ni ses passions, ni ses ridicules par le courrier de Paris ?

L'heure du déjeuner interrompit le monologue ; Étienne retourna d'un pas léger vers son gîte d'un jour. Chemin faisant, il découvrit dans une rue écartée une petite plaque de cuivre où l'on pouvait lire ces simples mots : MOINE PÈRE ET FILS, *successeurs de Bersac aîné*. La maison, de belle apparence, avait l'air discret d'un bureau et ne sentait nullement la boutique. Ce détail lui fut agréable ; il vit avec un plaisir enfantin que son précurseur n'était pas un marchand de la dernière catégorie, mais une sorte de commissionnaire au niveau des agents de change et des banquiers de la ville.

On lui servit un excellent repas à table d'hôte; l'aubergiste lui prodigua mille attentions personnelles, et lui versa d'un vin que l'empereur avait apprécié, disait-on, dans son voyage de 1853. La curiosité respectueuse de vingt-cinq ou trente convives n'incommoda nullement M. Étienne; je crois même qu'il en fut un peu flatté. Comme il achevait son dessert, on vint lui dire que le préfet, M. de Giboyeux, l'attendait au premier étage. Il remonta chez lui, et trouva dans son petit salon un homme de cinquante ans, fort aimable, qui avait traversé le journalisme après 1830, et qui s'autorisait du nom d'homme de lettres pour présenter ses hommages au nouvel astre du département.

Tout administrateur qui connaît son métier, fait l'éloge du pays qu'il habite et dit le plus grand bien de la population, quoiqu'il soit toujours en instance pour obtenir son changement. Le préfet ne manqua point à ce devoir, il célébra la générosité du conseil général qui lui avait fait bâtir un palais de deux millions et demi, où son ménage de garçon dansait comme une noisette dans un tambour. On peut croire qu'il n'oublia point de vanter Mme Bersac et toute la famille, y compris le vieil ultramontain Célestin, que l'administration aimait peu, mais qu'elle vénérait pour ses vertus et pour son influence. Le comte de Giboyeux, que le tracas des élections prochaines empêchait parfois de dormir, fit mille avances au bon Étienne. Il insinua doucement que le député sud-est de la ville était vieux, incapable et médiocrement populaire. Les électeurs l'avaient nommé sous le bâton; encore n'avait-il obtenu que 110 voix de majorité. Si un homme riche, célèbre, appuyé par le camp des Bersac, voulait s'entendre avec la préfecture, sa nomination ne faisait pas l'ombre d'un doute. « Mais, dit Étienne, je me soucie fort peu de la politique, et je n'en sais pas le premier mot. — Justement! c'est dans l'élite des indifférents et des sceptiques qu'on recrute les bonnes majorités. »

Resté seul, il nota ses impressions et commença le mémorandum détaillé de sa nouvelle existence. Je possède ce cahier, fort décousu par malheur, et plein de lacunes énormes. Sur les deux heures, il s'aperçut que le soleil s'était voilé, et que la pluie, une vraie pluie atlantique comme on n'en voit que dans nos départements de l'Ouest, lavait les toits et les pavés à grande eau. Impossible de mettre un pied dehors, et les Bersac n'arrivaient qu'à six heures. Comme il était parti le soir, il n'avait pris aucune provision de lecture, si ce n'est l'itinéraire des chemins de fer. Il sonna pour avoir des journaux; un garçon de l'hôtel en apporta cinq ou six qui lui parurent vieux d'un an, quoiqu'ils fussent de l'avant-veille. L'ennui le prit; ces natures pétulantes supportent malaisément trois ou quatre heures d'inaction. Il se mit à marcher de la porte à la fenêtre et de la fenêtre à la porte, comme un factionnaire ou un prisonnier. La pendule marchait aussi, mais lentement; il s'avisa que les minutes de province pourraient bien être un peu plus longues que celles de

Paris. A coup sûr, la pluie de Paris était moins monotone, moins obstinée, moins insolente que ce déluge départemental. « J'ai vu tomber l'eau quelquefois, mais sans y prendre garde : on causait, on riait, les amis entraient et sortaient; au pis aller, j'ouvrais un livre ou je regardais un tableau. Si la mélancolie avait été trop forte, je me serais fait conduire au cercle ou chez Anna. Le soir, à l'heure des spectacles, il peut pleuvoir à cuveaux sans que personne en sache rien, sauf les cochers et les sergents de ville. »

A force d'écarter les rideaux, il découvrit son pendant de l'autre côté de la rue. C'était un homme de soixante à soixante-cinq ans, peut-être un ancien colonel, qui logeait en face de l'hôtel, au premier étage : haute taille, forte corpulence, cheveux blancs taillés en brosse, moustache hérissée, pas d'autre vêtement qu'un pantalon soutenu par des bretelles de tapisserie et un col noir bouclé sur la nuque. L'appartement semblait vaste et riche, mais le pauvre guerrier en retraite jouissait visiblement peu de ses confortables loisirs. Il circulait à grandes enjambées dans une demi-douzaine de chambres, s'arrêtait méthodiquement à la même fenêtre, appuyait la main droite au même carreau, jouait un air très-court, le boute-selle ou *la Casquette*, bâillait copieusement et esquissait une pirouette sur le talon droit. Tous les quarts d'heure, il prenait une grosse pipe, l'allumait avec du papier, se jetait dans un fauteuil, aspirait cinq ou six bouffées, entr'ouvrait la fenêtre et secouait la cendre sur le trottoir.

Ce manége finit par exaspérer Étienne. « Quoi!

pensait-il, voilà un homme qui a été jeune, fringant, ambitieux tout comme un autre; il a rêvé gloire et victoire, on trouverait peut-être à son dossier une action héroïque, enterrée dans les cartons du ministère; il n'a pas l'air d'un sot, il paraît avoir de quoi vivre, et il végètera jusqu'à son dernier jour dans cet étroit ennui de la province comme un chêne dans un pot de fleur! Et! va-t'en donc à Paris, grosse bête! »

Or, comme il ne manquait pas de logique, il opéra au même instant un retour sur lui-même. « Et moi! que viens-je chercher ici? Ce que je gagne à quitter Paris vaut-il ce que j'y laisse? Qu'adviendra-t-il du pauvre Étienne dans dix ans, et peut-être plus tôt? Combien faut-il de jours de pluie pour réduire un esprit valide à ce néant moral que le bâilleur d'en face exprime à la façon des huîtres? Si je me sauvais? Il en est temps encore; rien de conclu, liberté réciproque. Quel tapage à Paris! Le soir même où tous les journaux...! Les gens qui me rencontreraient sur le boulevard se frotteraient les yeux. Pour bien faire, il faudrait se cacher jusqu'à neuf ou dix heures et apparaître en plein foyer de la Comédie-Française. Vous! Lui! Toi! Tableau. Quelle aventure! Oui, mes enfants, je suis des vôtres pour la vie, et je lirai cinq actes le mois prochain! »

Son esprit se complut tellement au détail de cette hypothèse, qu'il oublia le colonel, la pendule, la pluie et tout. Lorsque l'hôte lui cria : « Monsieur, le train arrive en gare dans vingt minutes! » il s'aperçut qu'il avait dormi en plein jour. C'était bien la première fois depuis trente ans et plus. Il secoua ses dernières illusions de célibataire et courut au-devant d'Hortense. La famille Bersac s'était accrue, chemin faisant, du cousin George, commandant aux chasseurs à pied. Étienne ouvrait la bouche pour remontrer aux vieux Bersac qu'une veuve ferait mieux de voyager avec son futur qu'avec un prétendant évincé ; mais il fut désarmé par l'accueil amoureux d'Hortense et par l'air honnête du cousin, qui se mariait lui-même dans un mois, après l'inspection générale.

On se fit conduire en droiture au logis de M. Célestin, où l'on dîna parfaitement, entre soi, sans cérémonie. Quelques notables de la ville, la fine fleur des bien pensants, dix personnes au plus, hommes et femmes, arrivèrent à neuf heures pour prendre le thé. L'élément féminin laissait à dire, mais les hommes de ce parti n'étaient pas aussi grotesques qu'Étienne l'avait supposé. Ils le choyèrent à qui mieux mieux, et lui firent entendre qu'on serait tout à lui s'il se livrait tout entier, s'il se rangeait aux bons principes, et s'il rompait loyalement avec cette littérature légère qui ne respecte ni le trône ni l'autel. « Messieurs, dit Bersac jeune, j'ai sa parole d'honneur, je réponds de lui comme de moi-même. »

Étienne eût donné de bon cœur les compliments de ce sénat pour trois minutes de tête-à-tête avec sa femme, mais la surveillance obstinée des Bersac suivit les amants jusqu'au bout. On profita d'une embellie pour reconduire processionnellement la jeune veuve à son logis, et plusieurs gardes du corps en jupons l'escortèrent jusque dans sa chambre, tandis que le chœur des vieillards ramenait Étienne à l'hôtel. Dirai-je qu'il s'éveilla cent fois pour une et qu'il accusa le soleil de s'oublier derrière l'horizon ? Le jour parut enfin, et les voitures de gala roulèrent par la ville, et le maire ceignit son écharpe en répétant les quatre mots d'allocution qu'il comptait improviser, et les quatre témoins choisis par Célestin Bersac soignèrent leur nœud de cravate, tandis qu'Étienne s'habillait en trépignant, et que six camériste volontaires, recrutées parmi le meilleur monde, piquaient un cent d'épingles dans Hortense.

L'acte du mariage civil, si grand dans sa simplicité, émut profondément les hommes et fit sourire les femmes qui réservaient leur émotion pour l'église. On partit pour la cathédrale au bruit des cloches sonnant à toute volée ; on descendit au milieu de l'inévitable racaille ; Étienne saisit au vol les commentaires des vagabonds et des mendiants :
« Belle femme, eh ! Baptiste ? j'en voudrais bien pour moi.

— C'est-il ce grand-là qui l'épouse ? Elle en a pris pour son argent.

— Tous les auteurs de Paris sont de la noce.

— Faites-moi voir Alexandre Dumas.

— Ça doit être ce petit blond.

— La charité, mon beau monsieur, je prierai Dieu qu'il vous donne la demi-douzaine ! »

Après la messe et pendant le brouhaha de la sacristie, Bersac jeune embrassa Étienne avec effusion. « Ah ! mon ami, lui dit-il, vous avez abjuré vos erreurs en pliant le genou devant nos saints autels !

— Cher monsieur, répondit Étienne, je me suis déchaussé autrefois pour entrer à Sainte-Sophie, il le fallait! mais cela ne m'a pas rendu musulman. »

Le cortége nuptial partit directement pour Bellombre, où les gens de Mme Étienne avaient dressé un grand couvert. Les seigneurs du château furent reçus à l'entrée du village par le curé de Saint-Maurice, le maire et les trente-deux pompiers, musique en tête. L'autorité ne fut pas trop gauche, et la fanfare des pompiers réserva ses plus fausses notes pour le bal du soir. Le curé, bonhomme tout rond, mais fin matois s'il en fut, pria M. Étienne d'excuser le délabrement d'une pauvre église décapitée par le vandalisme révolutionnaire; il insinua que tôt ou tard la haute munificence de quelque châtelain relèverait le clocher de la paroisse. En attendant, l'homme de Dieu se laissa conduire au château avec le maire, et prit sa bonne part du dîner.

Tout se passa le mieux du monde, le repas fut plus gai qu'on n'aurait pu le prédire, car les têtes chauves y figuraient en grande majorité. Étienne reconnut que l'on peut vieillir en province sans tourner à l'aigre. Un ancien magistrat, svelte et propret, détailla fort joliment une ariette que Mozart lui avait apprise en 1786. Et comme on s'étonnait qu'il eût si bien gardé un souvenir de sa première enfance, il répondit en se rengorgeant : «Mais, madame, en 86 j'avais seize ans, l'âge de Chérubin et quelque peu de son caractère ! »

A la chute du jour, invités et villageois se réunirent sur la pelouse. Hortense ouvrit le bal avec le capitaine des pompiers, et Étienne avec la femme du maire. Ce divertissement profane n'effaroucha nullement le bon curé. Comme Étienne le félicitait de sa tolérance, il s'écria : « Nous prenez-vous pour des gens du moyen âge ? L'Église a fait de grands progrès, tout immuable qu'on la dit. Soyez chrétiens, respectez nos dogmes, soumettez-vous à notre autorité, et l'on vous tient quittes du reste. Mille millions de rigodons font moins de tort à Dieu qu'une ligne de Voltaire. »

Le temps courait grand train pour les danseurs de tout âge et de tout étage, Étienne et sa femme exceptés. Ils s'échappèrent enfin vers dix heures et gagnèrent une vaste chambre où les serviteurs du défunt, restés en place, avaient laissé le portrait de leur maître. L'heureux époux n'y prit pas garde ; mais le lendemain matin, tandis que la jolie tête d'Hortense reposait sur l'oreiller, il devina Bersac sous la toque et la robe d'un juge consulaire. Il se leva sans bruit, salua gravement l'image du bonhomme et lui dit *in petto* : « Merci, monsieur, de m'avoir légué, sinon une jeune fille, du moins une femme aussi chaste que belle ; vous étiez un vieillard honnête et délicat. »

IV

Le cahier manuscrit que je copie, en l'abrégeant, s'arrête au lendemain du mariage pour reprendre en janvier suivant ; c'est une lacune d'environ cinq mois. Nul doute que la lune de miel n'ait été sereine et radieuse. Quelques papiers épars qui datent probablement de cette époque, nous révèlent les manies du premier mari, les étonnements d'Étienne et la docilité d'Hortense.

Bellombre, situé à trois lieues de la ville, dans un pays charmant, datait du règne de Louis XIII. M. Bersac avait gâté le parc à grands frais pour y tracer des lignes droites ; il avait rebâti, Dieu sait comme, les deux ailes du château. Tout le meuble était riche et moderne, acajou et lampas, dans le style *cossu* de 1835. A l'entrée de chaque pièce, on lisait sur une pancarte l'inventaire et le prix des effets et meubles meublants contenus en icelle. Le travail quotidien de chaque domestique était minutieusement distribué par un règlement spécial. Madame devait livrer au cordon bleu chaque dimanche, après vêpres, tous les menus de la semaine ; la femme de charge avait ordre de changer le linge des maîtres le samedi et le mercredi soir, ni plus ni moins. La porcelaine et les cristaux de tous les jours étaient sous la responsabilité du valet de chambre, ainsi que le plaqué d'argent qui servait en semaine ; les dimanches et jours fériés, madame délivrait elle-même l'argenterie et les services de luxe; elle devait enfermer la vaisselle dans la salle à manger lorsqu'on passerait au salon, et n'ouvrir que le lendemain matin à six heures l'hiver, à cinq heures l'été, pour que tout fût lavé, mis en état et serré devant elle. Un des premiers actes d'Étienne fut de jeter les règlements au feu, et madame, qui les observait par obéissance posthume, ne paraît pas avoir plaidé leur cause.

Bersac aîné jeûnait ou s'abstenait de viande, toutes et quantes fois l'Église le prescrit, quoiqu'il eût des dispenses plein les poches. Il imposait son régime à la jeune femme, qui du reste en avait fait l'apprentissage au couvent. Hortense n'essaya pas de rien changer aux habitudes d'Étienne, et comme il eut l'esprit de ne point discuter les macérations qu'elle s'infligeait, elle s'en désaccoutuma peu à peu sans mot dire. Une tolérance réciproque les conduisit bientôt, l'amour aidant, à vivre et à penser comme une seule et même personne, ce qui est l'idéal du ménage.

Comme don de joyeux avénement, Étienne offrit une pompe de mille écus à la commune de Saint-Maurice, et Hortense une cloche. Le bon curé préférait hautement un clocher, mais Étienne reconnut, après une enquête, que les vandales de 93 étaient calomniés dans la paroisse; le clocher détruit n'avait jamais existé qu'en projet, et ce projet, rédigé par un architecte économe, s'élevait au minimum de quarante mille francs.

Rien n'indique que l'auteur de *Jacqueline* et de *Silva* ait regretté pendant ces six mois les plaisirs, les fatigues et les angoisses de la vie littéraire. Non-seulement il oublia d'écrire, mais s'il lut quelquefois, ce fut dans le petit cœur de son excellente femme, et il y prit plus d'intérêt qu'au meilleur roman.

Aux approches de Noël, il se fit envoyer des livres et s'abonna à cinq ou six journaux et revues. Les soirées étaient décidément trop longues pour qu'on les passât tout entières à mirer deux yeux dans deux yeux. Un hiver assez doux, mais humide et sombre, nterdisait les plaisirs et les occupations du dehors.

Restait la conversation comme unique ressource, mais il arrive toujours un moment où les âmes les mieux assorties n'ont plus rien à se dire qu'elles n'aient répété cent fois. Étienne lut avec Hortense; il permit à quelques grands esprits d'intervenir en tiers dans l'heureux tête-à-tête. La jeune femme, comme toutes celles qui ont passé au laminoir des couvents, était d'une ignorance incroyable. La demi-liberté du mariage l'avait conduite à feuilleter les auteurs à la mode; mais des chefs-d'œuvre immortels qui sont le patrimoine du genre humain, elle savait à peine le titre. Elle s'intéressa passionnément à ces hautes études qui élargissaient son horizon et complétaient son être moral; néanmoins, ayant observé qu'Étienne ne pouvait lire à haute voix sans bâiller toutes les dix lignes, elle lui proposa spontanément de revenir à la ville.

On fêta leur retour; les maisons les plus considérables se disputaient le plaisir de les traiter. Étienne alla partout avec sa femme, qui grillait de le produire et de s'en faire honneur. Il fit autant de frais pour ces provinciaux que pour les plus fins connaisseurs de Paris. La réputation d'homme brillant qui l'avait précédé se confirma et s'étendit; ce fut un vrai triomphe. Non content de se faire admirer, il se complétait par l'étude d'un monde inconnu. Dans les salons, au théâtre, au cercle, il notait mille détails intéressants qu'il n'aurait pas remarqués un an plus tard. L'étude a sa lune de miel comme le mariage; nous ne percevons vivement que ce qui nous est nouveau. Les singularités des mœurs et des caractères nous échappent du jour où elles ne nous étonnent plus. Pendant un mois ou deux, Etienne écrivit tous les soirs, tantôt un simple mot, plus souvent des pages entières; mais Hortense crut voir qu'il était moins pétillant au logis que dans le monde. Ce cerveau si riche et si fécond avait-il besoin des excitations de l'amour-propre pour s'ouvrir? Était-ce l'ombre de la maison Bersac et ce milieu vulgaire, sénile et froid qui le glaçait? L'intérieur de l'hôtel, à vrai dire, était sinistre. Les grands appartements tendus de papiers à ramages, le mobilier riche et banal, les portraits de feu Bersac, qui semblait avoir porté loin le culte de sa laideur, le service grognon des ministres de l'ancien règne qui protestaient tout bas contre les gaspillages du nouveau train, tout cela devait assombrir l'humeur d'un Parisien, d'un artiste et d'un dandy. Hortense, avec cette intuition qui est le génie des femmes aimantes, devina la tristesse et la pauvreté des splendeurs qui l'avaient éblouie au sortir du couvent. Aussitôt éclairée, elle se mit à l'œuvre. Sans consulter Étienne, elle envoya chez Célestin les portraits de son vénérable frère; elle congédia les domestiques un à un, sous divers prétextes, en assurant le sort des plus méritants; elle choisit des gens d'un air et d'un service moins surannés. Étienne fut surpris et charmé de voir apparaître un matin son ancien valet de chambre; madame l'avait déniché à distance et repris sans marchander les gages. La livrée du défunt, qui semblait empruntée à un orchestre de la foire, fit place à une tenue très-simple et du meilleur goût. Un petit coupé et un duc, l'un et l'autre au chiffre d'Étienne, arrivèrent de Paris avec une paire de chevaux neufs qui avaient du sang anglais dans les veines ; on repeignit le landau pour les sorties de gala : il était moderne et de bonne fabrique. Tous ces changements s'accomplirent en un tour de main, comme dans les féeries.

Le difficile était de décorer et de meubler la maison de manière à contenter un délicat. Ah! si la pauvre femme avait pu rassembler d'un coup de baguette toutes les belles choses qui l'avaient éblouie dans certain appartement de la Chaussée d'Antin! elle aurait vendu la maison pour reconquérir ce mobilier et installer Étienne dans un milieu créé par lui-même ; mais l'enchère avait tout dispersé aux quatre coins de l'Europe. Un jour, naïvement, elle entra chez le marchand de curiosités, y prit deux bahuts et quelques douzaines de faïences, fit transporter le tout dans sa salle à manger et guetta, le cœur en suspens, l'arrivée d'Étienne.

« Eh quoi! dit-il, ma pauvre enfant, tu t'es donné la peine de faire descendre ces vieilleries ? Elles étaient si bien au grenier!

— Mais ce sont des antiquités, mon ami. J'avais cru te faire plaisir en les achetant, parce que la maison, je le sens bien, n'est pas très-gaie, et... si nous pouvions refaire un mobilier comme celui que tu n'as plus..... »

Il embrassa la chère créature et demanda pardon de sa brutalité.

« Mais, ajouta-t-il, les beaux jours du bric-à-brac sont finis. La fureur des vieux meubles mal assortis était une vraie maladie ; j'ai passé par là comme tant d'autres, et, tout connaisseur que j'étais, il m'en a cuit. Ma vente a remboursé bien juste les prix d'acquisition, et pourtant j'avais acheté au bon moment. J'ai donc consommé par les yeux quinze années d'intérêts, qui pouvaient doubler le capital, et, de plus, j'ai été mal installé, mal couché, mal assis, esclave d'un tas de choses anguleuses. Le mobilier doit être fait pour l'homme qui s'en sert, et un magasin encombré, comme celui que j'avais à Paris, est juste l'opposé d'un logement habitable. »

Hortense le fit causer tant et si bien qu'elle finit par le comprendre. Elle lui soutira le nom d'un de ces artistes pratiques qui marient l'art et le confort dans les installations intelligentes de Paris, et quelques jours après cet entretien la maison fut prise d'assaut par les tapissiers et les peintres.

Étienne prit un vif plaisir à préparer son nid lui-même, à discuter avec un architecte instruit, adroit, complet, les détails d'une habitation à souhait pour la commodité d'une vie heureuse. Il esquissa des plans, assortit des couleurs, dessina certains meubles, le lit entre autres, qui fut un vrai chef-d'œuvre du genre. Le mobilier s'exécutait à Paris, mais il dirigea lui-même au jour le jour les décorateurs et les tapissiers qui travaillaient sur place. Jusqu'au printemps, la vieille maison glaciale fut remplie d'un désordre bruyant et gai. Les deux époux, cantonnés dans un petit logement sous les combles, comme un ménage d'étudiants, jouirent d'un bonheur inquiet, affairé, contraint et d'autant plus délicieux.

Ils allaient tous les jours dans le monde, mais avec quel plaisir ils se retrouvaient chez eux! Jamais on n'avait ri de si bon cœur sous ce grand toit de plomb et d'ardoise. Étienne ne pouvait plus rester deux heures hors du logis ; il suivait comme un enfant les mouvements alertes des ouvriers parisiens : cet homme que la fièvre du travail avait parfois transporté jusqu'au délire éprouvait une sensation neuve à suivre, les bras croisés, le travail d'autrui.

Le bruit courut bientôt que M. et Mme Étienne se faisaient un intérieur comme on n'en avait jamais vu. Le petit Célestin s'alarma de cette nouvelle et voulut constater par ses yeux qu'on ne gaspillait pas son capital. Il fut amplement rassuré. Le cuir, la laine, la cretonne imprimée, remplaçaient à peu près partout les soieries de Lyon ; l'or se montrait à peine çà et là, discrètement, pour rehausser quelques saillies ; jamais le luxe n'avait fait un tel étalage de simplicité. Le bonhomme trouva tout à son gré, il ne chicana point sur les nouveaux projets d'Hortense, qui parlait d'emmener à Bellombre l'architecte et les ouvriers. Cette soumission de bon goût fut récompensée huit jours après ; on lui remit un acte attestant que toutes les valeurs dont Hortense avait l'usufruit étaient transférées au nom du nu-propriétaire ; son héritage était en sûreté !

L'appartement fut prêt, meublé, livré à la fin de mai, au grand étonnement des ouvriers du cru, qui plantent un clou dans leur demi-journée. Le 6 juin, on pendit la crémaillère ; il y eut un grand bal suivi d'un souper assis. La ville entière admira le beau style et le confort exquis de toute la demeure, et les convives du souper, quatre-vingts personnes environ, déclarèrent unanimement que la salle à manger, l'éclairage, les porcelaines, les cristaux, la cuisine de Mlle Madeleine et la cave de feu Bersac formaient un tout indivisible dont la perfection pouvait être égalée, mais non surpassée chez les rois. La cave, bien connue dans le département, contenait encore dix-sept mille bouteilles de vins choisis; il y en avait dix mille à Bellombre. L'heureux couple s'esquiva sur ce mémorable succès. Ce ne fut pas sans avoir invité le préfet et vingt autres personnes à l'ouverture de la chasse. Le château devait être régénéré d'ici là.

Les trois mois suivants s'écoulèrent aussi rapidement qu'un dernier jour de vacances. Étienne et sa femme eurent beau se lever matin, la nuit les surprenait toujours à l'improviste; on n'avait pas eu même le temps de respirer. « Encore un jour passé! disait Hortense; un jour de moins à vivre, et la vie est si bonne avec toi! »

On avait profité de leur long séjour à la ville pour corriger le style de certains bâtiments et ramener les deux ailes à l'unisson du grand corps de logis. Les terrassements du parc étaient faits, les routes serpentines tracées, les eaux vives encaissées entre des gazons neufs, le parterre dessiné, planté et fleuri. Il ne restait qu'à transformer les dedans, comme à la ville, mais dans un esprit tout différent. Chaque saison a son confort, et le beau d'une maison des champs est de donner pleine carrière aux plaisirs spéciaux de l'été. Peu ou point de tentures, les parois et les plafonds peints à l'huile, de jolis planchers de mélèze qui se lavent tous les huit jours; les meubles plutôt fermes que moelleux; ni bois sculptés, ni capitonnages, ni couleurs riches, mais de l'espace, de l'air et de la lumière à profusion. Autant de chambres qu'il se pourra, car il faut prévoir les invasions subites, mais la plus grande simplicité dans chacune : les invités n'y font que leur somme et leur toilette; le seul luxe à leur offrir chez eux est une surabondance de linge et d'eau. Tout le rez-de-chaussée, pour bien faire, doit être un terrain vague, consacré à la vie en commun. Les salons, la salle à manger, l'office, qui est un buffet permanent, le billard, la bibliothèque, le cabinet de chasse, la cuisine, sont de plain-pied pour qu'on circule à l'aise sans avoir même une porte à ouvrir. Tout est dallé, sauf les salons, où l'on pourra danser un soir ou l'autre; la cuisine est assez grandiose pour que dix chasseurs et leurs chiens se sèchent à la fois sous le manteau de la cheminée; elle est assez brillante de propreté pour que les élégantes de la maison viennent y faire un *plum-pudding* ou un demi-cent de crêpes, si tel est leur bon plaisir. Étienne dirigea dans cet esprit hospitalier la transformation du château; il fit peu pour la montre, presque rien pour ses propres aises, énormément pour le bien-être de ses hôtes.

De toute antiquité, M. et Mme Célestin passaient leurs étés à Bellombre. La femme colossale contrôlait les dépenses, l'ex-notaire donnait son coup d'œil aux vendanges; tous deux, à temps perdu, jouaient un piquet formidable avec le curé de Saint-Maurice. La bonne Hortense, qui pensait à tout, s'avisa que ces braves gens seraient un peu bien effarés au milieu des élégances et des gaietés de septembre. Elle trouva moyen de les isoler sans les exclure, pour que ni l'un ni l'autre ne fût contraint de s'amuser plus qu'il ne voulait. On meubla pour eux seuls un ancien pavillon de garde, isolé sur la lisière du parc, à vingt pas du village, à quarante du presbytère. Hortense n'oublia ni les goûts des vieillards, ni leurs habitudes, ni leurs affections; ils furent entourés de mille et une reliques qui parlaient de Bersac aîné, et, pour ménager l'amour-propre du gnome, Étienne lui écrivit de sa main : « Bellombre vous appartient, mon cher beau-frère; nous n'en avons que la jouissance, et nous serons toujours heureux de la partager avec vous. Mais nous attendons quelques hôtes qui, j'en ai peur, feront du bruit, car ils sont presque tous plus jeunes que vous et moi. Quand vous voudrez dormir en paix loin du piano de ces dames et des fanfares de ces messieurs, rappelez-vous que vous possédez *hic et nunc*, en toute propriété, l'enclos et le pavillon des Coudrettes. Mme Étienne ne se réserve qu'un seul droit sur ce petit bien, c'est de vous y rendre ses devoirs et d'y faire porter tout ce qui vous peut être agréable. Inutile d'ajouter que votre appartement reste vôtre et que vos deux couverts seront toujours mis au château. » Célestin remercia le poète avec une émotion visible. « Vous me traitez, disait-il, en vieil enfant gâté. — Le beau mérite ! répondit Hortense. Nous sommes si pleinement heureux que cela déborde de toutes parts. »

Leur automne ne fut qu'une fête. La chasse, les vendanges, les excursions, les bals improvisés, les jeux de toute sorte, un joli mariage qui s'ébaucha dans une promenade en bateau, la grande pêche d'un étang voisin et cent autres distractions que j'oublie, tinrent la compagnie en joie jusqu'au milieu de novembre. Les invités partaient, revenaient, s'oubliaient, s'arrachaient au plaisir, retournaient aux affaires, et retombaient un matin à la grille du parc lorsqu'on ne les espérait plus. C'était un va-et-vient perpétuel entre la ville et le château ; les domestiques passaient la moitié de leur vie à transporter des toilettes et des coiffures nouvelles ; car les femmes faisaient assaut d'élégance, tandis que ces messieurs rivalisaient de bonne humeur et de bel appétit.

Il se trouva, tout compte fait, que le beau monde de la ville avait défilé, pendant cette saison, sous les platanes de Bellombre. Or, les plaisirs de bon aloi vous laissent égayés pour un temps ; à l'éclat des jours radieux succède un crépuscule aimable. Il suffit quelquefois d'un bal ou d'une promenade pour mettre la province en train. On a ri, on s'est rapproché, un sentiment de bienveillance universelle se répand d'une âme à l'autre comme une tache de miel ou de lait ; le désir de continuer ou de recommencer la fête éveille les imaginations, stimule la fibre généreuse ; c'est à qui rendra aux voisins l'accueil qu'il a reçu. Il n'y a plus d'avares ni de maussades ; le bouchon des bouteilles part tout seul, les coffres-forts les mieux fermés s'ouvrent spontanément au milieu de la nuit, et les écus dansent en rond dans la chambre. Ces périodes de bon temps se prolongent par la force des choses, en vertu de l'impulsion première et de la gaieté acquise. Interrogez les vieillards de province ; il n'y a pas une ville où l'on ne dise : « Nous nous sommes bien amusés telle année, et encore l'année d'après. »

La petite capitale où régnait M. le comte de Giboyeux fut en liesse pendant trois ans, grâce à l'inauguration de Bellombre. L'hiver suivant ne fut qu'un chapelet de bals et de dîners priés ; le théâtre eut tant de succès que le directeur ne fit point faillite, à son grand étonnement. On tira l'hiver en longueur, et l'on avança tant qu'on put les ébats de l'automne ; il n'y eut pas de morte-saison pour les fanatiques du plaisir.

Bellombre revit tous ses hôtes de l'an passé et beaucoup d'autres. La renommée du château s'était répandue au loin ; il était convenu et prouvé dans un rayon de cent kilomètres que le plus généreux châtelain, le plus heureux mari, le causeur le plus gai, le buveur le plus franc, le cavalier le plus solide, le chasseur le plus triomphant et le meilleur garçon du monde était M. Étienne, homme de lettres converti. Chose incroyable, sa beauté persistante et son dandysme obstiné n'effarouchaient ni les prudes ni les jaloux. On le savait, on le voyait amoureux de sa femme et trop heureux pour souhaiter ou regretter la moindre chose.

Si parfois la lecture d'une lettre ou d'un journal, l'analyse d'un livre nouveau, l'annonce d'une comédie en cinq actes, l'éloge d'un jeune auteur inconnu lui donnait un quart d'heure de mélancolie, Hortense était seule à le voir, et la tendre créature ne s'en ouvrait à personne, pas même à lui. Elle s'étonnait par moments qu'un puissant producteur comme Étienne fût resté plus de deux années sans écrire.

ÉTIENNE 311

Le fait est qu'il ne répondait pas même à ses amis et que sans ce *mémorandum* où il jetait quelques lignes de temps à autre, on eût pu supposer qu'il avait peur du papier blanc. Elle l'excusait de son mieux : il se repose, pensait-elle. Après ce travail épuisant qui a précédé notre mariage, deux ans de récréation ne sont peut-être pas de trop. Et puis il m'aime tant ! J'occupe tout son esprit aussi bien que son cœur ; une autre idée pourrait-elle y trouver place sans me déloger quelque peu ? Tout est bien.

Les gens du monde qui fréquentaient sa maison ne se demandaient même pas pourquoi il n'était plus homme de lettres. Il leur semblait tout naturel qu'on n'écrivît ni pièces ni romans dès qu'on avait de quoi vivre et faire figure. La littérature aujourd'hui passe pour un métier comme un autre. A qui la faute ? Je ne sais ; peut-être aux sociétés littéraires et dramatiques qui remplissent les journaux de leurs débats mercantiles. Pourquoi donc un justiciable du tribunal de commerce, un marchand de papier noirci à tant la ligne continuerait-il le métier quand son affaire est faite ? Les tailleurs de distinction se retirent après fortune, et les agents de change aussi. Quelques rares individus qui écrivent sans y être forcés font l'étonnement des provinces.

Ce n'est pas que le vrai talent y soit moins admiré qu'à Paris. La jeunesse du chef-lieu s'honorait d'habiter la même ville qu'Étienne ; on montrait sa maison aux étrangers, on achetait ses livres et on les lui apportait humblement pour qu'il signât son nom sur le faux titre ; l'opinion le plaçait bien au-dessus de M. **Laricot,** ancien marchand de bœufs, qui était cependant trois fois plus riche et pas plus fier que lui.

Lorsqu'on sut qu'il avait fixé le jour de sa rentrée en ville, la commission du théâtre, composée de neuf ou dix jeunes gens à la mode, organisa une solennité en son honneur. Elle invita le directeur à monter son drame de *Silva ;* cinq décors neufs furent commandés pour la cérémonie. Toute la ville s'entendit pour garder le secret et lui ménager la surprise ; l'*Impartial,* qu'il lisait à Bellombre, s'abstint d'annoncer le spectacle. La femme du receveur général invita les Étienne à dîner, sous prétexte que le déménagement devait renverser leur marmite ; on amusa si bien le héros de la fête qu'il entra au théâtre, s'assit avec Hortense au premier rang d'une loge de face et vit lever le rideau sans remarquer que la salle était comble et éclairée *à giorno.* Ce ne fut pas avant la dixième réplique qu'il se tourna vers sa femme et lui dit :

« Ah çà ! que diable jouent-ils donc ?

— *Silva,* mon ami.

— Tu le savais ?

— Un peu.

— C'est une trahison ! nous ne pouvons pas rester ici sans nous couvrir de ridicule !

— Tu n'assistais donc pas à tes pièces à Paris ?

— Jamais en évidence, et d'ailleurs on ne me connaissait pas comme ici. Allons-nous-en !

— Ce serait faire affront à tous ces braves gens qui t'applaudissent de si bon cœur : écoute ! D'ailleurs la loge est pleine, et ce sont nos meilleurs amis qui te retiennent prisonnier. »

Il enrageait, mais que faire? Tout bien pesé, il résolut de mettre l'occasion à profit pour écouter sa pièce et se juger lui-même.

Silva est un drame bien fait, peut-être un peu trop oratoire, mais conduit d'une main ferme et plein de situations pathétiques. Ce n'est pas le premier succès ; la pièce, dans sa primeur, eut quarante représentations, ce qui répond à cent aujourd'hui.

La troupe du chef-lieu, qui n'était pas des pires, se surpassa dans cette occasion; elle se sentait soutenue et comme enlevée par la sympathie publique. On applaudissait à tour de bras les moindres tirades; on pleurait, on se mouchait, on criait : « Vive Étienne! » La loge de l'auteur ne désemplit pas un moment; amis et flatteurs assiégeaient la porte aux entr'actes.

« Ah! mon ami, dit la bonne Hortense, que je te remercie d'être resté! Voici mon plus beau jour; grâce à Dieu, je ne mourrai pas sans avoir joui de ta gloire.

— Heureusement, répondit-il, c'est fini; nous en voilà quittes. »

Il se trompait. Le rideau venait de tomber au milieu des applaudissements, des pleurs et des cris, mais pas un spectateur ne bougeait de sa place. Le régisseur frappa trois coups, l'orchestre exécuta une marche triomphale, et le buste d'Étienne apparut entouré des personnages de la pièce en costume et des autres artistes en habit noir. Une trappe s'ouvrit du côté cour, c'est-à-dire à la droite des spectateurs, et l'on vit apparaître une actrice vêtue de blanc, le front ceint d'un laurier d'or. Elle déclama d'une voix émue une sorte de dithyrambe élaboré par le professeur de troisième, et qui peut se traduire ainsi : « Je suis la ville de trente-cinq mille âmes, le chef-lieu du département où fleurit M. de Giboyeux ; j'adopte solennellement aujourd'hui l'illustre auteur de *Silva* et de tel, tel et tel ouvrages dont voici l'énumération paraphrasée. » Et pour conclure :

>Honneur à tes travaux qui consolent la France !
>Honneur à tes bontés pour le pauvre à genoux !
>Honneur à l'avenir, honneur à l'espérance !
>L'avenir est à toi, l'espérance est en nous !

Et le parterre d'applaudir ! et les mouchoirs de s'agiter le long des galeries ! Et les bouquets de pleuvoir sur le buste de plâtre que la jeune artiste, par une inspiration subite ou préparée, couronna aux dépens de son propre front. La salle entière se tourna vers Étienne avec autant d'admiration, de reconnaissance et d'amour que s'il avait sauvé la patrie entre ses deux repas. Quant à lui, il se jeta tête baissée à travers la foule des obséquieux, traînant Hortense à la remorque. Il gagna la sortie du théâtre, sauta dans sa voiture et rentra chez lui en grommelant : « Les sots ! les pleutres ! L'avenir est à toi ! Je comprends Charles IX et tous ceux qui ont tiré sur le peuple. Jamais plus stupide gibier n'a provoqué les coups de fusil. Cette pièce, elle est enfantine ! Les déclamations du collége,... les ficelles de l'âge d'or ! J'ai marché depuis ce temps-là.... Si je voulais ! si je m'y mettais ! Il y a un nouveau théâtre à créer, je le sens, je le tiens ; mais où ?

comment? Je suis un astrologue au fond du puits ; bonsoir, étoiles ! »

Hortense l'embrassait chemin faisant et n'avait pas l'air de l'entendre ; mais quinze jours après la représentation de *Silva* elle contrefit la boudeuse, chercha des querelles d'Allemand, et finit par dire à son mari :

« Tu n'es pas homme de parole : il était convenu que nous irions à Paris tous les hivers, et l'on dirait que tu prends plaisir à m'enterrer au fond de la province. Aussi j'ai fait un coup d'Etat ; nous partons après demain soir, et nous avons loué pour l'hiver un petit hôtel tout meublé, rue Bayard. Révolte-toi, si tu l'oses, méchant ! »

L'homme le plus spirituel du monde a toujours moins d'esprit que sa femme. Étienne reconnut naïvement ses torts et répondit qu'il soupirait lui-même de temps à autre après le mauvais air de Paris.

Je les rencontrai d'aventure, le lendemain de leur arrivée. C'était à la fin de novembre, par un de ces demi-soleils qui font courir tout Paris au bois de Boulogne. Ils se promenaient à pied au bord du lac, et leur coupé à deux chevaux les suivait. Etienne ne se jeta point à mon cou, et il oublia de me tutoyer, mais il me fit un accueil très-cordial, me présenta à sa femme et me donna son jour et son adresse. J'eus le temps de remarquer qu'il n'avait ni engraissé ni vieilli.

On sut bientôt dans le monde des lettres qu'il était de retour à Paris. Les journaux qui se piquent d'être bien informés annoncèrent qu'il apportait un roman, une comédie en vers, un drame, une étude en deux volumes sur la vie de province. Il avait lu sa comédie dans tel salon, tel éditeur avait acheté le roman, telle et telle publications se disputaient la primeur des fameuses études. Tous ces renseignements, puisés à bonne source, se contredisaient comme à plaisir ; je voulus en avoir le cœur net en interrogeant l'auteur lui-même dès ma première visite.

« Bah ! répondit-il, laissez dire ; il faut que tout le monde vive. Vous seul au monde savez pourquoi je n'ai pas écrit un mot. C'était marché conclu avant ma fuite en province, je remplis mes engagements avec une fidélité qui ne me coûte pas. Le bonheur m'a rendu paresseux avec délices, comme Figaro. »

M*me* Étienne assistait à cette conversation ; je crus lire dans ses yeux beaucoup d'étonnement, un peu d'inquiétude et une curiosité qui n'osait paraître. Pour ma part, je m'escrimais à comprendre qu'un homme si bien doué se résignât à mourir tout vif. Quelques efforts qu'il fît pour prouver son indifférence, je ne le croyais pas sincèrement détaché de la gloire.

Sa maison fut ouverte à tout ce qui portait un nom dans les arts ou dans les lettres ; il donna d'excellents dîners et des soirées où l'on dépensait l'esprit sans compter. Deux ou trois fois, après certaines passes brillantes où il avait tenu le jeu contre Méry, Gozlan et les Dumas, je vis ses yeux s'illuminer d'orgueil. Il semblait dire : « Si je voulais ! » Mais presque au même instant un nuage passait sur son beau front, et me rappelait que le pauvre homme avait abdiqué le droit de vouloir.

Pour le monde qui s'arrête à la surface des choses, Étienne s'amusait follement. Il était de tous les écots avec Hortense. Ils ne manquèrent pas un des bals officiels, qui furent nombreux cet hiver-là. Les invitations pleuvaient chez eux, ils paraissaient dans trois ou quatre salons le même soir; les théâtres leur envoyaient des loges, leurs domestiques furent malades d'une indigestion de concerts.

Je me souviens d'avoir vu derrière eux la première représentation d'une œuvre d'Augier. Il riait, il admirait, il applaudissait et il souffrait. « C'est la vraie comédie, disait-il, la comédie satirique. Quels coups de dents! cela emporte le morceau. Cependant je rêve encore autre chose, et si jamais l'occasion.... mais où donc ai je la tête? Il s'agit bien de moi en vérité! »

Quelques directeurs, alléchés par les on-dit de journal, vinrent lui proposer des traités magnifiques : les chefs-d'œuvre étaient déjà moins offerts que demandés sur la place de Paris. Il se fâcha comme un grand épicier retiré des affaires à qui l'on viendrait demander un sou de poivre dans son château. Je ne sais plus quel *impresario* disait en sortant de chez Étienne : « On prétend que l'air de la province est calmant, et je viens de voir un garçon qui est devenu nerveux comme une guitare à force de planter des choux. » Il défendit longtemps sa porte à Bondidier, son éditeur, qu'il estimait de vieille date et qui lui devait de l'argent. « Si je le reçois, pensa-t-il, il me parlera de mes livres, et peut-être va-t-il m'apprendre qu'on ne les lit plus à Paris. »

A toute fin pourtant, il rendit une visite au digne homme, qui s'était dérangé plus de dix fois sans le joindre. M. Bondidier lui compta une somme importante, mais sans dissimuler que la vente allait décroissant. « C'est une loi que tous mes confrères ont observée ; on délaisse insensiblement les auteurs qui s'abandonnent eux-mêmes ; on lit de moins en moins celui qui n'écrit plus. Tant que vous travaillez, chaque publication fait connaître ses aînées ; on a vu tout un fond de livres invendables, condamnés au rabais, menacés du pilon, faire prime inopinément : l'auteur avait forcé l'attention du monde en lançant un nouvel ouvrage. Les vôtres ont une valeur intrinsèque, un mérite de forme qui ne sera jamais méconnu ; mais ils s'écouleront lentement, et tomberont dans un oubli relatif jusqu'au jour où..... je ne veux pas vous attrister, mais c'est le lendemain de leur mort que les vrais écrivains comme vous trouvent pleine justice. Ah ! si vous m'aviez écouté ! Ce *Jean Moreau*, dont nous avons causé si souvent chez vous et chez moi, devait marquer le point culminant de votre course. Vous seul, entre tous nos contemporains, pouvez écrire ce livre dont le succès est garanti par l'attente universelle. Songez donc que le roman du deuxième Empire n'est pas fait ! On le désire, on l'appelle, on l'espère, on veut qu'il vienne avant la crise politique qui renverra la littérature légère au dernier plan. *Jean Moreau*, comme je le comprends, et comme vous l'avez conçu, doit vous mettre hors classe. Je ne dis pas qu'il vous fera passer avant Mme Sand ou Mérimée, avant Balzac ou Stendhal ; mais il mettra certainement en relief des dons qui n'appartiennent qu'à vous. Vous serez le vanneur de ce temps-ci, l'homme qui fait sauter d'une main ferme et légère la politique, la finance, les systèmes, les préjugés, les types, les mœurs bonnes et mauvaises, séparant la paille du grain. Après un tel travail, vous entrez à l'Académie comme une balle dans la cible, sans débat. Je publie vos œuvres complètes, in-octavo pour les bibliothèques, in-dix-huit pour tout le monde, et je vous apporte un regain de gloire que vous n'auriez jamais obtenu de votre vivant sans le succès de *Jean Moredu!* »

L'éloquence du vieil éditeur remua profondément l'esprit d'Étienne. Il rentra chez lui tout ému, embrassa Hortense et lui dit : « M'en voudrais-tu beaucoup si je faisais un livre?

— Moi, mon ami!

— Oui, toi.

— Mais je serais la plus heureuse et la plus orgueilleuse des femmes. Il y a bien longtemps, va, que j'y pense et que je me demande pourquoi tu n'écris plus! Je craignais que le monde ne m'accusât de te confisquer pour moi seule, de gaspiller au profit de mon bonheur tes plus belles années; mais je n'osais rien t'en dire, Étienne, parce que tu es le maître et moi la servante.

— Ah çà! qu'est-ce qu'il m'a donc chanté, ce vieux fou de Bersac?

— Célestin?

— Naturellement. Il m'a fait jurer sur ta tête, ou peu s'en faut, que je n'imprimerais plus une ligne.

— Dans les journaux? sans doute; il m'avait effrayée des journaux à cause de ces batailles, tu sais ? et ces éclaboussures d'encrier qui sont pires que les coups d'épée. Mais un livre ! un livre de toi, qui sera lu, admiré, cité partout ! Mon cœur bat à l'idée que nous le verrons ensemble aux étalages. Tu me le dédieras, entends-tu ? Je veux que la postérité sache le nom d'une petite créature ignorante et pauvre d'esprit, mais qui a deviné ce que tu vaux et qui t'a consacré sa vie ! »

Étienne rayonnait de joie. Dans ses transports, il raconta le roman à sa femme, il esquissa ses plans, s'arrêta aux principaux épisodes, s'égara dans mille détails qui parurent divins à l'humble fanatique. « Nous ne bougerons plus de Paris, lui dit-elle ; j'aime Paris, un peu parce que nous nous y sommes rencontrés, et plus encore parce qu'il vient de te rendre à toi-même.

— Non, ma chérie, voici le printemps, il vaut mieux retourner à Bellombre. Que de fois je m'y suis promené en rêvant à ce livre qui ne devait jamais paraître ! J'y retrouverai mille idées suspendues aux branches des arbres, comme la laine d'un troupeau s'accroche aux buissons du chemin. »

On fit les malles, on prit congé des amis anciens et nouveaux. Étienne ne se priva point de nous dire qu'il allait se remettre à l'ouvrage, et que *Jean Moreau* serait achevé dans un an. Moi qui me souvenais, je n'en croyais pas mes oreilles : « Vous avez donc apprivoisé le Célestin Bersac ?

— Le pauvre homme n'a jamais songé à restreindre ma liberté. Il y avait malentendu ; erreur n'est pas compte. »

Quelques fidèles, dont j'étais, leur offrirent un dîner d'adieu la veille du départ. Le couvert se trouva mis par hasard dans ce salon du café Anglais où nous avions soupé ensemble quelques années plus tôt. Il s'amusa du rapprochement, et me lança un de ces regards pleins de choses qui n'appartenaient qu'à lui. Je portai un grand toast, trop long peut-être, au succès de *Jean Moreau*. Quelques convives étouffèrent un bâillement, mais Hortense laissa perler deux larmes entre ses beaux cils noirs.

Vingt-quatre heures après ils dînaient en tête-à-tête dans la grande salle à manger de Bellombre. Étienne se fit un point d'honneur d'attaquer *Jean Moreau* le soir même. Il n'en écrivit que cinq lignes, car il s'était couché tard la veille, et le voyage l'avait un peu fatigué; mais ces cinq lignes équivalaient à la pose d'une première pierre. Le difficile en art est de se mettre à l'ouvrage, et tout ce qui est commencé compte comme à moitié fini.

Le fait est qu'en six semaines il abattit les deux premiers chapitres; les trois suivants s'achevèrent du 30 avril au 31 mai : c'était le quart du livre! Les Bersac reprirent possession des Coudrettes au commencement de juin. Ils avaient leur belle-fille et ses deux enfants avec eux. George venait de passer à l'infanterie de marine avec le grade de lieutenant-colonel; il faisait route vers la Cochinchine. Célestin craignait de mourir sans avoir revu ce cher fils; les soucis de la séparation ajoutés aux fatigues de l'âge le faisaient dépérir à vue d'œil. On s'efforça de le distraire et de le consoler; Étienne le traitait d'autant mieux qu'il était taquiné par certain scrupule, et qu'il se sentait mal à l'aise devant le vieil original. Un soir qu'on avait réussi à l'émoustiller un peu, il lui dit : « Une nouvelle, mon cher monsieur Bersac ! Je travaille.

— Mes compliments ! l'oisiveté est la mère de tous les vices.

— Mais devinez un peu ce que je fais? Un roman!

— J'espère qu'il amusera Mme Étienne

— Et le public aussi! reprit Hortense.

— Je crois que vous vous trompez, chère dame. Le public ne peut pas s'amuser d'un livre qu'on ne lui fait pas lire, et si j'ai bonne mémoire, M. Étienne en vous épousant s'est interdit de rien publier. »

Étienne pâlit un peu. « Mais, dit-il, je puis lever une interdiction que j'ai prononcée moi-même.

— Oui, si vous n'êtes engagé qu'envers vous. »

On parla d'autre chose, et un quart d'heure après Étienne se remit à la besogne.

Chaque fois que le souvenir de Célestin venait le distraire, il faisait le geste d'un homme qui chasse une mouche. « Eh ! que dirait le monde, si je sacrifiais mon avenir aux manies d'un vieux fou? »

Le premier plan de *Jean Moreau* était perdu ; il en refit un autre bien plus large, où la province tenait plus de place. Tous les types qu'il avait observés depuis son mariage, les Bersac eux-mêmes, entrèrent dans ce cadre et y prirent un relief étonnant. Il travaillait tous les jours au moins quatre heures, six au plus. Jamais l'inspiration ne lui faisait absolument défaut, mais les idées venaient plus ou moins vite. Tantôt il s'escrimait jusqu'au soir sur une demi-page, tantôt il couvrait dix feuillets de son écriture haute, droite, toujours nette, qui rappelle les beaux autographes du dix-septième siècle. Peu de ratures; la grande habitude d'écrire lui permettait de jeter sa pensée en moule comme un métal de première fusion. De sa vie il n'avait fait deux manuscrits du même livre ni emprunté la main du copiste ; chacun de ses ouvrages allait en bloc et d'un bond chez l'imprimeur.

Hortense, qui l'épiait avec une anxiété maternelle, s'émerveilla de voir que *Jean Moreau* le possédait sans l'absorber. A mesure qu'il avançait dans son livre, les idées de roman, de comédie et même de vaudeville s'éveillaient en foule dans son esprit. Il jeta plus de vingt plans sur le papier sans interrompre le grand ouvrage.

Jamais il n'avait eu plus de temps, chose bizarre. Il trouvait moyen de répondre aux lettres des amis et des indifférents eux-mêmes ; il écrivait à tort et à travers. Sa plume était taillée et l'encrier rempli, rien ne lui coûtait plus.

Son humeur semblait plus égale, son esprit plus riant, son cœur plus tendre qu'aux jours de grand loisir et de repos absolu; il prodiguait les témoignages d'affection à sa femme. Loin de vouloir se séquestrer dans son travail comme tant d'autres, il insista pour que la maison fût ouverte, il attira la foule et fit la joie autour de lui. On le voyait à table, à la chasse, aux promenades champêtres, plus vivant, plus gaillard, plus pétillant que jamais. C'était l'être puissant, multiple, prêt à tout, que j'avais admiré, non sans un peu d'effroi, le **soir de notre** première rencontre ; mais il ne revoyait pas Célestin sans qu'un nuage imperceptible vînt assombrir sa belle humeur.

Un jour qu'il était seul avec l'octogénaire, il lui dit à brûle-pourpoint : « Mon cher monsieur, ce livre avance, et je vous avertis qu'il paraîtra

— Grand bien vous fasse, monsieur !

— En somme, cette publication ne vous cause aucun tort, avouez-le !

— Ce n'est pas de moi qu'il s'agit. L'homme a la liberté du bien et du mal ici-bas.

— Dites-moi franchement votre opinion. Pensez-vous qu'avant mon mariage j'aie pris aucun engagement envers vous?

— Oui, mais que vous importe ?

— Il m'importe beaucoup, sacrebleu!

— Le monde est à vos pieds; vous n'avez pas besoin de l'estime d'un pauvre vieillard comme moi.

— Ah ! tout beau ! Je prétends être estimé de tous, sans exception, mon brave homme. Pour qu'un engagement soit valable, il doit être fondé en raison. Si je vous avais demandé la main d'Hortense, et si vous m'aviez fait vos conditions, je les tiendrais pour sacrées, quoique absurdes ; mais ma femme ne dépendait de personne lorsqu'elle m'a choisi. Est-il vrai ?

— Je l'avoue.

— Vous êtes venu me raconter qu'elle avait peur du journalisme, et moi qui tombais de fatigue pour avoir trop écrit, je vous ai répondu que j'avais de la littérature par-dessus les oreilles. Est-ce un serment, cela ?

— Si vous êtes bien sûr de n'avoir rien juré, cher monsieur, vous devez être parfaitement à l'aise.

— Mais non! Vous voyez bien que je suis agacé, et, si vous aviez le cœur juste, vous vous rappelleriez tout ce que nous avons fait pour vous, de notre plein gré, et vous diriez un mot, un seul mot qui me mit à mon aise.

— Vous reconnaissez donc que j'ai le droit de garder votre parole ou de vous la rendre?

— Non!

— Très-bien.

— Mais si j'en convenais?

— Vous me mettriez dans l'alternative ou de vous affliger, ou de prendre sur moi la responsabilité d'une publication contraire à mes idées, nuisible aux mœurs, irrespectueuse à coup sûr pour les majestés du ciel et de la terre. C'est pourquoi, cher monsieur, vous ferez bien de ne consulter que vous-même. Je n'ai aucun moyen de vous contraindre; si le serment que vous avez prêté devant moi vous paraît incommode aujourd'hui, vous pouvez le violer impunément et même avec quelque profit et quelque gloire mondaine. »

Étienne était exaspéré. Il aborda de cent côtés cet être fugitif, insaisissable et mou; ni les bons procédés, ni les prières, ni les raisons ne purent l'entamer. Il usait sa vigueur contre cette inertie, comme les chevaliers des légendes se fatiguent à pourfendre un fantôme blafard. Cependant il acheva son livre.

Cela prit un peu plus de temps qu'il ne pensait. Le premier mot datait du 17 mars, le point final fut mis le 3 septembre. On en reçut la nouvelle à Paris, et les journaux bien informés annoncèrent que *Jean Moreau* était sous presse, quoique le manuscrit fût encore à Bellombre.

Dans le cours de l'été, Célestin avait failli mourir d'une bronchite, et quelqu'un s'était intéressé cordialement aux progrès de la maladie ; mais le maudit vieillard guérit et ne s'assouplit point. Lorsqu'Étienne reconnut que la mort ne voulait pas venir à son aide, il demanda l'appui de Mme Bersac, il implora la femme à barbe en faveur du pauvre *Jean Moreau*. Célestin parut s'adoucir, il promit d'autoriser l'impression, si le livre était lu, expurgé et visé par six personnes recommandables qu'il se réservait de choisir. C'était le rétablissement de la censure, ni plus ni moins. L'auteur pouffa de rire, et la négociation en resta là.

Le plus beau jour de la vie d'Hortense fut le jour où son cher mari, après avoir relu *Jean Moreau* d'un bout à l'autre et fait les dernières corrections, lui mit le manuscrit entre les mains et lui dit : « Chère enfant, voilà le meilleur de mon esprit. J'écrirai sans doute autre chose, mais je ne me sens pas capable de mieux. Prends ce livre, je ne te le donne pas, car il était à toi avant de naître ; je te dois le loisir et le bonheur dont il est fait. »

Il était onze heures du soir, tous les hôtes de Bellombre dormaient comme on ne dort qu'à la campagne, après la chasse. Étienne se mit au lit, Hortense prit place à son côté et demanda la permission de lire un chapitre. Elle en lut deux, puis trois, si bien qu'Étienne s'assoupit. Il se réveilla plusieurs fois, la lampe était toujours allumée.

« Mais dors donc, chérie ! disait-il

— Tout à l'heure, mon ami ; il n'est pas tard, et je suis si heureuse ! »

Le matin, vers huit heures, il étendit un bras, ouvrit les yeux et s'aperçut qu'il était seul dans le grand lit. Sa seconde pensée fut pour le manuscrit qu'il avait confié à sa femme ; *Jean Moreau* n'était plus là. Il sonna la femme de chambre et dit :

« Où est madame ?

— Monsieur, il y a une bonne heure que madame est sortie.

— Avec un livre ? Avec un paquet en forme de livre ?

— Oui, monsieur.

— Dans le parc ?

— Non, monsieur, dans le village. D'ailleurs voici madame. »

Hortense se jeta au cou de son mari :

« J'ai tout lu, dit-elle. Je n'ai pas fermé l'œil, impossible de m'arracher à notre livre. Que c'est bon ! Que c'est vrai ! Que c'est beau ! Tu as raison, Étienne, c'est ton chef-d'œuvre ; mieux encore, c'est toi !

— Qu'en as-tu fait ?

— Me crois-tu femme à perdre ce que j'ai de plus cher ? Non, mon ami, tu peux être tranquille.

— Tu as serré le manuscrit ?

— Parfaitement.... Sans doute.

— De quel air singulier tu dis cela !

— Tu t'es donc aperçu que je mentais ? Eh bien ! tant mieux, j'en suis contente. Ta femme ne peut rien te cacher, même pour un grand bien. Voici le fait. Tu m'approuveras, j'en suis sûre.

— Mais parle donc !

— Ah ! si tu me fais peur, je ne saurai plus rien dire. Tes discussions avec mon ex-beau-frère, ses résistances, tes scrupules, votre malentendu, me faisaient peine et pitié. Je n'ai jamais douté de ton bon droit, mais je me demandais par moments s'il n'était pas cruel de contrister ce pauvre bonhomme. La lecture de *Jean Moreau* m'a dicté un parti héroïque. Il est moralement impossible qu'un être intelligent s'oppose à la publication d'un tel livre après l'avoir lu. Je suis allée chez Célestin, je lui ai dit :

« Lisez et jugez-nous !

— Malheureuse ! Mes habits ! Arriverai-je à temps ?

— Que crains-tu ?

— Tout. J'en mourrais. Je sens qu'il me serait impossible de récrire ce qui est fait. Et je n'ai pas songé à garder une copie ! »

Il courut.

Célestin Bersac était assis devant le pavillon des Coudrettes; il faisait sauter un de ses petits-enfants sur ses genoux. « Monsieur Étienne, j'ai bien l'honneur. Donnez-vous la peine d'entrer. Vous paraissez ému; j'espère qu'il n'est rien arrivé à madame depuis une demi-heure qu'elle nous a quittés ?

— Ah ! vous avouez donc qu'elle est venue vous voir ce matin ?

— Sans doute, pour m'apporter certain opuscule qu'elle daignait soumettre à mon humble appréciation.

— Où est-il ?

— Mais chez nous, je pense, à moins pourtant qu'il ne se soit envolé. »

Étienne respira.

« Monsieur, dit-il, vous seriez bien aimable de me rendre ces papiers. Vous les lirez, je vous le jure, mais dans quelques jours seulement, lorsque le manuscrit, qui est unique, sera au net.

— A vos ordres. »

Le petit vieillard remit l'enfant aux mains de la mère, et il entra dans la maison suivi d'Étienne. Les deux hommes s'arrêtèrent dans un sorte de salon où le portrait de Bersac aîné, en robe de juge, avait l'air de compter et d'estimer au juste prix les vieux fauteuils de Bellombre.

« Mon Dieu, monsieur, dit Célestin, c'est ici que j'ai reçu la visite de madame. Je ne sais pas exactement où j'ai mis les paperasses en question, mais à force de les chercher.... Non, ma foi! pas plus de manuscrit que sur la main. Est-ce que vous y teniez beaucoup?

— Plus qu'à la vie!

— J'en suis bien désolé, vos papiers sont perdus. Voulez-vous fouiller la maison? »

Étienne répondit froidement :

« C'est inutile. Votre parole me suffit. Jurez-moi seulement sur l'honneur....

— Sur quel honneur? le mien ou le vôtre? Vous m'avez enseigné le prix d'une parole d'honneur. »

Le romancier se demandait si le plus court ne serait pas d'étrangler ce vieux monstre. Célestin devina sa pensée et lui dit :

« J'ai quatre-vingts ans, cher monsieur. Mon fils

est à Saïgon, vous n'irez pas lui chercher querelle si loin. Les tribunaux? Ils me condamneraient peut-être à deux ou trois mille francs de dommages-intérêts. Voyez ce qui vous semblera le plus avantageux et le plus honorable.

— Qu'est-ce que je vous ai fait?

— Presque rien. Vous m'avez berné à Paris en séduisant une personne que je surveillais nuit et jour; vous jouissez d'une fortune qui devrait être à moi et d'une femme que je destinais à mon fils. Vous êtes cause que George, ma seule affection, s'est marié petitement, et qu'il mourra peut-être au bout du monde. Vous êtes jeune, grand et beau, je suis vieux, petit et laid; vous n'avez eu que des succès, je n'ai eu que des déboires; on vous a couronné de lauriers sur une scène où l'on m'avait jeté des pommes : en vérité, je serais bien injuste si je ne vous aimais pas de tout mon cœur!

— Mais votre religion défend la haine et la vengeance, elle condamne le vol, et vous m'avez volé le travail de toute ma vie!

— L'Église n'a jamais interdit la destruction des mauvais livres. J'étais homme à tout pardonner, si vous vous étiez mis avec nous.

— Ainsi donc vous avez détruit.....

— Rien, cher monsieur, vos papiers sont perdus; voulez-vous que nous recommencions à les chercher ensemble? »

Étienne se sentait devenir fou; il eut peur de commettre un crime et s'enfuit. Il rentra au château pour l'heure du déjeuner et s'habilla aussi soigneusement qu'à l'ordinaire. Hortense était inquiète, il prit la peine de la rassurer. Quelques convives croient se rappeler qu'il mangea avec gloutonnerie, qu'il parla beaucoup au dessert, et que le fil de ses idées se rompait de temps à autre. Sur les deux heures, il sortit à cheval et ne reparut point. On le chercha toute la nuit ; la douleur de sa femme était déchirante.

Tandis qu'on fouillait les rivières, les étangs et les bois du voisinage, je le vis entrer dans ma chambre à huit heures du matin. Il semblait triste jusqu'à la mort, mais assez raisonnable. « J'étais né pour produire toujours et toujours, me dit-il, comme tous les vrais artistes. Cette longue oisiveté qu'ils m'ont imposée m'a rendu malheureux pour ainsi dire à mon insu, au milieu de toutes les douceurs de la vie. Je n'ai jamais été pleinement satisfait ; quelque chose me manquait, et je ne pouvais dire quoi ; j'avais la nostalgie du travail. Le voyage de Paris m'a ouvert les yeux, je me suis mis à l'œuvre ; il s'est fait dans mon esprit une sorte de débâcle, les idées qui s'étaient accumulées en moi ont débordé avec tant d'impétuosité que je n'en étais plus maître. Ce fut un phénomène unique ; on ne le reverra plus. Il me serait aussi impossible de recommencer *Jean Moreau* qu'à la Néva de rappeler les montagnes de glace qu'elle a précipitées dans la mer. »

Il m'exposa très-nettement sa fuite de Bellombre, et le détour qu'il avait pris pour gagner une station voisine où il était inconnu ; mais je ne pus lui arracher la cause de son départ : il ne savait pas lui même ce qu'il venait chercher à Paris. Il témoignait une violente aversion pour sa femme, tout en disant qu'il l'avait adorée jusqu'au dernier jour. « Je ne lui pardonnerai jamais, disait-il, d'avoir cru à la loyauté de ce vieux monstre. »

C'est dans cette visite qu'il me pria d'écrire et de publier son histoire pour l'instruction des contemporains. Je me moquai un peu de ses pressentiments funèbres, et je voulus le retenir à déjeuner. Il s'excusa sur quelques visites urgentes : « J'ai besoin de voir Bondidier; on m'attend à l'imprimerie, et d'ailleurs je n'ai pas encore retenu ma chambre au Grand-Hôtel. »

J'avais moi-même à travailler ce jour-là, et je ne sortis pas avant cinq heures. Les premières personnes que je rencontrai sur le boulevard m'abordèrent pour me conter son arrivée et les extravagances qu'il avait faites.

Quelques minutes après m'avoir quitté, il entra dans une librairie et demanda la sixième édition de *Jean Moreau*. Le commis répondit que l'ouvrage était annoncé, mais qu'il n'avait pas encore paru. « Tu mens, faquin, dit-il en serrant le jeune homme à la gorge; les cinq premières ont été enlevées ce matin! » La même scène s'était renouvelée dans plusieurs boutiques avec des variantes à l'infini.

Chez Rosenkrantz, son relieur, il demanda si l'on pouvait lui habiller magnifiquement un manuscrit de six à sept cents feuillets in-4°. Il choisit le maroquin du Levant, commanda les fers neufs, en esquissa plusieurs lui-même. « Il faudra vous hâter, dit-il; c'est pour la reine d'Angleterre, elle attend. » Rosenkrantz demanda où l'on devait faire prendre l'ouvrage? Il répondit en ricanant : « Eh ! mon cher, vous seriez trop content si je vous le disais ! Cherchez et vous trouverez. Le beau mérite de relier un manuscrit quand on l'a sous la main! Adressez-vous au dix-septième nuage à main gauche ; Saint Pierre a mes ordres : bonjour! »

Au cabinet de lecture du passage de l'Opéra, il bouleversa tous les journaux en criant : « Je veux l'*Indépendance Belge*, mais entendez-moi bien! Il me faut le numéro d'après-demain, jeudi, celui qui est imprimé en lettres d'or : Victor Hugo m'a fait un grand article sur *Jean Moreau!* »

J'envoyai le soir même une dépêche à Bellombre. Mme Étienne accourut à temps pour le soigner et le pleurer, trop tard pour échanger une idée avec lui.

Quelques journaux n'ont pas craint d'expliquer sa maladie et sa mort par l'abus des alcools, qu'il exécrait, et du tabac, qu'il ignorait.

V

Hortense s'est replongée au fond de la province, emportant avec elle les tristes restes de son mari. On ne sait presque rien de sa vie; l'ancien hôtel Bersac est fermé. La pauvre veuve, qu'on dit terriblement vieillie, végète en grand deuil dans un coin de Bellombre près du tombeau de l'homme qu'elle s'accuse d'avoir tué. Elle pleure comme aux premiers jours et prie parfois avec fureur; mais sa dévotion est intermittente. On dirait par moments qu'elle a peur d'obtenir au ciel une place trop haute qui l'éloignerait éternellement de *lui*.

Bondidier la tient au courant des affaires; vous savez que la veuve d'un écrivain continue pendant trente années la personne de son mari. L'édition des œuvres complètes a réussi au-delà de toute espérance; les volumes sont clichés, ils se vendent aussi régulièrement que les nouvelles de Musset et les deux romans de Stendhal. Dans les quelques années qui ont suivi sa mort, Étienne a plus gagné qu'en toute sa vie. Hortense écrivait dernièrement à Bondidier : « Assez! ne m'envoyez plus rien. Je ne suis que trop riche, hélas! J'imagine par moments qu'*il* me poursuit de ses bienfaits et que cet argent vient me dire : *Il* n'a pas fait un si beau mariage que vous! » Bondidier répondit : « Ah! madame, que serait-ce si nous avions *Jean Moreau!* »

Lundi passé, comme on venait de mettre en terre un petit fagot de bois sec appelé Célestin Bersac, le vieux curé de Saint-Maurice se présenta chez Hortense et lui dit : « Madame, le cher homme a fait la paix avec les morts et les vivants. Vous n'avez jamais voulu le revoir depuis la date fatale; il vous prie de lui pardonner ses offenses envers vous et envers votre regretté mari. Son repentir était sincère; il a voulu mériter la clémence céleste et rendre à notre pauvre église le clocher que Robespierre et Marat ont détruit en haine de Dieu. Mon père, m'a-t-il dit, vous porterez à Mme Étienne ce paquet cacheté que nous avons serré ensemble dans le trésor de votre sacristie le 4 septembre 186., à sept heures trois quarts du matin. Il renferme des papiers de valeur dont la vente à Paris fournira probablement la somme qui vous manque. »

Hortense brisa le cachet et trouva le manuscrit de *Jean Moreau*.

Revue des Deux-Mondes
1867-68.

TABLE DES MATIÈRES

I. La Fille du Chanoine.................... 1
II. Mainfroi............................... 59
III. L'Album du régiment................... 179
IV. Étienne............................... 241

FIN DE LA TABLE DES MATIÈRES

Coulommiers. — Typ. Paul BRODARD et Cie.

www.ingramcontent.com/pod-product-compliance
Lightning Source LLC
Chambersburg PA
CBHW060338170426
43202CB00014B/2806